陈潭秋

中共一大代表丛书

陈乃宣 —— 著

中共党史出版社

图书在版编目（CIP）数据

陈潭秋 / 陈乃宣著 . -- 北京：中共党史出版社，2024.1
（中共一大代表丛书）
ISBN 978-7-5098-6404-3

Ⅰ．①陈⋯ Ⅱ．①陈⋯ Ⅲ．①陈潭秋（1896-1943）—传记 Ⅳ．① K827=6

中国国家版本馆 CIP 数据核字（2023）第 199790 号

书　　名：陈潭秋
作　　者：陈乃宣

出版发行：中共党史出版社
责任编辑：潘　鹏
社　　址：北京市海淀区芙蓉里南街 6 号院 1 号楼　邮编：100080
网　　址：www.dscbs.com
经　　销：新华书店
印　　刷：天津鑫旭阳印刷有限公司
开　　本：710mm×1000mm　1/16
字　　数：253 千字
印　　张：19
版　　次：2024 年 1 月第 1 版
印　　次：2024 年 1 月第 1 次印刷
书　　号：ISBN 978-7-5098-6404-3
定　　价：69.00 元

此书如有印装质量问题，请联系中共党史出版社读者服务部　电话：010-83072535
版权所有·侵权必究

出版说明

《中共一大代表丛书》经原中共中央党史研究室审定，于1997年由河北人民出版社推出第一版，时任中共中央党史研究室副主任郑惠和全国中共党史学会副会长、北京师范大学教授张静如担任主编。该丛书收录了参加中共一大的代表传记，这些代表是：上海的李达、李汉俊，北京的张国焘、刘仁静，长沙的毛泽东、何叔衡，武汉的董必武、陈潭秋，济南的王尽美、邓恩铭，广州的陈公博，旅日的周佛海；包惠僧受陈独秀派遣出席了会议。丛书中《毛泽东》《张国焘》《刘仁静》等9位传主的传记是当时国内出版的第一本完整的传记（分别是45万字到20万字不等）。丛书面世20多年来，在社会上产生了较大的反响，赢得众多读者的广泛关注和好评。令人痛惜的是，丛书的两位主编已经分别于2003年和2016年仙逝。中国共产党已走过百年奋斗历程，历经辗转，我们分别和各册传主的作者或家属取得联系，请他们对书稿内容进行充实、文字进行完善、史实进行校订，由中共党史出版社再版发行。

丛书能够再版，要特别致敬郑惠和张静如两位老先生，也衷心感谢丛书的副主编张树军、萧寒、肖功柄。并感谢为丛书出版付出过辛苦努力的河北人民出版社马千海、荆彦周等同人。

中共党史出版社
2024年1月

总　序

古老的东方有一条龙，她的名字叫中国。她有过自己的辉煌。

然而，当世界之舟驶入近代港湾时，这条巨龙却喘息着落伍了。

20世纪初的中国，内忧外患，满目疮痍。无数觉醒的中国人以各种方式，探寻着救亡图存的道路。

当时间老人迈着沉重的步子，蹒跚地走进20世纪20年代的时候，一件开天辟地的伟大事件悄悄地降临了。

1921年7月，13位年龄不一、口音不同、装束各异的年轻人，肩负着全国50多名党员的重托，在上海秘密聚会，宣告了中国共产党的诞生。从此，在古老落后的中国大地上，出现了完全新式的、以马克思列宁主义为行动指南的、统一的和唯一的无产阶级政党。

这次被命名为中国共产党第一次全国代表大会的历史性聚会，是在反动统治的白色恐怖下秘密举行的，除了会场一度遭到暗探和巡捕的骚扰以外，在社会上并没有引起任何注意，好像什么事情也没有发生。但是，一个新的革命火种由此在沉沉黑夜的中国大地上点燃起来了，中国历史将由她谱写出全新的篇章。

斗转星移！

在20世纪即将过去的时候，当年仅有50多人的中国共产党，已经发展成为拥有5800多万党员的执政党。在中国共产党成立后76年的历史过程中，她领导中国革命和建设，历经坎坷，取得了辉煌的胜利和举世瞩目的成就。

如今，参加中共一大的代表都已过世。追寻他们的人生足迹和思想历程，从中探求人生的价值，寻觅历史发展的轨迹，揭示社会发展的规律，成为后人特别是历史学家说不尽道不完的话题。

大浪淘沙！

当年一同参加中共一大的代表，由于种种原因，后来走上了不同的人生之路。毕生为党的事业奋斗者有之，为人民的解放而献身者有之，中途脱党者有之，背叛革命者有之，沦为汉奸者有之。他们的曲折经历，尽现了复杂离奇的社会变迁，折射出剧烈动荡的时代特点。

这种复杂的情况，也就成为后来人研究中共一大代表的难点所在。

多少年来，研究中共一大代表的生平和思想，为他们各写一部传记的想法，一直萦绕在我们的脑海。这也是我们作为史学工作者的义不容辞的责任。1995年七八月间，我们和河北人民出版社经过周密策划，邀请有关专家学者，正式启动了这一工程。

历史著作和人物传记的生命在于真实。只有真实，冷冰冰的书籍才会流淌生动的音符，才会涌动生命的活力。要做到这一点，最重要的是材料和方法。历史人物的传记写得成功与否，全赖于此。有了准确的材料和科学的方法之后，最重要的是搞清楚和把握住历史人物一生最根本的追求是什么，并把历史人物活动的时空环境尽可能地再现出来，把历史的真实再现出来，从而给历史人物一个比较准确的历史定位。这样写出来的历史人物传记，才会给读者一个大体逼真的历史人物形象。这也正是我们这套丛书所努力的目标。

为此，我们提出了四条编写原则：（一）据实直书而不拘泥于定论，以确凿的历史资料为依据，实事求是地秉笔直书，注重思想性、科学性、学术性。(二)史料丰富而不至于芜杂,挖掘和采用真实可靠的具有历史价值的史料,去粗取精,摒弃似是而非、查无实据的材料,严禁杜撰情节。(三)重点突出而不平铺直叙,结合社会历史背景,突出写传主的活动,以人和事贯穿全书,兼顾传主的思想发展和个人生活,写出传主的性格特点和人生色彩。(四)文字生动而不求浮艳华丽,力求达到语言生动活泼,优美流畅,有较强的可读性。

基于上述目标和原则,同时也考虑到中共一大代表各自不同的多面人生,我们在编写这套丛书时,还强调发挥各本书作者的主动性和创造性,作者可以阐发自己的观点,体例和风格也不强求完全一致。人物传记本来就没有一种模式、一个套路。作者在求真的前提下,以不同风格、不同体例来撰写人物传记,也可体现出人物传记写作的多样化和丰富性。

历时两载,我们编写的这套丛书终于和广大读者见面了。如果读者朋友特别是青年朋友能从这套丛书中得到或多或少的收获,那将是我们的最大快乐和欣慰。

需要特别指出的是,在参加中共一大的代表中,周佛海、陈公博、张国焘等人先后走上了党和人民的对立面。这从一个方面证明了树立正确的世界观、人生观,是何等的重要。对于这些人,我们按照实事求是的原则,把他们放在具体的历史环境中,直书他们的人生,分析他们的变化,其目的,一是真实地反映历史,二是希望从中得出一些有益的教训。

回过头来看这套丛书,我们所确定的目标和原则,可以说有些达到了,有些则还没有达到,或者说没有完全达到,留下了一些遗憾。这一方面是由于挖掘的资料还不够充分,另一方面,也与我们的水平和方法有关。我们热忱地欢迎广大读者朋友批评指正。

最后,我们还想强调两点:一是我们在编写这套丛书时,参考了许多史学家的研究成果,吸收了他们的最新研究成果,借本书出版之际,对这些同行表示诚挚的谢意。二是我们在编写这套丛书的过程中，得到了史学界、出版界以及有关部门的大力支持和帮助，特别是中共中央党史研究室的 10 余位专家顶着酷暑，为我们审阅了全部书稿。对于他们的辛勤劳动和全力帮助，我们表示衷心的感谢。

郑　惠　张静如
1997 年 8 月

目 录
CONTENTS

第一章 · 青少年时代 001

- 002 "穷不废读"
- 006 为民抗暴
- 007 父兄去世
- 009 到省城读书
- 013 五四运动的激流

第二章 · 参与创建中国共产党 021

- 022 伟大转变的开始
- 026 兴办武汉中学
- 031 创建武汉共产党早期组织
- 038 出席中共一大

第三章·寻求"改造中国的新道路" 045

- 046　组织领导武汉地区的工人运动
- 049　发表《私有制度下的教育运动》
- 051　支持湖北女师学潮
- 055　"二七"风暴
- 066　到安源去

第四章·推进湖北第一次国共合作 073

- 074　主持中共武昌地委工作
- 077　湖北省第一次国共合作的建立
- 080　《国民党底分析》发表
- 083　恢复和发展工农群众运动
- 090　为迎接北伐胜利进军做准备
- 096　策应北伐军夺取武昌

第五章·大革命洪流 103

- 104　革命洪流中的战斗
- 112　革命危急关头的中共湖北省委
- 115　出任中共江西省委书记

第六章 · 到顺直去 121

- 122 ｜ 巡视顺直省委工作
- 128 ｜ 贯彻中共六大决议精神
- 133 ｜ 《出路》创刊

第七章 · 在党中央工作 137

- 138 ｜ 巡视青岛
- 142 ｜ 巡视东北
- 146 ｜ 在中共中央组织部任职
- 148 ｜ 开展党的组织宣传工作

第八章 · 战斗在白区 155

- 156 ｜ 主持中共满洲省委工作
- 158 ｜ 在哈尔滨被捕
- 161 ｜ 出任中共江苏省委秘书长

第九章 · 火热的中央苏区　165

- 166　到中央苏区去
- 171　调任中共福建省委书记
- 176　中央苏区第一任粮食部长
- 184　爱妻遇害
- 187　转战闽西南

第十章 · 莫斯科岁月　197

- 198　参加共产国际第七次代表大会
- 199　参与中共驻共产国际代表团工作
- 204　讴歌党的辉煌历程
- 211　反对日本侵略的鼓与呼

第十一章 · 天山南北的战斗　229

- 230　从莫斯科到乌鲁木齐
- 234　特殊环境下的特殊战斗
- 243　团结抗日，建设新新疆
- 252　为"新兵营"操劳
- 257　领导新疆的整风运动

第十二章 · 碧血洒天山 261

- 262 | 风云突变
- 269 | 骇人听闻的新疆事件
- 274 | 浩气万古存

主要参考书目 283

后　记 286

第一章
CHAPTER ONE

青少年时代

"穷不废读"

陈潭秋诞生于1896年1月4日（清光绪二十一年十一月二十日），湖北省黄冈县东弦乡儒博村的陈宅楼（后改名陈策楼，今属黄冈市黄州区陈策楼镇）人。

黄冈县位于长江中游北岸，大别山南麓。陈策楼村距县城50华里，坐落在长江支流的巴河西岸，背靠青翠松杉、形如马鞍的烽火山，毗邻黄浠公路，是一座山水秀丽的乡村。有106、318国道和京九铁路贯通全境，北上京津塘，南达闽粤港，是鄂东重要交通枢纽。

陈策楼村78户人家，都姓陈。村中央矗立着一座庄严肃穆的土木结构的三层高楼，是陈氏家族祭祀祖宗的地方，村庄以此楼而得名。登楼远眺，波涛滚滚的长江水，青松环抱的烽火山，阡陌纵横的田野，尽收眼底，蔚为隽秀。在陈策楼东侧的一座小院子里，每到秋冬季节，一片丹桂飘香、橙菊满庭的景象，格外引人注目。陈潭秋的童年就是在这里度过的。

陈潭秋的祖父名畴，字寿田，曾于清朝乙亥年（公元1875年）的乡试中榜上有名——考中湖北省举人第六名。在我国科举史上，明、清两个朝代每三年在各省省城举行一次科考，叫作乡试。考中的称作举人。中举者算是取得了一种可以做官的资格。陈潭秋的祖父本来有当官的机会，但他性情耿直，为人正派，看不惯那些贪官污吏欺压百姓，横行乡里，所以，下决心不做官，而在乡里教蒙馆（现在的小学），当起了一名教书先生。他祖父生前用教书得来的薪俸买了30余亩水田，可谓家道小康。

陈潭秋的父亲名厚祜，号受之，字子瞻，晚号安愚，生于清咸丰十年阴历九月十一日，守田躬耕，虽克勤克俭一生，终因吃饭的人多（全家老小十余口），干活的人少，加之晚年又多病，更迫于多如牛毛的赋税，入不敷出，家境日衰，于1911年阴历十二月二十四日去世。陈潭秋的母亲龚莲馨，是个农家妇女，以勤劳、善良、贤惠而称著乡里。她纺纱、织布、种菜、针线活样样都会做，终日不息，操持家务，井井有条。尽管家境每况愈下，却乐于施舍。每逢过年过节，见乡邻贫困妇幼及缺衣少食者，都给予资助。

陈潭秋兄弟姐妹共十人，八男二女，他排行第七。大哥陈伯棠，二哥陈防武，三哥陈春林，四哥陈贵堂，五哥陈树三，六哥陈伟如，八弟陈荫林，姐姐陈兰生，妹妹陈满生。陈潭秋，名澄，派名宗琇，字秋苏，一字云先，号潭秋。年幼时，陈潭秋的父亲就教他识字，培养了他勤奋好学的习惯，多受乡邻称赞。

陈家自陈潭秋的祖辈起，就深明知书达理的重要，家庭经济虽濒临破产，却有"穷不废读"的共同信念。陈潭秋的父亲常说，产可破而书不可不读。在这一思想指导下，陈潭秋弟兄多人均得入学就读。特别是陈潭秋和陈荫林，都是在家道濒于破产的情况下坚持读到大学毕业的。

陈潭秋幼时在私塾就读。不久，就入陈氏族立聚星学校学习。这所聚星学校设在离陈策楼不远的王家店，是一座新建的陈氏宗祠，雕梁画栋，很是气派。聚星学校设在陈氏宗祠内，显示着陈家崇尚书理，颇有名望。校门前有块不大不小的操场，大门口两旁高悬"学堂重地，闲人免进"的牌子，甚为庄重严肃。校具都是新制的，桌椅排列整齐。历年所聘教师都是本县知名人士，素有涵养，对学生要求甚严。陈潭秋和陈荫林在家庭的支持下，经过自己的刻苦努力，学习成绩优异，成为聚星学校的优秀生。当时，在聚星学校任教的濮湖孙啸千十分喜爱陈潭秋兄弟俩。后来，孙啸千离开聚星学校时，还特地将陈潭秋、陈荫林带到自己家乡，免费就读，悉心培养。

陈潭秋从小聪明，智慧过人，又有胆量。一天中午，当地一财主要强拔一个穷老汉在荒山坡上种的菜。穷老汉苦苦哀求，村里人也赶来说情，可地主老财就是不听。种菜老汉说："我起早摸黑，开荒种地，施粪浇水，精心培育,好不容易才长起这些菜来。我是靠它糊口的啊!"可地主老财硬说:"这山是我家的。"陈潭秋眨了眨眼睛,沉思一会儿,从人群中站了出来说道:"这荒山怎么是你家的?难道你会做山?"财主答道:"我爸爸在世的时候,这山就是我家的。"陈潭秋进一步追问:"那么,这山是你爸爸做的?好吧!我们把你爸爸的坟墓挖开,叫他再做一座山给我们看看!"一群孩子都乐开了,大家都吆喝着说:"走啊!去挖坟去!"有的孩子举起锄头真的要挖坟去。潭秋说:"他不拔菜,我们就不去挖坟!"财主害怕孩子们真的去挖他的祖坟,只得灰溜溜地走了。小孩子们高兴得把陈潭秋抬起来打转转,高声地欢呼:"我们胜利了啊!"站在旁边的乡亲们都夸口地说:"这孩子真聪明,有胆量。"

少年时期的陈潭秋,在兄弟姐妹中,最钦佩五哥树三,树三也顶喜欢潭秋。因此,陈潭秋受他五哥树三的影响也较深。

陈树三(1891—1912年)自幼在武昌上学,在湖北工业学校读书期间,就受到革命民主主义思想的熏陶,参加了当时湖北的革命组织——共进会,从事民主革命的活动。后来,参加了辛亥武昌首义。阳夏之役失败后,陈树三随黄兴到南京,在临时政府陆军部任职。不久,袁世凯篡权。他怀着"民智不开,则失民治之精神,吾辈宜急图之"的思想,辞去陆军部职务,在南京创办《人报》馆,干起那"开发民智"的工作来。同时,他又筹建社会党,提倡民权主义,宣传民主政治。

陈树三早年读书时,每逢寒暑假回家,常对弟兄们讲述革命故事,宣传民主主义革命思想。

一天,陈潭秋的父亲带着陈潭秋和陈树三等兄弟数人,登上陈宅楼。陈树三对陈潭秋说:"我们来对一个对联,我出一上联,你对下联,好吗?"陈潭秋表示愿意试一试。陈树三把他久已想好的上联说了出来,他说:"陈宅楼上谁陈策。"陈潭秋立即意识到五哥是要自己担当起陈策救国之责,便回答道:"独尊山前我独尊",表达了自己愿担当起救国救民重任。他们父亲在一旁听了兄弟俩对答如此敏捷，言简意深，十分喜悦。

有一次，陈树三突然问起陈潭秋："你为什么叫陈澄？"陈潭秋一愣，树三亲切地说："你要不懂得你名字的含意，我就来告诉你，你可要好好地记住，澄，就是澄清的意思。如今这世道太浑浊了，你长大成人之后，要努力去澄清这个浑浊的世道！"听了五哥这番言语，陈潭秋深有感触，拉着五哥的手说："那潭秋的意思，就是深潭逢秋，清彻见底啰！我决心正直为人，为民办事终生！"陈树三高兴地把陈潭秋搂起来说："对呀！聪明的七弟。"

陈潭秋转入黄州府城内的黄冈县立高等学堂学习期间，一次寒假回家，在离家不远的王家店附近遇到一个衣衫褴褛、蓬头垢面的中年妇女，怀里抱着一个刚生下不久的婴儿，手里又牵着一个瘦小的女孩，女孩胳膊肘上挂着一只破篮子，有气无力地拖着沉重的步履，在风雪中挨门乞讨。小女孩两眼深陷，浑身哆嗦着站在陈潭秋身旁，怯生生地望着陈潭秋小声地说："少爷，行行好！我好冷！好饿！"陈潭秋听了不觉鼻子发酸，眼睛发涩，不假思索地从口袋里摸出仅有的几个铜板，塞到小女孩冰冷的手中，说："快去买个饼子充饥吧！"

天渐渐地黑了下来，急忙往家赶路的陈潭秋在回家的路上与前来接他的五哥相遇。陈潭秋把刚才在路上遇到的事告诉五哥树三，五哥说："你做得对！但天下不公平的事太多了，岂止她们母女呢？洪秀全、孙中山领导革命，都是想解决这些不公平的问题。七弟，光可怜穷苦人还不够，我们要为解决这不公平而奋斗！"陈潭秋不解地问："咱们能解决吗？"五哥答道："能，跟着孙中山先生去奋斗，就一定能解决。当然，要消灭'朱门酒肉臭，路有冻死骨'的现象，需要很多人在很长时间里去共同努力。"五哥这番话在陈潭秋的心灵里埋下了民主主义革命的种子，起到了思想上的启蒙作用。

为民抗暴

陈潭秋的少年时代，正值晚清末年，中国已沦为半殖民地半封建社会。帝国主义列强的侵略，地主豪绅穷凶极恶的盘剥，使人民生活在水深火热之中。潭秋因住农村，常与农民接触，亲眼看到农业凋敝，民不聊生，贫苦农民卖儿鬻女，四处逃荒。一遇灾害年头，更是饿殍载道，尸横遍野。这些悲惨景象激起了陈潭秋对浑浊世道的愤懑。特别是在受了他五哥树三民主主义思想的启示之后，暗自下了决心，要把浑浊世界中的害人虫全都除掉。

1911年冬，陈潭秋放寒假回家，途经团风镇时，刚一下船就在距客运码头不远的货运码头，看见团风镇大恶霸陈大狂领着几个监工，手执皮鞭，劈头盖脸地抽打码头上的搬运工人，强逼着他们背着十分沉重的粮袋，一刻不许歇息地往船上装运粮食。码头上的搬运工人被迫移动着踉跄而沉重的步履，不时有人被踢倒在地。他们挣扎着爬起来，刚刚伸直了腰去移动那沉重的粮袋，却又被压得扑倒下去。有的工人脸上留下几条红紫的指痕，鲜血从嘴角淌了出来。他们艰难地吐出一大口鲜血之后，愤愤不平地在心里诅咒大恶霸陈大狂。这时，一位白发老人一边高声叫着："卖报！卖报！今天的《汉口新闻报》《大江报》"，一边朝码头走来。码头上的工人们有的停步听着，有的放下粮袋向卖报的老汉围了过去，争看报上的新闻。陈大狂见此情景，气急败坏，指使一名大个子监工去把卖报老人手上的报纸抢来，丢入江中。卖报老人一边死死地抱着报袋，一边苦苦地哀求说："老爷，丢不得，我全家都靠它吃饭糊口的呀！"正当卖报老人与监工扭成一团，互相争抢那装报的布袋时，陈潭秋走了过来，大声喊道："住手！"陈大狂见是一个学生模样的少年，便满不在乎地说："哪家的毛伢子！敢在这里管我的闲事！给我滚开！"那个大个子监工也狗仗人势，举起手里的皮鞭转向陈潭秋，陈潭秋眼明手快，顺手抓住皮鞭，厉声喝道："不许打人，你们知道现在是什么世道吗？连清朝皇帝都被推翻了，你还在这里称王称霸，欺压百姓。卖报纸是宣传革命道理，有什么错？你敢将报纸丢了，革命派来了，当心你们的脑袋！"陈大狂听了这一番大议论，有些不知所措了，刚才那股神气劲一股脑儿不知跑到哪儿去了。而陈潭秋则搀扶着那卖报的老汉，迈着坚定的步伐继续卖着《汉口新闻报》《大江报》。"卖报！卖报！《汉口新闻报》《大江报》，特大新闻，革命军又打胜仗了，好消息！好消息！"的叫卖声传了开去。陈潭秋"英勇仗义，为民抗暴"的佳话不胫而走，把离家数十里的团风镇轰动了。

父兄去世

1912年，陈潭秋考上湖北省立第一中学。同年，他的五哥树三在乘车前往元帅府时，因同车人的挂式手枪走火，误中树三，抢救无效，因公殉职。当树三的一位同事将此噩耗告知陈潭秋家中时，全家悲痛万分，特别是平日里与五哥最亲近的潭秋，眼前浮现出五哥在世时的一幕幕情景，耳边也响起了五哥给他讲述的一个个故事和一桩桩的道理。

由于五哥的去世，其父本来身体就不好，经这一打击，伤心至极，病患复发，接着也去世了。母亲被这接踵而来的遭遇吓怕了，不愿让陈潭秋离开自己去省城读书，她说："澄儿，你五哥和父亲刚刚去世，我已经受不住了。你若再走，我更是受不住，况你父亲去世未满百日，你就别去省城读书了。"

陈潭秋理解母亲此时的心情，为了不使母亲过分地伤心，他没有说什么。几天后，他去濮湖孙啸千家，孙啸千是陈家的知交好友，黄冈县的知名学者。树三生前创办聚星学校时，孙啸千非常敬重树三的人品、才华，所以，欣然应邀到聚星学校任教。况且潭秋和荫林两兄弟又是孙啸千喜爱的好学生，他经常在树三面前夸奖他俩兄弟"聪明过人""口出不凡""必成大器""陈家真是出人才"等等。这次陈潭秋去看望他，除了叙谈别后的许多情景外，潭秋主要想听听孙啸千对自己到省城武昌读书问题的意见。并说明近来家中连遭不幸，父兄双亡，母亲过于悲伤，不同意自己去武昌读书等情况。

孙啸千听了这些话语后，沉吟地捋着胡须说："我是该到你家看望和劝慰你的母亲，我很理解她此刻的心情……"陈潭秋告诉先生他此时矛盾的心情，他说："先生，学生一向牢记您的教导，做人要做一个真正的人，坦荡正直，忠于国家、民族，孝敬父母兄长。我知道，父亲谢世百日未满，母亲正在哀痛之中，我离开家庭，大为不孝。然而，先生您曾告诉我们，自古难得忠孝两全。为让更多的母亲减少悲伤，让更多的父亲不再因悲恸而死去，我想还是去省城读书，寻求新的知识，充实自己，将来好为国家效力，为人民办好事，把五哥没做完的事业接着做下去。"潭秋的这番话语使孙啸千十分感动，当即与潭秋一道前往潭秋家中。一来看望、劝慰潭秋的母亲，二来劝说潭秋的母亲让潭秋去省城读书。

孙啸千来到潭秋家，潭秋的母亲自然很高兴，热情地接待了他。孙啸千说："龚嫂，我来迟了，请您原谅！"潭秋的母亲忙说："哪里，潭秋好长时候没有去看望您了，请您原谅才是！"他问了一些陈家情况后，说："今天一来是看望嫂子，请您节哀，仙逝的人已不能复活，望多保重自己为要；二来是潭秋考上省立第一中学，这是进一步学习的好机会，陈家一向是穷不废读的，虽然现在家境发生了一些变化，孩子的学习还是十分重要的，您就让他去读吧！"话说到这儿，潭秋的母亲心里才明白，她慈祥地瞅了潭秋一眼，轻声责备道："傻孩子，孙先生老远老远地，你还去劳他的驾，跑这么远的路，真不懂事。"其实潭秋的母亲也知道陈家世代以知书达理为本，不愿让潭秋离开也是因家中打击太大，做母亲的心里一时舍不得让孩子走远。现在经孙啸千这么一说，也觉得还是应该让孩子去读书。因此，潭秋的母亲在家境困难的情况下，东挪西借地为潭秋筹措了些盘缠，同意让他去继续读书了。临行时，潭秋母亲含着眼泪，千叮咛，万嘱咐，字字句句都渗透着母亲的深情。潭秋看着母亲，深深地鞠了一躬说："妈，您放心吧，我已经长大了，在外面会照料自己的。"

到省城读书

陈潭秋告别了家乡的亲人，溯江而上，来到省城武昌。下船后，雄踞长江两岸的"龟""蛇"二山映入他的眼帘，倍长其志；傲立在蛇山头的黄鹤楼更增添了陈潭秋的民族使命感和自信心。按行前计划，他来到双柏庙黄冈同乡会馆住下。

这是一座青砖砌成的四合院式房屋。当时，黄冈同乡会馆与现在的驻省城办事处很相似，凡到省城办事和途经省城到外地的黄冈老乡均可在此落脚寄居。在黄冈同乡会馆里有一位常驻会馆的管理人员名叫李西屏，他不仅是聚星学校孙啸千曾教过的学生，而且是陈潭秋五哥树三生前的好朋友。因此，家中要陈潭秋在这里落脚可以得到一些照顾和方便。陈潭秋安顿好行装后，即刻着手进行入学复试的准备。经过每天起早睡晚的紧张复习，顺利地通过了入学前的考试，正式进入省立第一中学，成为一名中学生。

入学后的一天，陈潭秋与同学相邀去黄鹤楼一游。初到省城的潭秋一路上听着武汉同学给他介绍黄鹤楼的变迁，感到特别新鲜。武汉同学说，相传数百年前就有了黄鹤楼，但历代更替，屡建屡毁。仅清朝在200多年间就重建了4次，到公元1884年又被一场火灾焚毁。说着，他们来到江边的黄鹤楼前，雄伟高耸的黄鹤楼面江而立，宽阔而又壮观的大门两边竖立着两块长长的条石，上面刻着北宋诗人苏东坡的一副对联，上联是："大江东去浪涛洗尽古今仇"，下联是："爽气西来云雾揭开天地恨"。从石门进去，是一盏汉白玉雕刻的孔明灯，像个倒放着的巨大纺锤，足有两人高。登楼瞭望，远山近水，三镇分立，一览无遗。脚下的蛇山，青松翠岭，似青鳞巨蟒俯首畅饮江中水。鹤立蟒首，舒胫展翅，与江对面的绿甲卧龟形成锁江之势。萋萋鹦鹉洲，历历晴川阁映衬其间。极目远眺，江天相连，波涛滚滚，似天河飞落人间，蔚为壮观。此情此景，不禁使潭秋感慨万千，"祖国山河多娇，楚天壮景婀娜"。

俯瞰江面，白帆点点，舟叶扁扁，逆江而上。船工们在一声声激昂雄浑的号子声中奋力摇橹，中华民族勤劳刻苦精神显现其中。突然，一幅令人怒火中烧的情景展现眼前。潭秋眼见一艘炮舰横冲直撞而来，木船不及躲闪，被那炮舰的尾浪掀翻江中，而舰上条格状旗帜下的水兵们竟嬉笑观看，全无自责之意。扬长而去的炮舰对被江水冲向下游的中国船工理都不理。陈潭秋愤怒地说："你们看，横行霸道的洋鬼子竟肆意践踏中国人民到如此地步。我们政府怎么不管？辛亥革命了，难道还是这样？"一个同学在一旁说："唉！这世道，简直像一锅烧煳了的粥！辛亥革命，撵走了一个皇帝，剪掉了我们头上的一根辫子，还能再有什么呢？……"是的，这次事件在陈潭秋脑海里留下了很深的印象。他朦胧地认识到革命决不应该是这个样子。此后，他努力阅读大量进步书刊，寻求救中国的革命真理。除阅读资产阶级革命党人孙中山的一些进步作品外，也阅读社会上反映进步思想的其他书刊。

1915 年夏，陈潭秋以优异的成绩毕业于省立一中。毕业后在中华大学补习功课，准备报考大学。当时同学们对报考什么学校，学什么专业，将来做什么工作，议论甚多。一种是教育救国论，打算毕业后，从事普及教育工作，为国家培养人才，提高人们的文化知识水平，激励民气，振兴中华。一种是实业救国论,立志专攻理工,毕业后以办工业、兴实业,发展科学技术事业来促使民富国强。陈潭秋则有自己的独特考虑,他认为"救国是政治问题,教育决不能救国"。兴办实业虽然十分必要,但也不能根本解决救国问题。要拯救中华,主要还是要用先进的思想去改造社会。为寻求先进的思想武器,首先要沟通世界文化,而"外语是沟通世界文化的门窗"。因此,陈潭秋决意去打开这扇门窗,下决心报考国立武昌高等师范学校(即现在武汉大学)英语部。

1916年,陈潭秋经过刻苦复习,考入了武昌高师,在英语部学习。为寻求新思想,他常去校图书馆阅读《新青年》《每周评论》等书刊。在与同学们平时交往中,经常谈论救国救民的道理。他结交的本班同学倪季端、博物部高班同学何定杰等好友,每逢节假日都相约前往武昌大关帝庙、箭亭街等处访友,或邀请三五个同乡同学到武昌蛇山一边观景、一边畅谈改革教育、改造社会等问题。在大学,陈潭秋的学习非常用功,是班上的高材生。他还非常爱好体育活动,别看他个子不高,踢足球可是他的专长。在学校的足球赛中,他是一员主将。在长跑方面,他也成绩突出,学校组织的武昌至青山的越野长跑,他不仅坚持跑到底,而且在跑完全程的为数不多的同学中名列前茅。

1917年,也就是陈潭秋在武昌高师学习的第二年,俄国十月革命爆发了。俄国工人阶级在列宁的领导下,推翻了地主资产阶级在俄国的反动统治,建立了世界上第一个无产阶级专政的社会主义国家。十月革命胜利的消息,很快传遍了全中国。11月10日,上海《民国日报》以"突如其来之俄国大政变""临时政府已推翻""美克齐美党占据都城"为标题,报道了"彼得格勒戍军与劳动社会已推倒克伦斯基政府""此次主谋者为里林氏(即列宁)"的消息。11月11日,北京《晨钟报》以"俄国政变与欧战"为题,披露了"俄国京城因激烈派之骚扰克伦斯基政府已被推倒消息"。11月13日,汉口《大汉报》以俄国之大政变的大字标题报道:"帕塔格勒

（即彼得堡——引者注）已入急进党掌握""黎雷氏（即列宁）大受欢呼"。同日，《汉口新闻报》来自帕塔格勒七日专电说："水兵受激进党指使，提械占俄国政府新闻机关，又中央报局，银行、马利亚宫院。"11月14日，《汉口新闻报》报道了"俄人激烈派占据俄京彼得格勒""考厥原因，不外乎总理之倒行逆施，致滋公愤，而有此晴天霹雳暴动之举也"。12月16日，《大汉报》又讲到"俄国革命及其衰败之原因"是"政体专制大权悉操之君王之手，究为一般官僚所把持，其富贵大有世袭罔替之势，农工则终岁劳苦，仅能免其冻馁而已。盖所获资财大半属之君主也"。11月17日，长沙《大公报》在"俄京二次政变记"的消息里，透露了"俄国反对党已占据俄京电局及京城全部""反对党首领林莲氏（即列宁）""俄京内之防军及兵队现亦一致反对克兰基内阁（即临时政府）"。这些消息说明，倒行逆施的克伦斯基临时政府已被推翻，一声炮响的十月革命已经胜利，列宁领导的布尔什维克党大受欢迎。此后不久，苏维埃俄国主动宣布废除一切不平等条约，放弃俄国在中国攫取的一切特权。这些消息，给武汉人民以深刻的影响和极大鼓舞。给热切探求救国救民真理的陈潭秋以新的希望。在黑暗中摸索中国革命道路的先进知识分子，就像见到了新的曙光，他们在学校内奔走呼号，兴奋异常。

陈潭秋思索着，为什么几十年来，中华民族不断受到帝国主义列强的欺侮，气都喘不过来，唯独革命后的苏维埃俄国，宣布取消在中国的特权。俄国苏维埃十月革命的成功使陈潭秋看到了中国前途命运的一线曙光，他盼望中国也能像俄国那样，建立一个"工人之国"，使劳苦大众能够得到彻底解放，当家做主。因此，他十分注意当时报刊上有关十月革命的经验和苏维埃俄国内部情况的介绍。1918年，陈潭秋进一步阅读李大钊的《法俄革命之比较观》《庶民的胜利》《布尔什维主义的胜利》等文章。他十分赞同"1917年的俄国革命，是20世纪中世界革命的先声""人道的警钟响了！自由的曙光现了！试看将来的环球，必是赤旗的世界"等观点。由此，他更深一层地认识到，要打倒帝国主义，求得中华民族的独立和解放，必须向苏维埃俄国学习，走十月社会主义革命的道路，这才是中国新希望的曙光。

五四运动的激流

陈潭秋在武昌高师快要毕业的时候，伟大的五四反帝爱国运动爆发了。1919年5月4日，北京爆发了以学生群众为主体的反帝爱国运动。消息迅速传遍全国，它像一声春雷，震撼了沉睡千百年的中华大地，唤醒了被欺压被奴役的中华儿女，掀起了全国性的波澜壮阔的反帝反封建怒涛。

1918年11月，打了四年之久的第一次世界大战宣告结束。1919年初，各战胜国代表在法国巴黎举行和平会议，研究处置发动这次战争的德、奥等战败国。由于英、美、法、日、意等帝国主义的把持，强行在"和会"上通过《凡尔赛和约》，决定把战败国德国在中国山东省强占的权益转让给日本，把德国在汉口、天津的租界，充作各帝国主义公共居留与贸易之用，把德国在广州的财产转让给英国。作为战胜国之一的中国，在战后不能从战败国手中收回自己的权益，而要转交给其他国家，这简直是奇耻大辱。面对这种被宰割的地位，腐败无能的北洋军阀政府代表却打算在这样一份"和约"上签字。这种外交的失败，丧失国格和主权的行径，激怒了全中国人民。5月4日，北京3000余名学生来到天安门前集会，高呼"外争国权，内惩国贼""取消二十一条""誓死收回青岛"等口号，并举行了声势浩大的示威游行，拉开了五四反帝爱国运动的序幕。

武汉位于中国中部，地处长江中游，又是京汉、粤汉两条铁路的联接点，水陆交通四通八达，素有"九省通衢"之称。五四前夕，武汉人民十分关注"巴黎和会"的消息，武汉各校学生界正在积极筹备"勿忘五七国耻"纪念会。北洋军阀政府的外交失败和北京学生的爱国行动，像给正在冒烟的干柴上浇了一桶汽油,愤怒的烈火立即燃遍了武汉三镇。在武昌街头,贴着一幅巨大的漫画。画面上,一伙青面獠牙的暴徒手持尖刀,正围着一个又圆又大的西瓜狞笑着。这伙暴徒们的肚皮上分别写着英、法、美、意、日的字样。西瓜上则写着中国。西瓜已被切下的一块上写着"山东"二字。暴徒们正伸着毛茸茸的手,急不可耐地要去抓。瓜旁趴着三条狗,身上分别写着"曹汝霖""陆宗舆""章宗祥"。而整个画面的周围则是无数有力的拳头。在漫画底下,写满了密密麻麻的字:"今年1月,第一次世界大战中战胜的英、法、美、意、日等帝国主义国家,在巴黎召开所谓'和平'会议,掠夺战败的德、奥等国,瓜分殖民地。中国代表在全国人民舆论的压力下,向和会提出要求:废除帝国主义在华特权,取消日本帝国主义和袁世凯政府所签订的'二十一条',收回日本借对德宣战夺去的德国在山东的权益。但是,帝国主义根本不理会我国的正义提案,反而支持日本'接管德国在山东的各种特权'这一无理要求。昨天(1919年5月4日),北京各校学生三千多人在天安门前集会,会后举行示威游行,要求惩办亲日派卖国贼曹汝霖、陆宗舆和章宗祥。游行队伍焚烧了曹汝霖的住宅,痛打了藏在曹家的章宗祥,这完全是爱国的正义行动!不料北京政府竟派军警血腥镇压,当场逮捕学生30余人。同胞们,对这样的卖国政府,我们能够容忍吗?……"

5月6日,北京市中等以上学校学生联合会成立。5月8日,武汉报纸登出了北京学生运动的消息,5月9日,北京学生王长曦到汉联系。陈潭秋从北京来信来人中,了解到北京学生集会,游行示威,反对帝国主义分赃会议的爱国斗争的情况,坚决支持北京学生的爱国行动。整个武昌高师都沸腾了。英语部学生推举陈潭秋为学生代表。陈潭秋等联络各班学生代表,商定:立即同全市各校取得联系,明天上街游行,声援北京学生。群情激愤,议论纷纷。英语部一位平时与陈潭秋相处较好的同学探问道:"真的要上街游行?"陈潭秋果断地回答道:"当然是真的!人家把刀架在我们的脖子上，难道我们还能躺着不动吗？"那位同学说："前几年，汉阳兵工厂工人罢工就遭到军警镇压，死伤不少人。我们明天游行会不会也发生那样的事？"潭秋毫不迟疑地说："不怕！声援北京学生的爱国行动，向帝国主义列强宣战，是正义的事情，怕什么？国家兴亡，匹夫有责。我们要见义勇为，知难而进！"

翌日晨，同学们正准备出发游行，英语部一个势利眼，一向看上峰脸色行事的学生代表高筠之忽然站出来拦住大家说："上面有通知，不准上街游行。""既然上面不准游行，我们就不要游行了，如果硬要上街，会出危险的，大家回自己的宿舍去吧！"

情绪激昂的同学们一听到"不准游行"的消息，顿时哗然。许多同学十分气愤地质问，反帝爱国的游行，为什么不准？这时，陈潭秋慷慨激昂地说："同学们，鸦片战争以来，帝国主义列强把我们当作牛羊一样任意宰割、奴役。中国的封建统治者一个个吓得要命。如今，爱国学生起来反对帝国主义欺凌，争取国家独立和主权。竟有人说'不准'，完全是一副奴才、走狗的嘴脸、腔调，是民族的败类。同学们，我们有爱国的权力和责任，'论交四海惭兄弟，抗迹千秋泣鬼神'！大家不会忘记，英法联军烧我圆明园，使这座体现中国人民智慧和心血的独一无二的艺术珍品在世界上消失了；八国联军侵入北京城，烧杀淫掠，无恶不作，甚至将故宫的储水缸上镀的金粉都刮去了。最后，他们却向我们索取赔偿，大量黄金白银掠往海外。这些强盗到现在还在欺凌我们。可是，反动军阀却跟帝国主义沆瀣一气，对人民群众进行血腥镇压，卖国求荣投靠帝国主义。王占元更是不仅自己卖国求荣，还把这奇耻大辱强加在我们头上，我们学生反对日本帝国主义强占我山东，王占元却在那里贴布告，叫嚣对学生要进行血腥镇压。由于王占元的效忠，日本人大大嘉奖他，他不仅不以为耻，反以为荣地准备举行隆重的庆典，接受日本政府授给他的勋章，多么卑鄙！我们要坚决揭穿他，不能让他出卖祖宗、出卖人民！我提议，大家赶紧回到各自的班里组织同学们明天上街游行。"同学们一致响应。

第二天，武昌高师的游行队伍冲出了校门，陈潭秋在前面率领同学边行进，边呼"打倒卖国贼""誓死不做亡国奴""还我山东""还我青岛"等口号。一路上，省立一中的队伍、湖北女师的队伍、部分爱国市民和青年不断加入游行队伍。

5月6日，《大汉报》《汉口新闻报》详细报道了北京五四运动的情况，当晚，中华大学的恽代英起草了题为《四年五月七日之事》的爱国传单，并和林育南连夜赶印600份，次日，在中华大学运动会上散发，并印成邮片通告全国。传单指出："强迫我承认二十一条协约的日本人又在欧洲和会里强夺我们的青岛，强夺我们的山东，要我们四万万人的中华民国做他的奴隶牛马。"与此同时，恽代英等人又收到北京大学学生黄绍谷的来信，更详尽地了解到北京学生反帝示威的情况，情绪高昂。恽代英对陈学渭、李书渠等人讲："人须'舍得'才能救国。"他们把准备参加校运动会的同学全部组织起来，又一支庞大的学生游行队伍涌向街头。两支学生队伍汇集在一起，声势更加浩大。虽然沿途军警、特务严密监视，他们仍沿街散发了不忘五七国耻的传单，希望"有血性的黄帝子孙"一致起来反对"强夺我们的青岛""强夺我们的山东"①。参加游行的学生个个情绪激昂，义愤填膺，一边高喊"反对日本帝国主义吞并山东""打倒卖国贼""誓死不做亡国奴"等口号，一边坚持游行，以唤醒民众。

5月10日中午，中华大学、武昌高师等15所学校的代表在中华大学开会，讨论声援北京学生爱国义举，一致认为"我辈青年，此后当以国事为己任"。与会代表"大多数泪下如注"。甲种工业学校学生肖世杰，咬破右手中指，血书"提倡国货"，会议代表掌声雷动。会上决议各校代表分

---

① 《大汉报》1919年5月9日。

途募捐。陈潭秋所在高等师范共捐现洋150元①。

5月12日晚,武昌高师、中华大学等15所学校联合召开会议,决定成立武昌学生团。公推恽代英草拟学生团宣言及公函等,推高师学生代表高鸿缙等5人草拟简章,简章的宗旨是"热忱爱国,联合感情"。②

5月17日下午2点钟,武汉学生联合会成立,公推武昌高师代表高鸿缙为临时主席,报告本会宗旨及筹备经过。下午4时,学生联合会代表到省署请愿,提出:承认学生联合会组织;准许学生印刷宣传品;省府立即致电北京政府,力争山东和青岛主权;准许学生组织游行、露天演说等4项要求。18日下午1点半,武汉学生3000余人集会游行,武昌高师200余人列为队首,中华大学300余人排在队尾。各学校散发的传单,"以国立高等师范较多"。传单写道:"山东是我中国的文化发源地,青岛是我东方的门户,万不可断送于人的"③。陈潭秋带领武昌高师英语部学生,手持"争回青岛""灭除国贼""提倡国货""抵制日货""誓雪国耻"等各色小旗,沿途散发武汉学生联合会的宣言和传单。5月30日,武汉学生联合会召开特别会议,议定组成学生演讲队,分途演说。国立武昌高师被指定在武昌演讲;确定自6月1日起,武汉中等学校以上的全体学生5969人概行罢课。规定各校派出的演讲队10人一组,"如被军警逮捕,赓续补派,至全体捕尽无可再派为止,并一体宣誓不达目的决不上课"④。演讲队沿途搭台演讲,揭露帝国主义的罪行,表示誓死争回青岛的决心。学生们言词激昂,有的声泪俱下,台下听众,深为学生的爱国热忱所感动,许多市民自发起来端茶送果,热情慰问,支持学生的爱国行动。学生们感激地说:"救国属于国民天职,只要大家齐力进行,胜过茶果。"

---

① 《汉口新闻报》1919年5月12、13日。
② 《晨报》1919年5月23日。
③ 《大汉报》1919年5月20日。
④ 《汉口新闻报》1919年6月2日。

面对学生的爱国举动，湖北督军王占元、省长何韵珊等大为不满，说什么"露天演说最易浮动人心，布散传单尤属扰乱市国，抵制日货惹动外交，将来事变愈生危险，凡此种类皆应禁阻"①。王占元甚至凶神恶煞地对各校校长说，如果学生罢课，"捉到即枪毙，拼着一个督军，一定要办到格杀勿论地步"②。同时，一方面饬令各校采取开除、停火断炊、提前放暑假等卑劣手段，破坏学生爱国运动；另一方面宣布全市特别戒严。5月31日晚六七点钟，"荷枪之军士则已攘往熙来，荷枪之警士已成群结队，抱冰亭畔、黄鹤楼前以及各校门首巡查之经过不啻莺梭，防守之密布几同蛛网"③。

6月1日，正值星期日，虽然天下着蒙蒙细雨，学生们仍积极踊跃地坚持外出演说。这天，当各校的学生们走出校门时，均遭防守的武装军警横加阻拦，少数学生冲破军警包围，奔赴预定讲演地点，各讲演点也早有军警防守。于是，爱国学生与军警发生激烈冲突，学生被捕、被殴、被刺刀戳杀者不计其数。高师学生陈开泰被刺刀戳穿两腿、小腹，重伤住院；中华大学、湖南中学学生多人受伤，酿成了令人震惊的六一惨案。这种血腥地镇压一直持续到6月3日。

6月4日，武汉学生联合会在汉口召开紧急会议，决定把军警捕杀学生的情况通电全国。6月7日，武昌高师以全体学生名义发出电文，痛斥"王占元、何佩瑢横杀学生，解散学校"的罪行，强烈要求罢黜王占元、何佩瑢，"以谢国人"④。武汉学生联合会为出席全国学联的成立大会，推举代表4人，从学联捐款中拨给1600元作路费，赶赴上海。即将从武昌高师英语部毕业的陈潭秋邀集同学与学生代表一起赴上海参观学习，交流学

---

① 《大汉报》1919年5月30日。
② 《近代史资料》1955年第2期。
③ 《汉口新闻报》1919年6月2日。
④ 《五四爱国运动档案资料》，中国社会科学出版社1980年版，第225页。

运经验。

六一惨案的发生激起了武汉各界人民的无比愤怒，强烈要求当局惩办凶手，抚恤学生，恢复学生自由。武汉各界联合会组织商界罢市、工人罢工。群众性的爱国运动从学生运动开始，席卷整个江城。在人民群众强大压力下，湖北督军政府被迫释放了被捕学生，惩办了直接参与制造六一惨案的武汉警务处长和保安队长。

通过参加五四运动的亲身经历，陈潭秋认识到：五四运动是现代民族革命的先声，五四运动的发生是民族危机的加深，我们认清了帝国主义在华侵略掠夺的结果……五四运动是新文化运动的胚胎，我们脱离古代思想之桎梏，而走向新的门径，以求得改造中国的新道路，这是思想界的新起点。五四运动使我们形成有计划有希望的创造新时代的人物了。以前我们学生一向只知读书，不知其他，与政治好像风马牛不相及的东西，漠不关心，那样造就出来的人，只能是反动统治阶级的工具。今天，我们举行轰轰烈烈的反帝爱国运动，说明我们开始打破过去那种堕落的颓废的虚伪的不进取的学生生活，而开始发挥积极作用，我们身上肩负着的重担，积极促进社会的改革，反对帝国主义封建军阀。

第二章
CHAPTER TWO

参与创建中国共产党

伟大转变的开始

具有民主主义革命思想的陈潭秋,在十月社会主义革命胜利的鼓舞下,经过五四运动的战斗洗礼,能有机会和五四运动中涌现出来的先进青年一块探讨中国革命诸问题,他太高兴了。1919年6月中旬,陈潭秋随武汉学生代表赴上海,途经南京,在这里参观学习,交流斗争经验。

南京是六大古都之一,山清水秀,风景迷人,历代名胜古迹众多。陈潭秋虽第一次到南京,但南京这名字在他脑子里的印象很深很深,一踏上南京这块土地便与同班同学倪季端(又名倪侧天,红安人)一起来到南京长江路上的总统府。他们伫立在总统府前,心潮起伏,思绪万千:这里曾是孙中山就任临时大总统,创建"中华民国"的地方,而如今,无数革命志士用鲜血和生命建立的"中华民国"呢?早已名存实亡。新旧军阀都寻找帝国主义作靠山,各自称霸一方,在中华大地上割据了许多个封建小王朝,四万万炎黄子孙挣扎在水深火热之中。陈潭秋最敬爱的五哥树三就是在这里为国殉职的。此时此景,七年前全家为五哥悲痛欲绝的情景和五哥对他的爱抚与教导,又一幕幕展现在陈潭秋眼前……

离开南京,陈潭秋和同学们一同来到上海。十里洋场的上海滩,被西方称作"冒险家的乐园"!这里是中国工业的最大基地和中国工人阶级最集中的地方。盛夏的上海,骄阳似火。处在五四爱国运动热潮中的上海,就像这炎热的气候一样,6万上海工人大罢工的怒火,烧得正旺。在纺织业方面,"有内外棉第三、四、五厂,日华纱厂,上海纱厂及叉袋角日本纱厂数家。金属业方面,有祥生船厂,船坞铜匠铁匠,江南船坞,铜铁机器工人,浦东和平铁厂,锐利机器厂,札新机器厂等。运输方面,有沪宁沪杭两路机师工人,浦口各轮船水手,沪南商轮公司等。市政工人方面,有南市电车，英美公司电车，全埠汽车夫，全埠马车夫，华洋德律风公司（属英国）接线人员，中国电报局，公共租界清道夫。其他的工人，有亚细亚美孚煤油栈，叉袋角大有榨油厂，茶昌火柴第一、二两厂，华昌梗片厂，华章造纸厂，商务印书馆印刷工厂，英美烟草公司烟厂，查礼饭店工人，以及漆匠、泥水匠、洋行住户及西人饭店之执业者"①。这次工人罢工运动是同盟性的政治大罢工，影响力十分大。6月11日，在得知北京释放被捕学生和罢免曹、陆、章的消息后，工人才开始复工。

与此同时，上海商界的罢市也由南而北发动起来，南市发动后立即转入法租界，由法租界而入公共租界，而后到虹口、闸北。租界里首先响应的是开设在南京路泥城桥畔的荣昌祥呢绒店。此后，上海郊区徐家汇、曹家渡等处亦均罢市。电车公司、自来水公司的工人派代表到上海学联取得联系，罢市既实现，各界目光咸集中于学生联合会。

这时正是全国学生联合会成立的前夕，各省学生运动代表纷纷前来上海，住在南洋商业学校。他们互相介绍各地学生运动的情况，交流反帝反军阀斗争的经验。陈潭秋听到这一切，心情格外舒畅。他暗自思忖：过去的学生，只知读书，"两耳不闻窗外事"，那样造就出来的"人才"，只能是反动统治阶级的工具。现在，我们全国各地广大爱国学生遥相呼应，举行轰轰烈烈的反帝爱国运动，彻底打破了过去那种毫无进取的封闭型的学习格局，改变了"一心只读圣贤书"的僵化模式，学生们走向街头，为国家的利益、民族的尊严奔走呼号，唤起了广大民众，得到了全国各界人士的响应和支持。他感到欢欣鼓舞。

6月16日下午2点钟，全国学生联合会在上海大东旅馆开成立大会，各地学生代表济济一堂，确为全国学生界空前未有之盛举。会上各地代表

---

① 邓中夏：《六三以后上海工人的大罢工》，《五四运动回忆录》（下），中国社会科学出版社1979年版，第631—632页。

热烈发言,他们说:"救国人人有责,不过学生为之先导",各界人士均以"学生有此组织能力为可敬"①。

武汉学生代表返汉后,即与留汉各学校学生代表开会,报告上海发起组织全国学生联合会之经过及进行之方针,力主武汉学生联合会继续存在,决不可中途解散,决不可虎头蛇尾,要坚忍不拔地斗争到底②。

武汉学生代表回汉后,陈潭秋仍留在上海。他走访了许多学校,参加了上海学生的一些活动,访问了一些学友和同乡,交谈了参加五四运动的体会和今后的打算。其间,陈潭秋通过倪季端(董必武的同乡)的介绍,结识了董必武。陈潭秋和董必武虽然是第一次见面,但由于对十月革命的向往和对马克思列宁主义真理的追求是一致的,所以,一见如故。

董必武是1919年2月为"鄂西靖国军"总司令被害事向孙中山和有关方面申诉而来到上海的。到上海后,他又受旅沪湖北同乡组织的湖北善后公会委托,和张国恩一道主持会务。湖北善后公会以孙中山在法租界霞飞路渔阳里路南租用的房子为会址,董必武和张国恩就住在湖北善后公会机关内。其时,李汉俊刚从日本帝国大学土木系毕业来到上海,与近代民主主义革命者詹大悲同住在渔阳里路北。董必武、张国恩和李汉俊、詹大悲都住在渔阳里,一个路南,一个路北,隔街相望,加之李汉俊、詹大悲都是湖北人(李汉俊是湖北潜江人,詹大悲是湖北蕲春人),他们常到湖北善后公会去,因此,董必武与李汉俊等常有交往。董必武说:"我们四人差不多天天见面"③。李汉俊在日本帝国大学学习期间,深受日本马克思主义经济学家河上肇的影响,研读了马克思主义的一些著作,开始倾向于马克思主义。李汉俊向董必武谈了许多俄国十月革命的消息,介绍了当时

---

① 长沙《大公报》1919年6月21日。
② 上海《民国日报》1919年6月24日。
③ 《中共党史资料》(七),中共中央党校出版社1983年版。

所能找到的一些马克思主义的读物和进步报刊。这时，董必武阅读了《每周评论》《新青年》《新潮》等杂志和日本出版的马克思主义书籍，如《马克思主义入门》《政治经济学入门》《〈资本论〉浅说》《共产党宣言》《黎明》《改造》等，董必武又把这些书刊介绍给陈潭秋阅读。董必武、陈潭秋、李汉俊等人反复对比研究了中国和俄国革命的道路问题。"为什么俄国的革命能够取得胜利，而中国的革命却不断地失败呢？"因为孙中山领导的革命，是单纯利用军阀，而"缺乏广大群众的基础"的革命，① 而"俄国革命列宁党的宗旨和工作方法与中山先生革命的宗旨和工作方法迥然不同，"② 中国应该"搞俄国马克思主义"，③ 要像俄国那样实行"阶级革命"，搞"群众运动"，搞"人民武装"。④ 他们分析了五四运动爆发后的中国政治形势，一致认为："中国还是要革命，要打倒列强，要除军阀，要建立民主制度，……要唤醒民众。"⑤ 唤醒民众，就要在工农和学生中做马克思主义的启蒙工作。大家商定回湖北后，"办报纸、办学校，鼓吹革命，教育青年"。⑥ 8月，陈潭秋、董必武和张国恩等人先后回到了武汉，开始传播马克思主义，开展革命活动。由于十月革命的影响，五四运动的锻炼，对马克思主义著作的热烈学习和讨论，陈潭秋开始了由民主主义者向马克思主义者的转变。

陈潭秋从上海回到武汉后，没考虑先去谋求什么职业，而是邀集林育南、肖仁鹄、刘艺祖等黄冈同乡，回到家乡去，向群众宣传、发动贫苦农民。陈潭秋认为：我们必须认清革命运动之民众力量，要一反以前英雄时

---

① 董必武1957年对外广播词。
② 董必武：《关于武汉中学成立经过简记》。
③ 董必武1971年8月4日谈话记录。
④ 田海燕：《董老谈话》（1961年）。
⑤ 董必武：《关于武汉中学成立经过简记》。
⑥ 《董老的嘱咐》，《中国青年报》1956年9月15日。

代之鲁莽起义挥三尺剑的态度，要积极唤醒民众之力量抵御列强进而由民众夺取政权，推翻封建统治，立新社会之基础。他们一行数人，身背油印传单，演戏用的服装道具，来到陈宅楼、八斗湾、杨鹰岭、回龙山。他们吃住都在农民家里，决心和贫苦农民交朋友。在乡间，他们演讲、唱文明戏，揭露帝国主义及其走狗袁世凯的罪行。陈潭秋用通俗易懂的语言说：各地福音堂、天主堂里的洋人，有些就是帝国主义侵略者，他们虽然没有使枪放炮，但他们通过传教的方式进行文化侵略，涣散我们的革命斗志；那些在乡里抓壮丁、拉夫、抢钱的坏兵的总头子就是军阀。地主老财则明里暗里和他们打得火热，欺压我们穷苦老百姓。陈潭秋等人还把日本帝国主义提出的"二十一条"全部抄写出来，贴在乡村的凉亭上和集镇的街头，向民众宣传："如果这'二十一条'实现了，我们中国就要亡国！"他们还自编自演小话剧《九头蛇》。剧中叙述一个豪绅地主残酷剥削和压迫一户佃农，这种剥削和压迫就像一条毒蛇，紧紧缠住佃农，使之陷于死亡的绝境。在戏中陈防武（陈潭秋的二哥）扮演地主，胡亮寅扮演佃农，林育南扮演佃农妻，陈顺芝扮演一个青年学生，陈潭秋负责演出指导（即导演）。这次演出得到了贫苦农民的一致称赞，他们对陈潭秋说："演得真像啊！"[①]这些宣传活动，给广大民众留下了深刻的印象，在贫苦农民中播下了反帝反封建的革命火种。

兴办武汉中学

陈潭秋一刻也没有忘记在上海与董必武商定的办报兴学的事情。1919年8月，董必武从上海回到武汉，住在武昌巡道岭湖北省教育会里。陈潭秋回

---

① 《黄冈革命史资料》。

黄冈家乡不久后，也回到武昌，他与董必武、张国恩等人商讨如何鼓吹革命、唤起民众。他们原打算在汉口办一份四开大报纸，但经董必武联系后告诉陈潭秋说："先前答应出资办报的人缩手不干了，办报成了泡影。"董必武接着又说："我们要抓紧办学校的事情。我与几位朋友商量了一下，根据目前情况，现在武汉的中等学校不多，办专科以上的学校我们一时还不具备那样的条件。因此，打算从办普通中等学校开始，以后再慢慢发展。你的意见觉得怎么样？"

陈潭秋说："我看可以！办普通中学存在的困难虽说也不少，但相对比较容易解决。在师资方面，咱们都有不少同学和朋友，可以请来任教；生源上，目前有不少农村青年来汉求学，我们可以面向他们招生；至于学校经费、校舍等方面的问题，还需要大家共同想办法，一边联系，一边筹措。"在筹办学校的过程中，陈潭秋暂在《大汉报》和《汉口新闻报》担任新闻记者。其间，他经常撰写宣传新思想的文章和报道，并加强与进步青年的联系，进一步探讨中国的前途和革除时弊的良方。

几个月以后，经过董必武、陈潭秋等人的共同努力和积极筹备，于1920年3月，在湖北省教育会西北角涵三宫街南面小巷的前清支郡师范甲丙堂旧址，创办了私立武汉中学。校舍是巡道岭的几间平房，三间较好一点的用来做教室，办公室和教职员宿舍则是七拼八凑的旧房改建的，十分简陋，仅避风雨。开办这所学校的宗旨是为了宣传马克思主义，传播新文化、新思想，建立一个培养革命人才和开展革命活动的阵地。

为了能迅速在政府当局立案，学校请当时在教育界颇有声望的湖北省议员、著名的教育家郭肇明担任董事长，校长则请中华大学有名的教授刘觉民（刘树仁）担任。刘觉民教授当时是个政治色彩不浓的学者，这是董必武、陈潭秋等人经过商量，听取各方面的意见后，特意邀请的。实际上，学校主要由董必武、陈潭秋、张国恩、倪季端等人负责。董必武是校董事会董事，教务主任是倪季端，总务主任是董必武在文普通中学堂的同学江文波。武汉中学的开办经费全在创办人中募集,每人20元(当时湖北省官价每元为湖北官钱局要1200文),当时,董必武筹不出这些钱,除向他表弟张醉华借了一点钱外,在春寒料峭时节,董必武毫不犹豫地脱下皮袍长衫典当出去,这才凑足了他应交的20元开办费。学校聘请了董必武、刘子通、黄负生教国文,陈潭秋、倪季端教英文,江子麟(江楚清)等教数理。学制为九年,采取级任负责制,陈潭秋兼任乙班级任(第一学期只招收甲乙两个班)。学校的校训是"朴诚勇毅"。朴就是朴素,也就是艰苦朴素;诚就是忠诚,诚实;勇就是勇敢;毅就是要有恒心、毅力,能够坚持。要朴诚勇毅干革命。教师们不仅以此教人,而且以此律己。在校中形成了一个蓬勃向上的好校风。

私立武汉中学的招生广告一经贴出,应试者甚为踊跃。学校分两批分别于1920年3月21日、22日举行入学考试。国文题是"私立学校与文明之关系";算学题是四则糅杂;历史题是"一、试述刘项兴败之由,二、秦皇汉武鞭笞四邻顾或訾其穷兵黩武或訾其开疆拓土二说孰是";地理题是"一问中国山脉,二问扬子江流域之商埠"。此外,由于学校要求十分严格,在初试合格后,还要进行复试,以"拔取真才"。[①]第一学期,由于条件限制,仅招收了两个班。陈潭秋担任这两个班的英语教员。

武汉中学的校园中央,是个网球场,场地绿草如茵。东边有一个露天操场,四周没有围墙;西边有一排三间教室;南边的高墩上也有一间教室;北边一排五开间平房,既是办公室又是宿舍。五开间的中间是校政厅,迎面壁上挂着一副对联:"金石常不朽,丹青本无双",横幅是:"朴诚勇毅"。校政厅左边是教务处,教务处后面是陈潭秋的办公室兼卧室,右边是总务处,总务处后面是董必武的住房。由于学生大多是从农村来的,学生多数租住在附近居民家中,董必武和陈潭秋为方便对学生进行辅导,特意住到

---

① 《国民新报》1920年3月24日。

学校里来。他们成天与同学生活在一起，常常对学习有困难的给予课后补习，对家境贫困的学生送课本、代交学费。董必武和陈潭秋在武汉中学教书期间，基本上是尽义务的，陈潭秋只领取仅够个人生活的少量薪金，或不支薪。董必武和陈潭秋常利用课堂讲授和课外与学生接触的机会，引导学生阅读进步书刊。为传播新文化、新思想，学校一律使用教师自编的白话文教材，教师也一律用白话文教学。他们给学生讲人类进化史，讲帝国主义为什么要侵略中国，讲封建统治阶级的残酷剥削与压迫，讲军阀政府的腐败无能，介绍俄国十月革命的情况和关于社会主义的基础知识，提高学生的政治觉悟，热心培养进步青年。陈潭秋曾对进步学生说过："不懂得马克思主义，不懂得十月革命，就等于是聋子、瞎子，找不到路。"①

在为革命培养人才的办学宗旨指导下，武汉中学一开始就以崭新的面貌出现，形成了武汉中学十大特色。录取学生入学收费低，便于贫苦子弟入学；教职员支低薪或尽义务；招考准用白话文，国文课实行白话、文言兼用；教师教课认真负责，课内课外相辅相成；男女兼收，同班学习；倡导学生组织学生会，可向校董事会提批评建议，各班设班会，由级主任指导；引导学生课外阅读进步报刊；通过国文课向学生普遍灌输革命思想；注重启发式教育，培养学生独立思考能力；勉励学生思想好、课业好、勤劳动。学校还没有开除过一名学生。

开学半个学期以后，武汉中学便成立了学生会，并创办了《武汉中学周刊》。学生会成立的那天，天气晴朗，全校学生齐集露天操场。操场上，用三张课桌摆成了主席台，主席台上方挂着用大红纸写的横幅："私立武汉中学校学生自治会成立大会"。会议由乙班同学雷绍全主持，他说："同学们，在陈潭秋老师的倡议和指导下，经过全体同学提名、选举，武汉中学学生会成立了。现在，请陈老师讲话。"在一片热烈的掌声中，陈潭秋

---

① 《人民教育》1978年第8期。

走上了主席台,他看了看操场上的同学,高声说道:"同学们,武汉中学学生会成立了,这是同学们的一件大事,也是一个喜事。我代表全校教职员工向同学们和你们选举产生的学生会成员表示热烈的祝贺。我们武汉中学的学生应该是学校的主人,同学们在学好科学文化知识的同时,也要学会自己管理自己,学会关心和参与学校的各项工作。学生会是代表学生行使这些权利的学生组织,如果同学们对学校或老师的工作有什么意见和要求,你们可以通过学生会提出来,使学校和老师的工作做得更好。从今天起,武汉中学学生会就要开始工作了,大家一定要支持学生会的工作。最后,我再一次表示祝贺!"全校学生报以热烈的、赞许的掌声。

当晚,陈潭秋召集学生会成员到自己宿舍开会,研究了今后学生会的工作及分工,并决定创办一个学生自己的刊物。陈潭秋说:"办个刊物,让同学们有发表意见的地方,也可以培养和提高同学们的写作能力。自己刻写,自己油印,花钱不多。刊物的名称嘛,我看就叫《武汉中学周刊》吧!"学生会的同学们一致表示赞成。会后,陈潭秋找到负责油印工作的校工张培鑫说:"学生会打算办个学生刊物,想请你帮助他们油印,你看行不行?"张培鑫满口答应,并高兴地说:"这项工作可以帮我认字,学习一些新的知识,太好了!"

一个星期以后,第一期《武汉中学周刊》以学生会成立为中心内容,开始印刷并与同学们见面了。同学们对这件新鲜事物交口称赞。许多同学纷纷写诗、作文,向刊物投稿。后来,该刊物根据需要,改为月刊,质量日益提高,内容日益丰富,越办越有特色。1924年12月5日,《江声日刊》上登载了一则《介绍新刊》的消息:"《武汉中学月刊》反对帝国主义专号,不日出版,内容丰富,全刊将近十余万言,对于帝国主义之性质及侵略我国之方式,无不言之确切,凡热心于反对帝国主义运动者,迟数日,往时中、共进书社购阅可也。"

创建武汉共产党早期组织

武汉中学和陈潭秋任教的国立武昌高等师范学校附属小学,是当时湖北教育界的两面革命旗帜。董必武和陈潭秋等先进知识分子,以武汉中学为基地而进行的革命的宣传工作和组织工作,以及他们致力于马克思主义与工人运动相结合的工作,为在湖北建立共产党的早期组织做了必要的准备。

为传播新文化、新思想,由文华大学发起邀请五四新文化运动的倡导者、《新青年》主编、北京大学教授陈独秀来汉讲学。1920年2月4日,陈独秀在武昌作了题为《社会改造的方法与信仰》的演讲,他说:要改造当今的社会,必须研究改造的方法,免蹈辛亥革命失败的覆辙。改造社会必须:(一)打破阶级的制度,实行平民社会主义;(二)打破继承的制度,实行共同劳动工作;(三)打破遗产制度,不使田地归私人传留享用,应归为社会的共产[1]。2月7日,陈独秀又作了《新教育的精神》的演讲,他说:你们"必须特别注意"工商业和交通发达的武汉,"将来必为全国最重要之区"[2]。与此同时,曾经领导武汉地区五四运动的恽代英在武昌横街头开办了利群书社,大量经销进步书刊,如《共产党宣言》《社会主义史》《阶级争斗》和《新青年》《共产党》《湘江评论》《每周评论》《觉悟》《劳动周刊》等。

为推进武汉地区的教育改革,把马克思主义传播到工农群众中去,董必武和陈潭秋等发起组织新教育社,并组成了湖北职业教育研究社和湖北平民教育促进会,出版了刊物《新教育》,办起了劳工学校、女子补习学

---

[1] 《国民新报》1920年2月7日。
[2] 《国民新报》1920年2月10日。

校、识字班、平民学校、农民夜校,以工农群众及其子弟为教育对象,传授文化知识,宣传革命道理。

为了解工农疾苦,倾听工农呼声,支持工农斗争,武汉先进知识分子深入群众,开展社会调查,1920年,先后在《少年世界》《新青年》等杂志上发表了《武汉工厂调查》《武汉工厂纪略》《汉口苦力状况》《武昌五局工人状况》等调查报告,从而加深了对武汉工人阶级的了解,增进了对工人阶级的感情,逐步地树立了无产阶级的世界观,走上了与工农群众相结合的道路。

1920年六七月间,参与创建上海共产党早期组织的李汉俊写信给董必武,相约在武汉筹建共产党的组织,董必武复信李汉俊,表示同意在武汉筹建共产党组织①。接着,他即邀约陈潭秋、张国恩共同参加组建活动。陈潭秋表示热烈赞同。旋即共同发起,物色对象,积极开展组党活动。正当此时,曾在广东《惟民周刊》任编辑的刘伯垂②由广州回武汉,途经上海,由陈独秀吸收入党,并受其委派到武汉发展组织,刘伯垂带着一份抄写的中国共产党党纲草案,几本介绍社会主义和俄国十月革命的小册子,回到武汉。根据陈独秀的提议,他首先找到包惠僧、郑凯卿进行商讨。

1920年初陈独秀到武汉讲学时,包惠僧是新闻记者,因采访新闻而结识陈独秀。郑凯卿是中华大学的校工,陈独秀到武汉讲学时住中华大学,时与郑有接触和了解。刘伯垂找了他们两人商量之后,又找到当时正在筹备建党工作的董必武、陈潭秋秘密联系,共同商讨建党事宜③,取得了一致的意见。

---

① 《董必武的回忆》(1961年),《共产主义小组》(上),中共党史资料出版社1987年版。
② 刘伯垂,又名刘芬、恶紫,湖北鄂城人,早年留学日本,同盟会员,参加辛亥革命,曾信仰过无政府主义,后从事社会主义宣传。大革命失败后,参加陈独秀、彭述之为首的"无产者社",成为"托派"。
③ 包惠僧:《共产党第一次全国代表大会前后的回忆》。

经过董必武、陈潭秋、刘伯垂等人的紧张活动，1920年8月，在武昌抚院街3号（现民主路）由董必武、张国恩租用的一个姓陈的房子（在湖北省警察厅背后，青年会对面）合办的律师事务所内召开秘密会议。会议由刘伯垂主持，参加会议的有：董必武、陈潭秋、刘伯垂、张国恩、包惠僧、郑凯卿、赵子健等人。会上，首先由刘伯垂介绍了上海共产党早期组织的成立经过，传阅了刘伯垂从上海带回的由上海共产党早期组织草拟的中国共产党纲领15条。这个纲领是由陈独秀和维经斯基共同起草的，它在中国历史上第一次明确提出了以无产阶级的革命军队推翻资产阶级政权，废除生产资料的私有制，实行无产阶级专政，直到消灭阶级。纲领还具体规定了发展党员和建立党的组织的原则，参加会议的成员，一面学习，一面就纲领的内容进行讨论，大家一致表示必须按照这个纲领行事，拥护这个纲领。

会上，大家还学习了一些马列主义的通俗读物和介绍十月革命的小册子，研究了组织的生活制度，规定了每周开会一次，以检讨工作，交流学习马克思主义的心得体会。会议经过酝酿提名，选举了负责人，包惠僧为支部书记，陈潭秋分管组织工作，宣告了武汉共产党早期组织的正式成立。为了避免敌人的注意，决定租用位于湖北省警察厅背后的武汉多公祠5号作为党的机关，挂上刘伯垂律师事务所的招牌掩护党的秘密活动。另外，离董必武、张国恩在抚院街律师事务所不远的地方，还有一个旧庙宇叫龙神庙的，也是武汉共产党早期组织成员经常活动的重要据点。"陈潭秋一参加党就拼命干，湖北党的工作主要是他负责"①。

1920年秋冬之交，共产国际代表维经斯基的秘书马迈耶夫和他的夫人马迈耶娃等人来到武汉，协助武汉共产党早期组织开展活动。董必武、陈潭秋、包惠僧等人常与马迈耶夫交谈，交谈时马迈耶夫介绍了俄国十月革

---

① 《楚晖》第1辑，湖北人民出版社1980年版，第8页。

命后的一些情况。董必武、陈潭秋向马迈耶夫介绍了武汉共产党早期组织建立以后的工作概况和五四运动以来武汉进步知识青年的活动情况，同时，陪同马迈耶夫参观了武汉利群书社，会见了书社的主要成员。在与马迈耶夫接谈过程中，陈潭秋还担负了一项特殊任务——翻译。马迈耶夫一边讲，陈潭秋把一个小本子放在膝盖上一边记，然后随时翻译出来。

武汉共产党早期组织正式成立以后，大力开展马克思主义的学习、宣传活动。董必武、陈潭秋等组织了马克思学说研究会，作为武汉共产党早期组织公开活动的组织形式。五四运动以来，武汉涌现了一批先进知识分子，如黄负生、刘子通、施洋等，都参加了马克思学说研究会，先后参加这个研究会的有20余人。研究会规定每两周开会一次，报告各自读书的心得体会。当时，主要读物有：《共产党宣言》《〈资本论〉浅说》《社会主义史》《阶级争斗》《马克思传略》《李卜克内西》《卢森堡传》等著作和《新青年》《共产党》月刊等刊物。李大钊到汉时，董必武曾请他在研究会上作过讲演①。陈潭秋常在研究会上报告他的学习心得，讲述旧中国的政治经济制度的腐败、封建地主和军阀政府的残酷剥削与压迫，列举帝国主义列强侵略中国的罪行，介绍学习马克思主义的心得体会和俄国十月革命的经验。通过学习和研究，坚定了研究会成员对马克思主义的信仰。后来，他们中的大多数人参加了共产党，有些人还成为共产党领导中国革命的坚强骨干。

1921年2月创刊的《武汉星期评论》，是继北京《每周评论》、上海《星期评论》、湖南《湘江评论》等刊物之后，又一个传播马克思主义，介绍十月革命的重要刊物。陈潭秋是该刊的创办人之一和主要编辑撰稿人之一。该刊主张改造社会，改革教育，解放妇女，揭露和批判封建军阀的反动统治，陈潭秋写的《妇女运动》《"五一"底略史》《快！起来呀！》，李

---

① 《忆董老》第1辑，湖北人民出版社1980年版，第107页。

汉俊写的《中国思想界寒暑表兼晴雨表的梁启超先生》，林育南写的纪念五一、五四的文章，董必武写的短评，刘子通写的《改良湖北教育意见书》等，均在该刊上刊登。该刊实际上是武汉共产党早期组织领导下编辑发行的最早刊物。它"曾刊载过一些指导如何研究马克思主义的文章，帮助知识分子正确理解马克思主义的精神实质"[①]。对宣传马克思主义，批判反马克思主义思潮起了一定作用，在当时曾获得很高评价。1923年9月，《评论之评论》第1卷第4号上发表的署名觉天的文章写道："自从《每周评论》出世后，……不久，被强权压迫下去了，他底兄弟如上海《星期评论》、成都《星期日》也慢慢地不堪恶势力底摧残而夭折了。现在却还有那如旭日初升，生气勃勃的《武汉星期评论》巍然独存于中国之中，大江之旁"。"他底体例，同《每周评论》虽有多少不同，他底精神却或者过之。武汉是再黑暗不过的地方。主撰者都是青年，而竟能本着初衷一下一下地清道，真不能不叫人惊倒"。

利用学校讲坛对知识青年宣传马克思主义是又一种好形式。武汉共产党早期组织成员中有四人的公开职业是教员，他们利用在各校任教的合法身份，在青年学生中进行革命宣传。1920年11月上旬，一天下午放学时，陈潭秋约雷绍全、王鉴去散步。他们从涵三宫出来，经抚院街，往江边漫步。一路上，他们边散步边谈学习和学生会工作。

陈潭秋问道："上次读书会上，我给大家传看的书，你们读后有什么感想？"

王鉴说："您是说《共产党宣言》吧！读是读了一两遍，但一时还读不太懂，再说一本书传着看，读得不太透。"

潭秋点点头说："书是太少了，那一本还是我托人从上海带来的。"

学生雷绍全听后提议道："能不能编一些有关马克思主义、十月革命

---

① 《五四时期期刊介绍》第2集，生活·读书·新知三联书店1979年版。

的常识性读物？"

陈潭秋听后十分高兴地说："这想法很好，可以把校刊编委会的同学发动起来，搜集一些有关马克思主义和十月革命方面的问题，采取作答方式编一个《政治问答》读本，简明扼要，通俗易懂。"

与此同时，董必武、陈潭秋、张国恩、郑凯卿、李书渠等以武汉中学学生为骨干力量，组建了武昌社会主义青年团。该组织是一个半公开性组织，简称S.Y.，陈潭秋受共产党早期组织的委托，分管青年团的工作，作为青年团的发起人负责组团。1920年11月7日下午，在武汉中学教务处召开了武汉社会主义青年团第一次大会，参加此次会议的共有18人，会议由陈潭秋主持，会上正式宣布了成立武昌社会主义青年团。青年团的宗旨是研究社会主义、实践社会主义的思想。凡申请加入本组织者，需经社会主义青年团团员一人介绍加入，为了方便工作，陈潭秋作为青年团的发起人也参加了青年团的组织，并参加了武汉社会主义青年团的妇女运动委员会、学生运动委员会、社会主义教育委员会的工作。会议确定青年团组织每星期开会一次，汇报自己的思想、工作，交流学习的心得、体会。会上，请董必武讲话。董必武站起来说："自从政治战争停止以来，科学领域里出现了许多重大变化，新思潮正在向我们扑面涌来，我们应该怎样对待呢？我们自然要投身到正式酝酿之中的新的运动中去。参加这场运动，是中国知识分子的天职。"在会上讲话的还有包惠僧、郑凯卿、李书渠、赵子健等。

11月14日，社会主义青年团举行第二次会议，出席会议的有19人。会上，刘伯垂作了关于社会主义的专题发言。董必武介绍了工会的组织状况，以及近期发生的一些罢工的原因和情况。郑凯卿在会上也作了简短的发言。与此同时，汉口也建立了社会主义青年团组织。12月26日，汉口社会主义青年团举行会议，会上，宣读了包惠僧、赵子健关于长江机器制造厂的调查报告。1922年4月9日，武汉社会主义青年团召开第七次大会，会议介绍了三位新团员，由陈潭秋和林育南介绍上海团员马念一加入武汉青年团组织，并选为妇女运动委员长。这一次大会另一任务是改选团的各委员会的委员长，陈潭秋被选为出版委员。在5月13日的全体团员的会议上，由陈潭秋和包惠僧介绍了杨子烈、袁溥之、夏之栩、陈媲兰、庄子道、李革、吴勇、丁仲松八位女士加入武汉社会主义青年团。从此，武汉团的组织开始有女团员了。

陈潭秋除在武汉中学任教以外，1921年又与倪季端等人一起创办了共进中学，此外，他还先后在湖北省立女子师范、武昌高师附小等校任教，借此向进步青年灌输马克思主义，勉励青年们努力学习革命理论，致力于救国救民事业。为扩大马克思主义的宣传，陈潭秋和董必武一道在学生和教职员中先后组织了青年读书会、妇女读书会、新教育社、仁社等团体。董必武、陈潭秋等常在读书会上作报告。陈潭秋说："我们不是为了咬文嚼字才来办读书会，办读书会、学习革命理论，是为了救我们的国家，救被压迫的劳动人民。"①

武汉共产党早期组织成立后，开始有组织地"到纱厂去，到铁路去，到码头去。经过同乡或亲戚的关系找工人谈话，讲解工人阶级解放的道理"。董必武和陈潭秋采取办夜校、办识字班的方法，与工人接近，推动工人运动的发展，促进马克思主义与工人运动的结合。办识字班的有武昌第一纱厂、汉口英美香烟厂、汉阳兵工厂（包括炼铁厂、制枪厂和火药厂）、裕华纱厂、震寰纱厂、纱麻四厂、南洋烟厂等，在铁路工人中也有这种识字班。包惠僧曾写了一篇《我对于武汉劳动界的调查和感想》的文章，发表在1921年4月9日上海《民国日报》的《觉悟》副刊上，要求工人们："快快团结起来，推翻资本主义，实现人类的福利"。

共产党早期组织成立后，经过其成员的培养和介绍，本身也得到发展

---

① 《毕生业绩有光辉》，《长江日报》1978年12月28日。

壮大。从 1921 年春起，陈潭秋先后介绍了黄负生、刘子通、张培鑫、董觉生等入党，为武汉地区共产党组织的初期发展做出了重要贡献。

由于董必武、陈潭秋等人的共同努力，马克思主义在武汉地区得到进一步传播，在进步知识青年中成了思想的主流；工人阶级的阶级觉悟和组织程度也有相当的提高，工人运动在原有的基础上有了新的发展；五四运动中涌现出来的先进青年得到了进一步的锻炼和提高。所有这一切，为在湖北、武汉地区建立共产党组织奠定了良好的思想基础、阶级基础和组织基础。

出席中共一大

1921 年 6 月，武汉共产党早期组织接到上海共产党早期组织的来信，请各地派出两名代表，出席在上海召开的中国共产党第一次全国代表大会。同时，寄给每个代表 100 块光洋（银圆）做路费。这时，武汉共产党早期组织的负责人包惠僧已由上海去到广东。董必武召集小组成员开会，宣布了这一好消息，与会者无比兴奋。经过成员酝酿，一致推选董必武、陈潭秋为武汉共产党早期组织出席中国共产党第一次代表大会的代表。不久，董必武和陈潭秋一道乘太古公司的轮船东下，于 7 月 20 日左右到达上海。

根据上海共产党早期组织的安排，他们俩住在法租界的蒲柏路博文女校楼上（现太仓路 127 号）。楼上的地板上铺了一张晒谷用的大竹垫，各地来的代表都睡在这张大竹垫上。

1921 年 7 月 23 日晚，中国共产党第一次全国代表大会正式开幕。参加会议的代表有上海的李达、李汉俊，北京的张国焘、刘仁静，长沙的毛泽东、何叔衡，武汉的董必武、陈潭秋，济南的王尽美、邓恩铭，广州的陈公博，旅日的周佛海；包惠僧受陈独秀派遣，出席了会议。他们代表着全国 50 多名党员。共产国际代表马林、尼克尔斯基也出席了会议。会议安排在上海法租界望志路106号（今兴业路76号）。这是上海代表李汉俊的胞兄李书城的寓所。李书城是辛亥革命的参加者，社会贤达，名望很高，在他家里开会，不会引起当局的疑心。会场在李书城的客厅，代表们围坐在一张长方形的桌旁。

会议首先由共产国际代表马林讲话，他说得一口流利的英语。陈潭秋听得很入神，时而记笔记，时而思索，并不时地给坐在身旁的董必武转译马林的讲话。马林谈了他在爪哇的活动，建议中国共产党也要特别注意建立工人的组织。马林认为：中国共产党的成立，在世界上有很大的意义，第三国际增添了一个东方支部，苏俄（布）党增添了一个东方的朋友，希望中国共产党的同志努力进行革命工作。会议期间，陈潭秋与董必武交换了要向大会报告的武汉地区共产党早期组织活动情况。会议在讨论政治形势、党纲草案、党的基本任务和今后工作计划等方面的内容时，陈潭秋都认真发表了自己的意见。他说："我党不仅是中国无产阶级的先锋队，而且是全民族和全中国人民的领袖。"中国共产党"始终在布尔什维克道路上前进"①。党要按照俄国布尔什维克的组织原则建立起来，党内思想斗争则是中国党的发展、健全、布尔什维克化的主要关键。他每次的发言虽然不长，但都比较中肯。

会议进行期间，发现了一个可疑的人窜入会场。陈潭秋回忆说："我们马上警觉到来人的可疑，立即收拾文件分散离去，只李汉俊与陈公博未走。果然，我们走后不到十分钟，有法华捕探等共九人来到李汉俊家查抄，但除了公开出版的马克思主义的书籍以外，没有抄出其他可疑的东西，所以并没有逮捕人。"②李汉俊用法语说明是一些北京来的教授，放了暑假，

---

① 《陈潭秋在庆祝党的15周年纪念会上的讲话（提纲）》（1936年7月），《中共党史资料》1982年第3辑，中共中央党校出版社1982年版，第64—65页。
② 陈潭秋：《第一次代表大会的回忆》，《"一大"前后》（二），人民出版社1980年版，第288页。

来此探讨学问，已经散去。加之李书城是有名望、有地位的人，巡警在一无所获的情况下只好退去。

当时，陈潭秋、董必武和大家一道机警地迅速离开了会场。他们没有再回博文女校，而是在商店里转了几个圈子，确认没有尾巴跟踪，这才找了个旅社住下。陈潭秋谈到当时的情况时说："我们分散后，各人找旅馆住宿，不敢回博文女校，因为据我们的推测，侦探发现我们的会议，是由博文女校跟踪而得的。"①第二天，陈潭秋来到环龙路老渔阳里2号陈独秀家里探听消息，差不多所有与会代表都不约而同地到了这里，经过磋商之后，大家决定缩短会期，转移会址。陈潭秋说："我们原定会期是七天，被侦探发现后，决定缩短为五天。但是，在上海我们再没有适宜开会的地方，于是决定乘火车到杭州西湖继续开会，到了上火车之前又想到西湖游人太多，遂中途变计，到离上海约300里之嘉兴城下车。""嘉兴有一个南湖，经常有人雇船游览。我们借游湖为名，雇了一只大船，并预备酒食，在船上开会。"

董必武、陈潭秋、何叔衡与王会悟（李达的妻子，浙江嘉兴人），先行出发，是乘头班车去嘉兴的。会议的最后一天，从上午8时一直开到夜晚11时，在讨论对孙中山的态度与关系问题时，曾发生争论。"包惠僧认为我们与孙中山是代表两个敌对的阶级，没有妥协的可能。他说，我们对孙中山应当与对北洋军阀一样，甚至还要更严厉些，因为他在群众中有欺骗作用"②。陈潭秋根据自己的经历和认识，反对包惠僧的观点，认为不能把孙中山也看成军阀。当时有人问陈潭秋："孙中山不也是资产阶级的一个集团吗？"他回答说："半封建半殖民地的中国，革命不可能是一步登天

---

① 陈潭秋：《第一次代表大会的回忆》，《"一大"前后》（二），人民出版社1980年版，第288页。
② 陈潭秋：《第一次代表大会的回忆》，《"一大"前后》（二），人民出版社1980年版，第288—289页。

的，恐怕是要经过一些曲折的道路。我们一面要坚定阶级立场，与资产阶级斗争到底，另一面对反动统治阶级的人和事也要分一个青红皂白，分别对待。这样，我们的党才能得人心，才能站在正义的方面，才能扩大我们的政治影响，争取革命的多数。"①

会议期间，陈潭秋曾同许多代表进行了交谈，谈了自己对问题的看法。他觉得"会前会后的交谈与在会议上的争执辩论是同样重要的，或者相互间的交谈酝酿，比在会议上的争论还要重要，还要深入"②。最后会议通过了下列原则："对孙中山主义，采取批评态度，而对于某些进步的运动，则采取党外合作的形式来援助他。这一原则的决定，可以说对于以后国共两党的合作，发展广大的反帝反北洋军阀的运动，种下了一种根基"③。大会经过几天紧张的工作和热烈的讨论，"最后在原则上通过一个基本立场，以实现无产阶级专政为党的基本任务，但在过渡阶段的斗争策略上，不但不拒绝而且应当积极组织无产阶级来参加和领导资产阶级性的民主运动。决定建立严密的战斗的工人政党，并以职工运动为中心工作"④。这一原则的通过，奠定了中国共产党布尔什维克的初步基础。大会正式宣告了中国共产党的诞生。

中国共产党第一次全国代表大会闭幕后，陈潭秋、董必武、包惠僧回到武汉，成立了工作委员会，作为武汉地区党组织的临时领导机关。1921年冬，遵照《中国共产党中央局通告》（1921年11月）的精神，正式成立中国共产党武汉区执行委员会，包惠僧任书记，董必武、陈潭秋、黄负生为委

---

① 包惠僧：《回忆陈潭秋》，《文史资料选辑》第58辑，中华书局1979年版，第30页。
② 包惠僧：《回忆陈潭秋》，《文史资料选辑》第58辑，中华书局1979年版，第30页。
③ 陈潭秋：《第一次代表大会的回忆》，《"一大"前后》（二），人民出版社1980年版，第289页。
④ 陈潭秋：《第一次代表大会的回忆》，《"一大"前后》（二），人民出版社1980年版，第287—289页。

员，董必武主管财务，陈潭秋主管组织，黄负生主管宣传。党的机关设在武昌黄土坡下街27号。区委下辖武昌、汉口、汉阳、江岸、徐家棚五个支部。同时，成立了中国劳动组合书记部长江分部，作为共产党发动和领导工人运动的公开指挥机关。由于董必武和陈潭秋的紧密配合，湖北武汉地区党组织不断发展壮大，到1923年初，党员不下50人，如许鸿、陈卫东、蔡以忱、王凤藻、钱介磐、吴德峰、王健、王秀松、戴克敏、董觉生、汪奠川、戴秀伦、雷绍全、蔡济璜、王幼安、刘文蔚、桂步蟾、王尚德、陈慕兰、夏之栩、徐全直、袁溥之、刘感生、仇国升等，都是在这一时期加入共产党的，为湖北党组织奠定了坚实基础。在大革命时期，湖北成为中国共产党拥有党员最多的地方，"武汉成为一个共产党的重要基地"①。

自一大后，陈潭秋、董必武等共产党人加倍努力，传播马列主义，深入到贫苦劳动大众中去。早在暑假前夕，陈潭秋就曾召集学生会干部和青年团员开会，布置了暑期工作，要求他们把同学们的假期活动组织好。回乡的同学作农村调查，着重了解一两户贫、雇农的劳动强度、全年收入及生活状况。家在城市的到附近工厂调查工人的工作时间、工作环境和报酬。返校时，每人写一份调查报告、一篇文章或一首诗歌，叙述自己的收获、体会。此外，还组织一部分学生继续坚持到平民夜校上课，教工人和他们的子女读书、识字、学习文化。陈潭秋身为教员，也亲身投入到这些社会活动中去。

一天，陈潭秋来到学生所住的朱家巷民房中，与谢祥荫②交谈。谢祥荫告诉陈潭秋说，自己在暑期阅读了《新青年》《觉悟》和《俄国新经济政策》等书刊，但其中许多地方一时还无法弄懂。陈潭秋劝导说："新知

---

① 董必武：《创立中国共产党》（1937年），《"一大"前后》（二），人民出版社1980年版，第294页。
② 谢祥荫，后改名为谢甫生，新中国成立后，担任海军保卫部长，1955年授少将军衔，1958年出任中国驻蒙古大使，1985年病逝于北京。

识、新理论往往是一时难以弄懂。就像学习新的功课，要有一个过程。学过以后，大家再互相探讨，再学习。经过这样一个过程就会加深领会。"

接着，陈潭秋问起谢祥荫家里的情况。当问明他的家境后，陈潭秋又说："我和你的家境、出身差不多，可总还算是好的。如今，这兵荒马乱的年月，有多少人饥寒交迫，卖儿卖女啊！""谢祥荫同学，你是个有理想、有志气的热心青年，在农村读书时就积极参加反帝爱国宣传演讲。现在在汉口，亲眼看到这些洋人横行无忌，欺压中国人民，虽有满腔愤慨，却拿他们没办法，只能恨，只能骂！因为这些帝国主义分子，仗着他们的军舰、大炮，伙同他们豢养的中国军阀，骑在中国人民的头上，吮吸中国人民的膏血，过着天堂般的生活。要使广大中国人民不挨饿、不受冻、不被洋人欺凌，光骂不行，还要行动起来，做点实际的事情。"

谢祥荫听后，朴实的民族自强心更觉得有了方向。

1921年下学期开学后，武汉中学学生会换届改选了。钟守道任学生会主席，谢祥荫任学生会总务部长，雷绍全负责宣传，并担任《武汉中学月刊》的编辑。

11月下旬，军阀吴佩孚宣布提高食盐价格，引起广大市民强烈不满，街头巷尾怨声载道。但是，迫于军阀的高压统治，敢怒而不敢言。面对这种情况，陈潭秋召集学生会负责人开会，讨论对策。同学们说："群众敢怒而不敢言，是因为没有人领头，如果有人起来喊一声：'反对盐斤加价'！群众一定会响应。"陈潭秋听后称赞地点点头说："同学们说得很对，看来这次暑期的社会活动对同学们的收益不小，你们不再像旧时期的学生那样'两耳不闻窗外事'了。问题是咱们怎样引导群众起来反对盐斤加价，要有策略。"

同学们听后展开了热烈的讨论，最后取得了一致意见，决定由武汉中学学生会发起，联系武昌高师、中华大学、省立一中、湖北一师、湖北女师等学校的学生会，共同组织一次反对盐斤加价的群众游行示威活动。经联系，各校学生会都极表赞成，并立即派出代表到武汉中学来共同协商，形成了一个行动方案。陈潭秋看后，就与同学们一起着手准备。

到星期日，各校学生按时到武昌阅马场会合，大家手持写着"反对盐斤加价"的各色小旗，排着整齐的队伍，从彭刘扬路经长街到汉阳门码头，租船过江，到汉口歆生路老圃花园。沿途学生们和加入游行队伍中的市民高呼"反对盐斤加价！""打倒日本帝国主义！""提倡国货，抵制洋货！"等口号。游行队伍越来越大，到达集会地点后，已有上万群众了。

在汉口老圃花园临时主席台上，陈潭秋慷慨激昂地痛斥军阀吴佩孚、王占元等投靠日本帝国主义、卖国求荣的罪恶行径，他说："同胞们，同学们！我们已被帝国主义、反动军阀剥削、蹂躏到了不能再忍受下去的地步，不能不起来反抗了。广大民众饥寒交迫，苦难深重，已经到了一无所有的地步了。而军阀穷奢极欲，中饱私囊，捐税名目繁多，现在又要把老百姓每天都要食用的生活必需品食盐加价一成。同胞们，我们还能忍受下去吗？这些帝国主义的走狗，军阀盘剥民众，用百姓的钱养起的部队专门镇压群众，不抵抗外寇侵略，不给人民留一条活路，我们决不能答应！同胞们，为了民族的尊严，人民的生存，起来抗争吧！我们要与帝国主义斗争，与帝国主义的走狗、反动军阀斗争，坚决反对盐斤加价！"听到这里，人民群众群情激昂，一片怒吼："反对盐斤加价！""打倒帝国主义！""打倒反动军阀！"随着这怒吼声，群众沿途继续游行，向全市人民群众宣传反帝反军阀道理，反对军阀的盐斤加价。

第三章
CHAPTER THREE

寻求"改造中国的新道路"

组织领导武汉地区的工人运动

中国共产党成立后，集中力量领导了工人运动。中共武汉区执行委员会和中国劳动组合书记部长江分部的建立，加强了对武汉地区工人运动的领导，掀起了武汉地区第一次工人运动的高潮。

武汉地处我国中部的长江中游，是粤汉、京汉两大铁路的联结处，水陆交通四通八达，素有"九省通衢"之称，是我国重要的工业、商业城市。19世纪60年代帝国主义列强在武汉设租界、办工厂，产生了武汉第一批现代产业工人。清末"洋务派"湖广总督张之洞，自1892年起，开办了湖北织布官局、纺纱官局、缫丝官局、制麻官局、枪炮局、汉阳铁厂、毡呢厂、制革厂、造纸厂、印刷厂等，使得武汉的布、纱、麻、丝、毡呢、造纸、炼钢、炼铁、水电、砖瓦、制革、印刷等业都有一定规模的发展。尤其是纺纱业，仅次于上海，属全国第二位。至辛亥革命前夕，据不完全统计，在这些官办企业中有现代产业工人1万余人。武汉民族资本主义工业是自1896年才开始办厂（如兴商砖茶厂、美盛榨油厂等），到1911年辛亥革命前，大小工厂为41家，现代产业工人计8000人。第一次世界大战期间，帝国主义国家忙于战争，武汉民族工业在此空隙中有了一定的发展。工人阶级队伍有了进一步壮大。第一次世界大战后，"武汉新式产业工人十余万人，在全国中居第二位"[①]。有组织的工人约有32300人。

武汉工人阶级自产生以来，就开展了自发的反抗斗争，如汉阳钢铁厂是1890年筹建，1895年完工的。就在这年，汉阳钢铁厂工人举行了同盟罢工，到五四运动时期的20余年间，先后爆发了多次罢工，较重要的有：

---

① 邓中夏：《我们的力量》，《中国工人》1924年11月第2期。

汉口印染厂工人联盟罢工、汉阳兵工厂工人罢工、武汉碾米工人罢工、人力车夫罢工、扬子机器厂工人罢工、武汉各轮船工人罢工、各成衣店工人的同盟罢工、汉口各铁匠工人的罢工、武昌第一纱厂工人的罢工等，这些斗争都不同程度地打击了资本家和反动统治者。五四运动后，武汉进步知识青年，在俄国十月革命胜利影响和鼓舞下，注意了对武汉工人阶级的人数、劳动条件和生活状况的调查。在《汉口苦力状况》一文中，介绍了汉口1万余码头工人的劳动和生活状况。江岸一处的调查报告写道："此辈无论晴雨，皆株守一隅"，"工作时间，甚不一致。有力壮者终日背负"；"衣无冬夏，仅破麻袋一片，遮其下体"。"有终日不得一饱者，亦有兼日而食者，饥饿难忍，则潜至巷尾常于垃圾堆中，拾取人家所弃之腐鱼臭肉"，"河滩、街沿、货棚、船头，皆彼等卧室。上风露而下潮湿，一至来春，十有九病"。汉口苦力工人，"人数既众，生活尤难；疾病死亡，无人过问；自生自灭，若异类之不如。彼等所受之苦痛，实人生之最难堪者"①。文章以血和泪的事实控诉了帝国主义者和资本家对工人的残酷剥削和压迫，启发工人的阶级觉悟，也教育了革命者自己。

中共武汉区委成立后，陈潭秋、董必武、林育南等都十分重视铁路工人的工作。先是派人到郑州，与北京派出的同志合办了铁路工人补习学校。接着又派李伯刚（李书渠）、林育南、施洋、陈荫林、唐际盛等深入到粤汉路徐家棚工人住宿区、找工人促膝谈心，创办工人夜校，宣传马克思主义。项英在江岸办了工余学校。随后，林育南、许白昊、张浩（林育英）等还在武昌第一纱厂、汉阳钢铁厂、汉口英美烟草工厂、裕华纱厂、震寰纱厂和南洋烟厂等，陆续办起了工人识字班。董必武和陈潭秋都亲自到工人夜校讲课，了解工人情况，启发工人觉悟。不久，在党组织的领导和帮助下，成立了粤汉铁路职工联合会。1921年9月，粤汉铁路武长段

---

① 《新青年》1924年第8卷第1号。

工人进行了胜利的罢工斗争。1921年12月，汉口人力车工人的罢工斗争又取得了胜利。这"两大罢工，开了当地一个新纪元，职工运动从此有一个顺利的发展"①。接着，武汉工人举行了一系列的罢工斗争。1922年2月2日，汉阳钢铁厂工人罢工；3月4日，武汉电话局工人罢工；5月，汉口租界人力车工人罢工；7月22日，汉阳钢铁厂为反抗军警压迫、无故开除70余名工人而再次罢工；8月13日，汉阳兵工厂工人罢工；9月9日，粤汉铁路武长段工人第二次大罢工；9月21日，汉口既济水电工人罢工；9月22日，羊楼茶厂工人罢工；9月23日，扬子机器厂工人罢工；10月14日，汉口英美烟厂工人罢工；10月17日，武汉轮驳工人罢工；10月29日，武汉模范大工厂工人罢工；11月10日，汉口隆茂洋行棉花工人罢工。1923年1月1日，汉阳钢铁厂工人再次罢工；1月4日，汉口英美烟厂工人再次罢工；1月6日，粤汉铁路徐家棚工人罢工；1月10日，武汉电话工人罢工；同时，大冶下陆铁矿工人罢工；2月4日，京汉铁路全线大罢工。罢工斗争风起云涌，掀起了武汉工人运动的第一次高潮，在全国工人运动史上占有极重要地位。邓中夏认为武汉罢工浪潮是"一个令人不可逼视的狂潮"，"以工业中心城市罢工潮而论，当时应首推武汉"②。在这次罢工高潮中，武汉工团联合会于1922年7月下旬正式成立，10月10日，改名为湖北全省工团联合会，下属30余个工会团体，有工会会员6万余人。

在武汉工人罢工斗争的第一个高潮中，为了指明工人斗争的目标，明确斗争的意义，陈潭秋于1922年5月1日在《武汉星期评论》五一纪念号的增刊上发表了《"五一"底略史》的文章。文章以历史唯物主义的观点，阐明"劳动者，就是世界底创造者，就是我们人类生活底维持者"。并详细介绍了"五一"的起源，他写道："1884年美国和加拿大的工人在

---

① 邓中夏：《中国职工运动简史》，人民出版社1949年版，第19—20页。
② 邓中夏：《中国职工运动简史》，人民出版社1949年版，第31页。

芝加哥开联合大会","他们觉悟到政府是靠不住的,非自己联合起来,努力奋斗不可"。他们于1886年5月1日举行第一次示威运动,美国的无产阶级通过斗争实行了八小时工作制。后来,五一就成了全世界无产阶级统一行动的日子。中国无产阶级,在国际无产阶级的影响下,也逐渐觉悟起来,1921年5月1日,在上海、广州、北京、长沙、长辛店等地,也都有热烈的表示。文章特别提到"1918年俄京莫斯科举行的'五一'纪念会更是一个轰轰烈烈的盛典"。陈潭秋说:"'五一'虽然普遍了全世界,成功的地方也不少",但它的"'普遍'和'成功',都是流血得来的"。这些经过鲜血的洗礼、印染的历史,我们永远也不能忘记它。它要求中国无产阶级,在向旧势力的斗争中,必须勇敢地斗争,甚至于付出鲜血。否则,要取得胜利是不可能的。他号召中国工人以团结战斗的实际行动来纪念这个"以无数血肉搏得来的庄严灿烂"的战斗节日。

陈潭秋的这篇文章,为武汉工人反对"这样昏沉的中国"统治者指明了斗争方向,它鼓舞着武汉工人"继续不断地奋斗"。

发表《私有制度下的教育运动》

陈潭秋在组织发动武汉工人的同时,极力主张改革旧的教育制度。1922年3月22日,他在上海《民国日报》副刊《觉悟》上发表了《私有制度下的教育运动》的评论文章,认为"在私有制度底经济组织之下,教育是决不能普及的,义务教育是决不能实施的"[①]。

早在1920年春,陈潭秋在武汉中学任教时,陈独秀曾应武昌文华大学的邀请到汉讲学,于2月5日、6日、7日三天之内,分别作了《社会

---

① 陈潭秋:《私有制度下的教育运动》,上海《民国日报》副刊《觉悟》1922年3月22日。

改造的方法与信仰》《知识教育与感情教育问题》《新教育之精神》等演说，主张"人人应该受教育，应该常劳动"，以达到"无穷富贵贱之别，良心与观念一致"。他提倡新教育，指出要方法新，精神新，并不在科目内容新。他强调情感教育，所谓"情感云者，即牺牲自己帮助他人之谓也"。陈独秀的这些言论，"颇受学生所欢迎"，对武汉地区的进步教师和青年学生影响甚大。普及教育之声在武汉盛极一时。3月，恽代英、刘功辅等草拟了武汉平民教育社的简章及宣言，在汉口大蔡家巷民新学校内发起创办平民教育社，"专为劳苦无力量读书的人设的"，"教员是尽义务的"，"以最短的时间，教以最合用的知识"，认为"不要好多时教育就可以普及了"①。陈潭秋对这些见解颇不以为然。

这时，陈潭秋在武汉正致力于教育事业，1920年春任教于武汉中学，1921年又与倪季端、钱介磐创办共进中学，1921年秋又在湖北女师任教。陈潭秋通过自己的教育实践，深深感到在私有制度之下，要普及教育是办不到的，用平民教育的方式，实行义务教育也不可能。他说："现在一般做教育运动的人们都说：'教育要普及'；'义务教育要实施'……这些声浪尽管闹破了人们底耳鼓，终是不能'普及'，终是不能'实施'。这究竟是什么缘故呢？因为他们忘掉了'先决问题'，所谓'不揣其本，而齐其末'。"先决问题是什么？陈潭秋断言是社会经济的组织，"在私有制度底经济组织之下，教育是决不能普及的，义务教育是决不能实施的"②。陈潭秋认为，普及教育就要多办学校，多办学校就要经费，"经济在私有制度的社会中都集中在少数资本家手里"，他们哪肯多拿钱去办学校，普及教育啊！他们恐怕平民受了教育，有了知识，要革他们的命。再则，无产阶级及其他劳动者，每天作工十多个小时，哪有时间去受教育；一人生产，

---

① 《国民新报》1920年3月30日。
② 陈潭秋：《私有制度下的教育运动》，上海《民国日报》副刊《觉悟》1922年3月22日。

供养全家，哪有余钱去付教育费。至于义务教育，无产阶级既受生活压迫，又怕没有工作的机会，我们怎能要他们忍冻受饿不去作工来受教育呢？

因此，陈潭秋明确表示："我主张在现社会做教育运动，应当着眼在'造就改造社会的人才'底上面。我很盼望现在热心做教育运动的人们赶快改变方针……应该向'改造社会经济'方面进行。"① 这是陈潭秋在武汉从事教育事业经验的深刻总结。陈潭秋在这里把当时极力主张普及教育和实施义务教育叫作"不揣其本，而齐其末"，应该赶快改变方针，大力做"改造社会经济"的工作，大力培养"改造社会的人"。把改造私有经济制度与改革社会教育结合起来，把改革教育方针与造就改造社会的人结合起来。他认为，改造经济制度是改革社会教育的根本，改革社会教育是改造经济制度的结果，我们不能舍本求末，本末倒置。陈潭秋所提出的要来一个根本的解决，这比 1920 年初陈独秀提倡的新教育思想和恽代英等发起的平民教育思想又前进了一大步，他把要求普及教育的局部问题引向了改造社会经济制度的革命轨道。

支持湖北女师学潮

陈潭秋在致力于彻底改革旧教育制度的同时，还大力推崇妇女运动。1921 年 11 月，他在《武汉星期评论》上发表了《妇女运动》一文，他认为："妇女运动，是社会运动中很重要的运动。现在西方各国，这种运动，极其迅速，大有一日千里之势。"但是，在湖北则是"大梦方酣"，并不知道有这么一回事，一听得"妇女解放"的声浪，"好像受了极猛烈的刺激似的，掩耳却步，规避不遑"，有的更是肆口漫骂，"不说是'洪水猛兽'，

---

① 陈潭秋：《私有制度下的教育运动》，上海《民国日报》副刊《觉悟》1922 年 3 月 22 日。

必说是大悖'伦常'"。陈潭秋写道：古语说得好，"有志者事竟成"，"只要抱定决心，向前奋斗去，也不愁没有达到目的之一日"①。为了妇女自身的解放，陈潭秋公开号召"赶快组织'女界联合会'"，加强女性的自身团结。他认为湖北如果成立了这种组织，一定可以减少各种障碍，走上光明的大道。为此，他提出：要提高妇女的政治觉悟，提高妇女的社会地位，提高妇女的知识与能力，并且创办妇女的言论机关，宣传妇女解放的道理，交流妇女运动的经验，增进妇女的团结。

这时的陈潭秋正在湖北女师任教。其时，在湖北女师任教的还有刘子通、黄负生、董必武。他们在女师利用教课的机会，宣传新文化、新思想，启发学生们的觉悟，鼓励学生们投入妇女解放斗争的行列。湖北女师规模本来不大，全校学生只有5个班，250余人，在校教职员也只有20余人，但它是湖北唯一的女子师范，在社会上和教育界都有一定影响。当时湖北教育界，多为张之洞开办的经心书院、两湖书院培养的前清守旧文人所把持。他们主张尊孔读经，维护封建旧礼教，反对五四以来新文化、新思想的传播。湖北女师和省立一师是当时教育界的两座顽固封建堡垒，对学生定了许多清规戒律，如禁止学生阅读新书刊，把新思想、新文化当成妖魔鬼蜮，千方百计地加以诋毁。湖北女师规定学生一律住校，禁止学生通信自由，更不许学生外出，即使星期六回家，也要家长接送。晚上就寝后，由校监查夜，关门反锁，直至第二天清晨才开宿舍门。湖北女师校长王式玉专聘50岁以上因循守旧的封建遗老，向学生灌输封建思想，妄图把学生训练成"三从四德"的贤妻良母，甚至连学生剪短发也在禁止之列，把女师搞得死气沉沉，与世隔绝，简直像一座修道院。学生们要解脱封建思想的束缚，必须首先攻破这座封建堡垒。董必武、陈潭秋、刘子通、黄负生到女师兼课以来，革新教学，首先打破了女师只学古文，只写文言八股

---

① 陈潭秋：《妇女运动》，《武汉星期评论》1921年11月19日第33期。

文章的旧传统，倡导白话文，选用《新青年》《向导》上的重要文章作教材，还把《阿Q正传》《狂人日记》等汇编成册，印发给学生阅读，或在课堂上进行通俗讲解，向青年学生灌输革命思想，宣传妇女解放的道理。

自1921年下半年起，陈潭秋在女师学生的积极分子中发展了一批社会主义青年团员，第一批入团的学生有夏之栩、徐全直等八人。夏之栩的家住在武昌蛇山后贡院附近西川湖5号，作为团支部活动的据点，董必武、陈潭秋、刘子通等经常亲自前去参加她们的活动，和她们一起学习，并启发、教育她们。

在陈潭秋等创办的"妇女读书会"里，徐全直、夏之栩、袁溥之、李文宜等都是积极参加者。读书会从利群书社借来许多新书。董必武、陈潭秋、李汉俊、黄负生等也常到读书会作报告，讲解《共产党宣言》《国家与革命》《雇佣劳动与资本》等马列著作，使读书会的青年女学生逐渐懂得了马克思主义。

经过一段时间的工作，学生中的先进分子，如夏之栩、徐全直、李文宜等都积极行动起来，她们带头剪短发，出墙报，传阅进步书刊。在刘子通《改良湖北教育意见书》的鼓舞与启示下，女师学生纷纷要求改革教育。学校的封建卫道士把学生们的进步要求说成是"过激行动"，极力主张"整顿学风"。刘子通当即反驳道：学生的合理要求，学校应当多加考虑，如果置之不理，或采高压手段，势必酿成学潮。校长王式玉恼羞成怒，决定先从刘子通下手。

1922年2月，新学期开始，王式玉即以宣传"赤化""煽动学潮"的罪名解聘刘子通。学生们知道后，十分义愤，她们推选夏之栩、徐全直、杨子烈、陈媲兰、庄有义等为代表，向校方进行交涉，发动学生罢课。校方不但坚持解聘，而且攻击进步学生是"害群之马"，用通知转学的办法变相开除了一批进步学生，包括夏之栩、徐全直、袁溥之、袁震等。在此紧急关头，中共武汉区委和陈潭秋通过青年团组织，教育学生中的积极分子夏之栩、徐全直等人，斗争要讲策略，行动要有计划、有步骤，要争取大多数同学的同情和支持，才能取得胜利。于是，徐全直她们深入到各班同学中，说明事实真相，发动更多同学投入斗争。夏之栩的妈妈代表被开除学生的家长质问王式玉为什么要无理开除学生？当同学们一致行动起来的时候，徐全直、夏之栩、李文宜等带领同学们包围了校长室，占领了电话室与传达室，切断了校内外的交通，向王式玉开展了面对面的斗争。同学们义正词严地揭露王式玉排除异己，任用私人，把持学校，迫害学生的罪行。王式玉张口结舌，理屈词穷，推脱说开除学生是"政府的命令"。学生们高呼："打倒王式玉！打倒教育界的蟊贼！"开除学生的布告牌被踏得粉碎。

在武汉区党委的领导下，学联发动全市中等以上学校举行同盟罢课，声援女师同学的正义行动。紧接着，女师学生在徐全直、夏之栩的率领下，又到省教育厅请愿。湖北一师、武昌高师、武汉中学、启黄中学、外语专科学校等一致罢课游行，声援女师同学。李文宜的父亲还送去包子慰问坚持斗争的学生们，报馆工作人员及社会人士也都同情学生。由于学生们坚持斗争了八个月，并经教育界进步人士的调停，反动当局不得不以"办学无方"将王式玉解职，学生保留学籍，照发毕业证书，斗争取得了胜利。在这次斗争中，涌现了一批积极分子，如徐全直、夏之栩、丰俊英、陈慕兰、马玉香、周月华、钱瑛、戚元德、李文宜、袁溥之、袁震之，她们逐渐成长，不断提高觉悟，终于走上了革命道路。

在湖北女师学潮高涨的情况下，为进一步推动妇女运动的开展，夏之栩等参加筹备成立湖北女权运动同盟会的工作。1923年初，湖北女权运动同盟会参加了有武汉学生联合会、湖北各界联合会、工联会、平民教育会、妇女读书会、马克思学说研究会、武汉新闻记者会等各界代表参加的会议，成立了湖北全省民权运动大同盟，公推陈潭秋、何恐、刘玉英（女师学生）等五人为委员。不久，周月英、刘佩璋等又发起组织女子拒绝日货同盟会。女权运动同盟会的主要工作是：争取女子在法律上与男子有平等权利，调查国内女权运动团体，互相联系，编辑浅近女权运动说明书等项。为指导女权运动，陈潭秋于1922年6月在《武汉星期评论》妇女运动号上，发表了《我对于女子参政运动的两个危惧》的文章。湖北女权运动同盟会还于1923年2月4日下午7时至9时请李大钊在寒假演讲会上讲授《现在世界四种妇女运动之潮流及性质》《中国妇女运动进行之方法》等内容，演讲会由谢崇端女士主持，李大钊在讲演中指出："中国现当军阀专横之时代，欲为民权的运动，无论那种团体，都须联络一致。宗教的、母权的、女权的、无产阶级的妇女运动，可合而不可分，可聚而不可散，可通力合作而不可独立门户。能如是，方能打倒军阀，澄清政治，恢复民权。能如是，则今之为女权运动者，始得曰成功！"演讲得到了与会者的热烈赞赏[①]。

"二七"风暴

1922年6月30日，中共中央给共产国际的报告书明确指出，汉口方面的劳动运动的主要任务之一就是组织"京汉铁路工人俱乐部"。根据这一精神，在武汉工人运动日益高涨的形势下，武汉党组织和陈潭秋把工作的重点放在工人比较集中的汉口江岸地区。

江岸在汉口北郊，1901年法国人在刘家庙开设了江岸机器厂，随后又增设了车头厂、车务厂、工务厂，京汉铁路在此设了一个火车站和机务段，共有1000余人。由于受封建帮派思想影响，这里的工人分为湖北帮、三江帮等，势均力敌，影响工人内部的团结。中共武汉区委和武汉劳动组合

---

① 《江声日刊》1923年2月5、6日。

书记部都认为必须增进工人内部团结，成立工人群众的统一组织，消除帮派偏见。怎么入手呢？他们认为首先要物色正直的工人积极分子。

1921年底，武汉党组织派了模范大工厂的纺织工人项德隆（即项英，那时才20岁左右）到刘家庙江岸车站筹办江岸工人俱乐部。项德隆到江岸不久，就租了江岸龙王庙为俱乐部筹备处的办公地点，挂出了"京汉铁路江岸工人俱乐部"的牌子，他自己任筹备处的文书，负责日常事务。俱乐部里有象棋、围棋，还搞唱戏、讲演等活动，并开办了一个工人业余夜校，项德隆自己担任教员，教工人识字，讲工人生活为什么这样苦的道理。俱乐部活动十分活跃，项德隆与各方面的人事关系相处得很好。

1921年冬的一天，武汉劳动组合书记部在研究江岸工人情况时，项德隆向陈潭秋介绍了江岸工人积极分子的情况。他说：林祥谦出身贫苦农民家庭，13岁时随父亲到马尾造船厂做徒工，由于没有钱奉承封建把头，三年学徒期满也没有当上正式工。1907年他来江岸机器厂当钳工，为人正直，富于正义感，乐于助人，威信很高。他出来负责俱乐部的工作，对开展江岸地区的工人运动是有利的。陈潭秋听了介绍后高兴地说："我们今后应该加强对林祥谦的教育和帮助。"并希望亲自与林祥谦交谈。

1921年底的一个星期天，江岸机器厂的老工人刘寿真陪同江岸工人中有影响的积极分子林祥谦、杨德甫、黄桂荣、曾玉良、姜绍基等来到汉口德润里劳动组合书记部机关会见陈潭秋等人，林祥谦向陈潭秋倾诉了工人们的痛苦和自己的身世。陈潭秋激动地说：工人兄弟的生活实在太苦啦！一天到晚地干活，累死累活，却养不活家小。我们工人的这种苦处是帝国主义和军阀带来的，帝国主义在我们国家开工厂、办银行、筑铁路，利用我们的廉价劳动力赚了许多钱。充当帝国主义走狗的军阀们也从中捞了一笔，大发横财。他们赚的钱越多，我们的生活就越苦，要摆脱这种困苦状况，唯一的办法就是组织起来，同帝国主义、封建军阀进行斗争。你们回去以后，要把各地来的穷哥们串联在一起，成立工人自己的组织，捏成一股绳，人心齐了才有力量。林祥谦等人听了陈潭秋的这番话，感到心里开了窍，连连点头称是。

几个星期以后，林祥谦、曾玉良等人来到武昌黄土坡下街《武汉星期评论》编辑部，向陈潭秋汇报情况。他们说穷哥们都串联起来了，就是不知怎么从头做起。陈潭秋对他们的工作进展很满意，兴奋地向他们介绍各地工人运动开展的情况。陈潭秋说："北方的长辛店正热火朝天地办工人俱乐部，俱乐部为工人兄弟办了许多事情，把工人们团聚在俱乐部周围。俱乐部为工人撑腰，领着工人们开会、游行、纪念五一国际劳动节，为工人争得了许多利益，如今工人坐火车也不要票了。工人有了俱乐部，什么事儿就都有了领头干的人。"

曾玉良急切地问："长辛店的工人哪来的这么大胆量，不要票坐火车，不上工去开会，不怕厂里、站上罚钱吗？"陈潭秋笑着告诉他说："他们之所以胆量大，就是因为有了工人俱乐部，大家心齐了，抱成了团，力量就大了！"林祥谦听后，用手使劲拍了一下大腿，站起来说："对了，我们也照着办，马上成立江岸工人俱乐部！"

此后，林祥谦、曾玉良等分别深入工厂、车间、工棚，找各帮口的穷哥们谈心，说明穷哥们抱成一团，捏成一股绳，联合起来力量大的道理。他们从长辛店谈到江岸，大讲成立工人俱乐部的目的和意义。听了他们的话后，工人们都有了迫切组织起来的要求。

1922年1月22日，江岸京汉铁路工人俱乐部在江岸刘家庙老君殿召开成立大会，到会的工友近千人，还有来自京汉铁路沿线各站、厂和俱乐部的代表及武汉党组织和武汉劳动组合书记部派来的代表。上午11时正式宣布开会，大会主席说："本俱乐部之成立，全是各工友努力的结果。以后还盼望大家更加努力，互相辅助，共谋进步"。"俱乐部的宗旨是：保证生活；增高人格；改良习惯"。俱乐部副主任干事黄贵荣在讲演中说："俱乐部是全体工友的，大家都负有责任，盼大家都齐心齐力来发展他，大家才有幸福"①。李汉俊在会上讲了《日本劳动组合的情况与中国工人组合的步骤》，包惠僧代表《劳动周刊》在会上作了《新文化运动与工人运动》的发言。很多代表和来宾都发了言，大家表示一定要把俱乐部办好，一定要为工人谋利益。大会选举了杨德甫、林祥谦、曾玉良、黄贵荣等为俱乐部干事，聘请项德隆为文书，施洋为法律顾问。在锣鼓声和鞭炮声中，江岸京汉铁路工人俱乐部正式成立了。

京汉铁路工人陆续组织工人俱乐部，至1922年春，全线已成立了16个工人俱乐部。1922年4月9日，在长辛店俱乐部发起组成全路总工会的筹备会，有14个俱乐部的代表参加了会议，经过三天的讨论，一致同意成立全路总工会，立即着手筹备。1922年8月10日，在郑州召开第二次筹备会议，出席这次筹备会议的工人代表，江岸有杨德甫、张濂光，郑州有凌楚藩、刘文松，长辛店有史文彬、王俊，以及其他各站厂的工人代表，《劳动周刊》记者林育南、许白昊列席了会议。参加会议的还有张国焘、项德隆、吴汝明、包惠僧。会议确定总工会办事处，杨德甫为总工会筹备会的主任委员，凌楚藩、史文彬为副主任委员，项德隆为总干事，一切具体工作概由项德隆负责。同时，还确定了各段各厂的负责人，江岸分会改由林祥谦负责②。1923年1月5日，在汉口湖北省工团联合会内召开第三次筹备会议，共开会五天，在施洋、李汉俊、包惠僧等的协助下，会议起草了《京汉铁路总工会章程草案》，共7章31条，规定总工会的宗旨为：谋全体工人的利益，唤起工人阶级觉悟，加强与各业工人的联系，并与世界各国工人建立关系。会议请施洋代拟了总工会成立宣言及通电。会议还商定于2月1日在郑州召开京汉铁路总工会成立大会，遍邀各工团各界诸位到郑州参加成立典礼。

---

① 《汉口江岸京汉铁路工人俱乐部成立大会盛况》，《工人周刊》1922年2月5日第28期。
② 据1954年2月9日包惠僧的回忆和1956年底杨德甫的回忆。

1923年1月10日，杨德甫等一行前往郑州。在郑州分会委员长凌楚藩、副委员长李焕章、郑州扶轮学校教员赵子健三人的协助下，向地方当局办理呈报手续，向全国有关工人团体等发出邀请函电。同时，向路局申请将1月28日的星期日改在2月1日放假，并由路局同意派车接送往返的代表及来宾。

这时，各分会代表陆续到达郑州。武汉工人显得特别踊跃，据报载："武汉方面前往郑州的，共有30余团体130余人，并赠送总工会匾额和其他物件多种。"①还有男女学生、新闻记者、律师及音乐队12人同行。已公开列有姓名者计：汉口皮鞋工会会长杨衡，缝纫工会代表邹新甫，洗衣局工会代表肖乾安，人力车夫俱乐部代表袁告成，蛋业工会代表刘善夫、马正卿，花厂工会代表陈谟，花厂工会会计李磐，粤汉铁路代表余友文、王左林、姚祺，武汉工务调济工会理事员白锦成，京汉铁路总工会江岸分会代表汪饧畴等10人。还有武汉电话工会代表熊春山、吴忍、吕德发，机器研究会代表邓福，湖北工团联合会代表陈天，湖北轮船工会代表张纛，汉口烟厂工会代表肖少卿，武昌机器工团代表邓胜发，武汉新闻记者李求实、刘光国、唐际盛、张绍康、马刚等，私营照相者张济川，京汉工会会计邓敬瑞、项德隆，马克思学会代表周玉瑞、王德恒、许鸿、叶景、陈号亭、蒋汉章。此外，还有吴勇、李革、刘昭三位女士。

所送匾额中有京汉铁路工人范进臣等多人送的书有"劳工神圣"的木质金面大匾额，有湖北省工团联合会送的书有"健者先进"的玻璃镜匾13幅，有谌家矶扬子厂工会送的书有"劳工万岁"的匾额，有用京汉铁路总工会名义送的书有"工群励进"的匾额，有武汉电话局工会送的书有"咸钦精神"的匾额，有汉口机器厂缝纫工会送的书有"众志成城"的匾额，有汉口西式皮鞋工会送的书有"辕辙一途"的匾额，有武汉洗衣局送的书

---

① 汉口特约通讯《京汉路罢工之起因》，《晨报》1923年2月11日。

有"云卷电驰"的匾额,有粤汉铁路徐家棚工会送的书有"前途胜利"的匾额,有武汉轮工会送的书有"履险如夷"的匾额,有汉口花厂工会送的书有"屏藩锁钥"的匾额,有国立武昌商业专门学校送的书有"大辂椎轮"的红绫一幅,有国立武昌高师学生赵瑞麟等人送的书有"记者赤化"的红绫一幅。所有这些都为这空前的盛会增添了热烈的气氛。

陈潭秋代表武汉党组织以新闻记者身份随武汉代表团一道前往郑州,出席总工会的成立大会。在武汉党组织的领导下,这支浩浩荡荡、威武壮观的大型代表团队伍,以铜乐队领头,吹吹打打,热闹非凡,于1月30日晚11时许自江岸乘车出发,31日下午7时抵达郑州车站。陈潭秋、林育南、林祥谦、施洋、林育英、项德隆、许白昊、李求实、李汉俊等随车抵达郑州。沿路各大站有工人列队迎送,茶点招待,掌声雷动,鞭炮齐鸣。工人们高呼"劳工神圣""工人万岁"等口号,秩序井然,热烈异常。与会各代表团中,以武汉代表团最大,礼物最多,这是武汉党组织精心筹划、具体指导的结果。

正当各站工人兴高采烈庆贺京汉铁路总工会即将诞生的日子,直系军阀吴佩孚于1月29日从洛阳发给郑州第十四师师长靳云鹗的电报,明令"迅饬预为防范,切实监视。……设法制止。"①据此,郑州警察厅长黄殿辰首先宣布禁止工人开会。得此消息,"工人愤激非常","遂派代表杨德甫、凌楚藩、李震瀛、史文彬、李焕章五同志即日赴洛与吴交涉"②。代表们到洛阳西宫要求面见吴佩孚,吴托词只派政务厅长白坚武代见。代表们力争,吴不得已始允次日接见。会见时,代表们慷慨陈词,据理力争。(一)总工会的宗旨在联络感情,增进知识,提高技术,增加生产,改善生活,这对于国家是有益而无害的;(二)国家约法规定人民有结社、集会、言论、

---

① 《晨报》1923年2月11日。
② 罗章龙:《京汉铁路工人流血记》,河南人民出版社1981年版,第21页。

出版之自由，吴佩孚曾于1922年通电"保护劳工，劳动立法"，全国已有商会、学会、农会，为什么不能有工会？（三）成立工会一事已于1月15日向路局申报，获得批准。且开会消息早已见诸报端，如若禁止开会，为何事前不拒绝。现在各地代表及来宾均已到郑，突然禁止开会，这显然是破坏国家约法的行为！

狡诈的吴佩孚采取软硬兼施的手段，他假惺惺地说："你们工人的事我不帮助你们？不过郑州是个军事区域，岂能开会？你们不开会不行么？你们改期不行么？你们改地方不行么？其实会个餐亦可开会，在屋子里亦可开会。我是宣言保护你们的！岂能和你们为难？"①

接着又说："我还想同你们商量预备给你们几个人一个副官的名义，每月给200元的津贴，往后有事先同我商量再干，这样你们办的工会可以不受人干涉，你们也可以名利双收，两全齐美。"②代表们理所当然地谢绝了"大帅的美意"。

吴佩孚当即气势汹汹地说："这是你们局长来的报告，我已经允许了他，我已经下了命令，要禁止开会；我是军官，岂有收回成命的道理？"③"你们若是非要开会不可，同我伤了和气，那我就没办法了，……好吧！你们几人考虑考虑再说吧！"④他用威胁的口吻说完这些之后，便起身要走。工人代表仍据理力争。吴佩孚却是"顾左右而言他"。

这次面对面的说理斗争约持续了三个多小时，工人代表乃退去。他们经商量后，一致表示立即回郑找与会代表商量去！而武汉工人为促成郑州成立大会的召开，到会踊跃，出力甚多，与吴佩孚及军警们的斗争甚力。

杨德甫、史文彬、凌楚藩等五人于31日晚回到郑州，召集各分会代

---
① 罗章龙：《京汉铁路工人流血记》，河南人民出版社1981年版，第21—22页。
② 1956年底杨德甫回忆"二七"惨案，第7页。
③ 罗章龙：《京汉铁路工人流血记》，河南人民出版社1981年版，第21—22页。
④ 1956年底杨德甫回忆"二七"惨案。

表开会,报告与吴佩孚说理斗争的经过,代表们对言而无信、阴险狡诈的吴佩孚十分气愤,一致议决仍于次日在普乐园剧场如期召开总工会成立大会。认为成立总工会是正大光明,合乎约法,无可非议的。

2月1日,代表们从各住处齐往普乐园,杨德甫、史文彬、林祥谦、施洋、唐景星等人走在队伍的最前面,音乐队开道,代表们抬着巨幅匾额,列成长长的队伍,道旁观礼人群甚为拥挤,真是"热闹非凡,盛况空前"。当遭到黄殿辰带领的军警阻拦时,代表们齐声呼喊:"吴巡阅使电令只不准总工会开会,总没有禁止我们送礼。现在你们横力阻拦,难道不许我们走路吗?"代表们一时气愤,不顾个人安危,冲破军警阻拦,一拥而进,如期开会。大会宣告了京汉铁路总工会的光荣诞生。会上,林育南、李汉俊、包惠僧等均有谴责军警破坏开会的激昂演说。但成立会遭到军阀及其走狗的摧残,匾额被捣毁,会址被封闭,文件什物被抢劫一空,代表住所被监视,甚至连在"万年青"预订的酒席也不准供应。

是晚,各地代表在旅馆秘密商议,决以死力反抗吴佩孚的武力干涉,决定于2月4日实行全路总同盟罢工,总工会迁江岸办公。这是由于:(一)武汉的工会团体力量甚大,已经成立了30多个组织上健全的工会团体,在这些单位之上,有一个声望很高的湖北省工团联合会,拥有正式会员6万余人[①],工会活动蓬勃开展,并博得武汉各界的支持,有较好的群众基础,武汉是全国第一次工人运动高潮的重要组成部分,"以工业中心城市的罢工潮而论,当时应首推武汉";(二)有一批出色的工运干部,如林育南、项德隆、陈潭秋、林祥谦、施洋、许白昊、林育英等,有较坚强的领导骨干;(三)江岸是京汉路南段车辆厂、车头厂、电务、工务等厂所在地,有数千铁路工人集居在这些工厂附近,成为一个工人村,有较好的客观环境,便于集中指挥。会后,是晚11时武汉各工会代表乘车返回。

---

① 《湖北全省工团联合会》,《武汉春秋》1982年第4期,第34页。

在列车上，陈潭秋同林育南、项德隆、施洋、林祥谦、许白昊等一起研究分析情况，起草文件，讨论罢工事宜。2月2日，陈潭秋返汉后，武汉区党委召开了紧急会议，听取了陈潭秋报告郑州开会遭到军阀吴佩孚横加阻挠的经过，及总工会党团关于总同盟罢工的决议。会议决定发动武汉各工团、各学生组织大力支援京汉铁路的罢工斗争，会议还决定派陈潭秋负责武汉方面的罢工运动的具体领导和协助工作①。

在武汉区委的领导下，江岸铁路工会成立了以林祥谦、曾玉良为首的罢工委员会，负责组织罢工事宜。同时，还成立了有学生参加的讲演团，向广大工人和各界群众宣传罢工的目的和意义，争取社会的同情和支持。为了保证罢工斗争的胜利进行，还组成了以罗海臣为团长、曾玉良、姜绍基为副团长的工人纠察队。另外，还制定了罢工纪律等，进行了一系列罢工前的准备工作。

这时，中共北方区委负责人李大钊应邀到武汉讲学，也参加了这次罢工的领导工作。他经常和陈潭秋、施洋、李汉俊等一起研究罢工的准备情况，制定斗争的策略。

2月2日晚，在江岸俱乐部召开了一次有中共党员和各工会负责人参加的紧急会议，提出两条要求：（一）撤换京汉路局长赵继贤，南段处长冯沄。（二）惩罚干涉工会成立的军警。同时，函请湖北省工团联合会为京汉路工人声援。

2月3日，总工会临时办事处在江岸正式办公。2月4日，全路各分会代表一起到汉口开会，决定立即实现罢工。郑州9时罢工，江岸10时罢工，长辛店11时罢工，刘家庙以北各站，在午前12时一律罢工，并发表罢工宣言，指出："我们是为争自由作战，争人权作战，只有前进，决无退后的。"提出最低限度条件五项：（一）要求由交通部撤革京汉路局

---

① 郑州大学历史系编：《二七大罢工斗争史》，河南人民出版社1960年版。

长赵继贤及南段处长冯沄，要求吴巡阅使靳师长及豫省当局撤办黄殿辰；（二）要求路局赔偿开成立大会损失洋6000元；（三）所有当日被军警扣留的一切牌额礼物，要求郑州地方长官用军乐队再送至总工会；占领郑州总会会所的军警应立即撤退，郑州分会匾额重复挂起，一切会中损失，由郑州分会开单索偿，并由郑州地方长官到郑州分会道歉；（四）要求每星期日休息，并照发工资；（五）要求阴历放年假一星期，亦照发工资。

罢工开始后，陈潭秋夜以继日地投入了罢工斗争的具体领导工作。他一方面与林祥谦、项德隆保持密切联系，了解罢工斗争全局情况；另一方面常与施洋、林育南、李汉俊、李求实和李大钊等研究对策，组织力量。根据中共武汉区委的指示，湖北省工团联合会于罢工开始的当天中午召开了紧急会议，讨论援助京汉铁路工人问题。与会各代表一致认为此事关系劳动界全体，决定采取三项措施：（一）先以工团联合会名义，发出宣言，敦促京汉路当局早日解决；（二）联合各工团，举行游行大示威；（三）联络全国劳动界总罢工。会议决定2月6日在江岸召开武汉工人声援京汉路工人罢工斗争的群众大会。

在罢工斗争的日日夜夜里，陈潭秋深入到学联、工团、妇女等各界，进行发动和组织工作。他发动各工团开展同情罢工，组织学生实行罢课声援，组织慰问队络绎不绝地前往江岸慰问。为了开好慰问大会，当人们早已熟睡的时候，他还亲自到夏之栩家，把夏之栩的母亲唤醒，请她连夜赶到武昌徐家棚车站工人子弟学校，送信给李书渠，请他组织粤汉铁路武昌站工人第二天到江岸参加声援慰问大会。在陈潭秋的具体组织与领导下，经过林育南、施洋、许白昊、李求实、林育英等人的共同努力，武汉地区各界群众掀起了一个声援京汉铁路工人罢工斗争的高潮。

2月6日上午9时许，武汉18个工会团体和学生联合会组成的近万人的慰问队伍，在陈潭秋率领下高举"支援京汉铁路工人兄弟"的大旗，从四面八方汇集到江岸刘家庙广场，举行慰问大会。大会开始，首先由杨德甫代表罢工工人报告罢工经过，并向广大群众致谢。次由陈天代表全省工联会向京汉路工友致以恳切慰问。接着，在会上发表演说的有工联会法律顾问施洋，汉阳钢铁厂书记许白昊，香烟厂工会代表陈云卿，书记周无为，真报馆总编辑郭寄生，学生联合会代表林育南，《日知新闻报》总编辑张子余等十余人。最后由京汉路总工会秘书李震瀛代表总工会致答辞，他说："我们此次大罢工，为我国劳动阶级命运之一大关键，我们不是争工资争时间，我们是争自由争人权。我们是自由和中国人民利益的保卫者。工友们，要晓得我们京汉工人的责任如何重大，麻木不仁的社会早就需要我们的赤血来濡染了！工友们！在打倒军阀的火线上，应该我们去作先锋！只有前进啊！勿退却啊！"会议最后在高呼"京汉铁路总工会万岁！湖北全省工团联合会万岁！全世界的劳动者联合起来啊"等口号。这个大会，揭露了军阀政府的罪行，慰问大会实际上变成了控诉声讨敌人的大会，动员群众坚持罢工斗争的誓师大会。会后，群众以高昂的斗志，奔向街头，举行了大规模的游行示威，沿途群众热烈欢呼，自动加入游行队伍者3000余人。无论租界或华界的巡捕岗警均不敢阻拦，为大罢工以来仅见的壮观场面。

2月7日上午6时，总工会办事处得知江岸码头已停靠载运三个团兵力的大驳船四艘，江岸分会则集合工人纠察队严阵以待。上午10时，武汉各界代表又到江岸慰问。是日下午3时许，湖北督军肖跃南、参谋长张厚生在英美等帝国主义公使团、领事馆的密谋策划下，准备对江岸工人进行血腥屠杀。反动派包围江岸分会办公室时，陈潭秋对夏之栩等女同学说："今天可能有危险，你们女同学先回去。"他自己却一直坚持在江岸指挥战斗。手无寸铁的江岸铁路工人同仇敌忾，英勇不屈，同反动军警进行了一场生死搏斗。在这场斗争中，仅江岸一处即牺牲数十人，受伤者300余人。林祥谦、施洋等就是在这场斗争中英勇牺牲的。反动当局在大屠杀之后，又公开悬赏缉拿、追捕陈潭秋、林育南、许白昊、项德隆等大批党和工会的领导人。陈潭秋在何定杰①的掩护下转入地下。不久,党组织决定调陈潭秋去安源,继续从事工运工作。

到安源去

二七惨案后,陈潭秋秘密离开武昌,在长沙辗转些时,于5月间来到安源,参加中共安源地委的工作,分管宣传教育及青年团工作。1923年12月,在青年团安源地委第三届委员会上,陈潭秋当选为地委委员,开始任秘书,不久接替陆沉任委员长(即团地委书记),一直到1924年秋离开安源。在安源,他的公开职务是安源路矿俱乐部教育股副股长和代理窿外主任。

先后由武汉调来安源的还有:陆沉(任安源青年团地委委员长、代理窿外主任等职)、李求实(任安源工人俱乐部文书股长、《安源月刊》总编辑,负责出版《安源路矿工人俱乐部罢工胜利周年纪念册》)、徐全直(安源团地委委员兼工人子弟学校教员)、王纯素(任工人子弟学校教员、王系黄负生妻子,黄病死后,党组织委托陈潭秋、包惠僧照顾王纯素)等人。在陈潭秋等人被调到安源的同时,1923年4月,中共湘区委员会调李能郅(即李立三)到武汉,任中共武汉区委书记。

1923年6月,陈潭秋与林育南、项英代表湖北党组织出席了在广州召开的中国共产党第三次全国代表大会。6月12日,大会在广州东山恤孤院路后街第31号开幕。陈潭秋在会上作了京汉铁路二七惨案的报告。

大会闭幕后,陈潭秋回到安源。在安源,他深入工棚、矿井及各路段、工厂,找工人促膝谈心,学习毛泽东、刘少奇、李立三等领导安源工人斗

---

① 何定杰,早年就读国立武昌高师博物部,与陈潭秋同学,后又与陈潭秋同在武昌高师附小教书,常有交往。曾留学德国,回国后一直任教授。新中国成立后,在武汉大学生物系任教授。

争的经验，教导工人要为中国劳工的解放事业英勇献身。在总结二七大罢工的经验教训时，他深深感到二七大罢工虽然失败了，但工人们吹响的战斗号角，却好像"晓霞飞动，惊醒了五千余年的沉梦"。他们的英勇奋战精神，得到我们四万万同胞的同声歌颂。他号召全中国的劳工，要继续"猛攻！猛攻！捶碎这帝国主义万恶丛！"为了解放我殖民世界之劳工，一定要奋勇！再奋勇！全世界的无产阶级都要相互支持，发挥国际主义精神，"何论黑、白、黄"，他充满胜利的信心展望将来，必是"福音遍被，天下文明"，当人们进入"共产大同"之时，整个宇宙都将"光华万丈涌"。特别是参加党的三大后，他心情万分激动，于1923年8月10日，在安源写了一首短诗《我来了》，发表在李求实负责编辑出版的《安源路矿工人俱乐部罢工胜利周年纪念册》上。全文如下：

（一）

太阳在空中眯眯地笑着，

如火的热光在人们身上依恋着；

人们气喘着，汗流着！

（二）

"我来了！我来了！

欢迎我的顷刻就凉爽了。

为何欢迎的人太少呵！"

电扇呜呜地旋转着说

（三）

"我来了！我来了！

不欢迎电扇的人都欢迎我。

它们在热光之中电扇之外向着我唱欢迎之歌。"

风在（广）大群众中很骄矜地说。

这篇看来很平常的自由体诗,却意味深长地把党的三大决议的精神和所制定的正确的策略,比喻为炎热夏天的凉爽清风,吹到安源广大劳苦大众的心窝上,他们向党唱出了发自肺腑的"欢迎之歌"。这预示着党的事业将会有新的更大的发展。陈潭秋满怀胜利的喜悦投入了新的战斗。

在安源,陈潭秋特别重视党教育和组织工人的阵地——工人夜校(或工人补习学校)和职工子弟学校。他在兼任俱乐部教育股负责人期间,采取了有力措施。首先,他加强对工人学校的领导,把当时从各地转移到安源的一批党的干部,安排到学校任教或主事;其次,增设学校,使距离矿区和铁路沿线较远地区的工友和工人子弟也能有较多机会上学受教育;最后,改进教授方法,通俗易懂地向工人讲解马克思主义,灌输社会主义思想。

由于中共安源地委的重视,陈潭秋具体有力的领导,安源的工人教育有了比较大的发展。刘少奇在《"二七"失败后的安源工会》一文中说道:"安源工人在'二七'失败后,创办了不少的事业。如设立工人学校7所,工人读书处5处,工人图书馆1所,有工人子弟学生700余人,工人补习学生600余人。"① 这既是对党在安源工人中开展教育工作的如实报道,也是对陈潭秋对安源工人教育的充分肯定。

中国工人运动,自二七大罢工失败后,处在极沉寂的时期,独有安源路矿工会,还能打破一切障碍,发展自如,被誉为"小莫斯科"。在安源,各种大的会议及示威运动,仍能继续公开举行。如"二七"纪念,"五一"纪念,安源罢工胜利纪念,列宁和李卜克内西纪念,十月革命胜利纪念,黄爱、庞仁铨纪念等,均有数千人之公开集会,游行讲演,及演新戏等。每次游行及集会,群众精神异常振奋,秩序异常严肃,旗帜、口号、呼声等,莫不震惊一时。

---

① 《中国工人》1925年4月第5期。

1924年4月间，中共安源地委决定：隆重举行"五一"劳动节纪念活动，进一步激发群众的革命热情。为庆祝这一全世界无产阶级团结战斗的节日，由陈潭秋写一首颂扬"五一"节的歌。由于时间很紧，急得陈潭秋白天吃饭不香，晚上睡觉不眠，苦苦地思索着。夜深了，他仍在灯下冥思苦想，写了几句，觉得不满意，撕掉再写，拿着一支笔在沉思。这时，到夜校辅导学生后回来的徐全直路过这里，看见陈潭秋仍坐在桌旁没有睡意，就同陈潭秋一起在崎岖的山间小道上漫步。陈潭秋向徐全直征求如何写好"五一"纪念歌的意见，徐全直说："我也没写过，但是'五一'是劳动者的节日，要唱出劳动者的心声，要鼓舞劳动者的斗志，要颂扬'五一'节的意义。"经过互相切磋琢磨，陈潭秋对写歌词更充满信心。同时，他们之间同志友谊也更加深了一步。

陈潭秋回到宿舍，终于谱写出一曲无产阶级团结战斗的歌曲。歌词是：

> 五一节，真壮烈，
> 世界工人大团结！
> 发起芝加哥，
> 响应遍各国。
> 西欧东亚与美洲，
> 年年溅满劳工血！
> 不达成功誓不休，
> 望大家，齐努力，
> 切莫辜负"五一"节。

这首歌曲，陈潭秋亲自到工人夜校和工人子弟学校中教唱。由于它通俗易懂，反映了工人群众的心愿，很快就传遍了全矿区，安源工矿区男女老少都会唱。

1924年5月1日清晨，天下着蒙蒙细雨，一队队手持彩旗的路矿工人，从四面八方涌向俱乐部广场，举行隆重的"五一"纪念大会。会后，工人们冒雨游行，高唱着《五一纪念歌》，高呼"打倒帝国主义"！"打倒军阀"！"全世界无产者联合起来"的口号，精神抖擞地行进在丛山曲径之中。这首响彻天际的战斗歌曲，揭橥了资本帝国的罪孽——"年年溅满劳工血"；晓示了工人运动的大好形势——"发起芝加哥，响应遍各国"；唱出了全世界无产者的共同心愿——"世界工人大团结"；表达了中国工人阶级坚强信念——"不达成功誓不休"。几十年来，这首歌，深深地嵌印在工人们的心坎，树立起工人阶级求解放的信念，对资本主义制度起着定期警告的作用。几十年来，安源工人广为传唱，经久不衰。直到新中国成立以后，许多安源老工人仍熟练地唱着这首歌。那嘹亮的歌声，一直鼓舞着安源工人奋勇前进！工人们牢牢地铭记着陈潭秋谱写的"切莫辜负'五一'节"的教导，永远团结战斗勿稍歇，英特纳雄奈尔就一定会实现。

在陈潭秋的领导下，社会主义青年团安源地方组织也有很大发展。从1923年底到1924年底的一年，先后召开了第三、第四、第五届代表大会，充分发扬民主，听取代表们对工作的意见，及时总结工作经验，大力做好组织发展工作。在陈潭秋任地委委员长期间（1923年12月—1924年5月），共开过29次会议，决议案205件，其中关于团务工作的有150件，宣传工作的35件，工部事务的20件。团支部发展到26个，团员人数为245人，其中绝大多数均已加入中国共产党①。

1924年6月，中国社会主义青年团湘区第二次代表大会召开，当时任安源团地委委员长的陈潭秋以安源地区代表之一出席了这次大会，并被推举为大会三名执行主席之一。这次会议，除开会式、闭会式及预备会外，共开正式会六次，历时五天（6月10日—6月14日），选举了湘区团的第

---

① 《安源团地方概况》（1924年11月12日），《安源路矿工人运动史料》，湖南人民出版社1980年版，第30—34页。

二届执行委员，正式委员五人，候补委员五人。陈潭秋自始至终主持和领导了这次大会的召开。这次代表大会总结了湘区团的工作，讨论和确定了今后团的任务，并通过了相应的决议。会后，由陈潭秋和其他两位主席团成员向中央写了会议情况的报告。

由于党的工作需要，中共中央决定将陈潭秋调回武汉，主持中共武昌地委的工作。

第四章
CHAPTER FOUR

推进湖北第一次国共合作

主持中共武昌地委工作

随着党组织的发展,党的中央局指示,取消原武汉区执行委员会,分别成立汉口地方委员会和武昌地方委员会,直属党中央领导。1924年春,中共汉口地方委员会成立,委员长由包惠僧担任,不久,由董必武接任。除汉口外,汉口地委还管辖汉阳、江岸、徐家棚三处。地委机关设在汉口德润里,地委负责人虽遭军阀政府通缉,公开活动困难,但仍积极开展地下工作,党的组织及劳工运动都得到恢复和发展。当时党员有47人,分6个小组[①],已被破坏的湖北工团联合会也开始整理,国民党的创设工作也已开展。可是,"武昌地方同志极其涣散,至今中央局尚未接到地委改选报告"[②]。为了改变这种状况,中央决定将陈潭秋和徐全直从安源调回武汉,由陈潭秋主持武昌地委工作。

1924年仲夏的一天,陈潭秋身穿绸布长衫,提着简单的行装,怀着十分激动的心情,与徐全直一道回到了多年战斗过的地方——武昌。刚下火车,过去在一块工作和战斗过的高师附小的老师们,已久候在站台上。久别重逢,大家都十分高兴,争先恐后地抢着拿行李,互相问候。在同志们的热情邀请下,陈潭秋又住在武昌都府堤高师附小。

陈潭秋对武昌高师附小有着深厚的战斗情谊,这里是他开展革命工作的基地,对今后工作的发展有着良好的基础。附小的总务主任江子麟、教务主任钱介磐都是陈潭秋介绍加入中国共产党的,学生中一批进步青年也先后参加了青年团,"武昌高师附小有一个时期简直成了湖北革命运动的

---

① 《汉口地方报告》,《中国共产党党报》第4号。
② 《中央局报告》(1924年5月14日),《中国共产党党报》第4号。

指挥机关"①。后来，党的第五次全国代表大会、青年团的第四次代表大会都在这里召开。这次，陈潭秋与徐全直回来的公开身份都是高师附小的教员，他们仍以高师附小为阵地开展党的工作。

1924年9月的一天，中共武昌地区党员代表大会在长江江心的一只木船上召开。出席会议的代表有陈潭秋、吴德峰、聂鸿钧、许之桢、袁溥之等20余人，董必武以汉口地委委员长的身份出席了会议。会议就党如何适应革命统一战线策略，迎接即将到来的工农群众运动新高涨进行了认真的讨论，并作出了相应的决议。会议正式选举产生了中共武昌地方委员会，陈潭秋被选为委员长（党的四大以后改称书记），地委下设国民运动委员会、农民运动委员会、职工运动委员会、青年运动委员会、军事工作委员会等。

此后，在中共汉口地委、武昌地委的领导下，武汉地区党组织有较大的发展，黄冈、黄安、黄陂、大冶、大悟、汉川、沔阳、监利、咸丰、荆门、鹤峰、来凤等县，都陆续建立了党的组织。董必武、陈潭秋在武昌亲自发展了王健、王秀松、董觉生、戴克敏等人入党。董必武回黄安，宣传马克思主义，开展革命活动，又发展了一批优秀工农分子入党，并于1925年秋在七里坪建立了中国共产党黄安特别支部。陈潭秋回黄冈，建立了陈宅楼小组和八斗湾小组，发展了萧人鹄、胡亮寅、陈学渭、陈防武等人入党，并陆续成立了陈宅楼、杨膺岭、金龙寺、上巴河、但店等支部。1924年春夏之交，汉川籍的魏人镜、刘子谷、王平章、李良才、陈德森等人在武汉由董必武等发展为党员。陈潭秋亲自召集刘子谷、魏人镜、王平章等人谈话，要他们成立汉川旅省学生会党小组，指定刘子谷、王平章为党小组负责人。1925年8月，陈潭秋指派刘子谷为地委特派员留在汉川，负责

---

① 《鞠躬尽瘁，战斗终生——董老忆潭秋》，《回忆陈潭秋》，华中工学院出版社1981年版，第3页。

筹建汉川党组织，吸收王仁轩、王礼钦、何克复、鲍喜清等人入党，成立中共汉川特别支部，刘子谷为书记。1926年1月，陈潭秋又指示成立中共汉川县委。武汉中学的麻城籍党员，返回麻城，于1925年冬建立了中国共产党麻城特别支部。监利籍党员陈步云、龚南轩在监利黄公垸建立了党小组。1924年夏，董必武派共产党员严斌回钟祥，秋天又派井在天（朝鲜族）回钟祥，发展王志清、严子汉、鲁光武为党员，建立了党组织。大悟籍的李树珍、张书田、吝积堂也在这一期间加入共产党。1925年的寒假，吝积堂回到家乡，找到小时候的同学徐海东，这时徐海东在家烧窑，吝积堂对他讲了一些革命的道理，讲起地主如何剥削农民，穷人为啥受苦，以及中国有了共产党，要领导穷苦人闹革命，推翻帝国主义，打倒地主、官僚，等等，徐海东听了很新鲜，他这个"窑花子"从来也没听过这番道理，吝积堂和徐海东童年建立起来的真挚情谊，使得徐海东相信吝积堂一定能帮他找到共产党，于是两人一道来到武昌。吝积堂这时是高师附小的教员，他把徐海东的要求告诉了陈潭秋，经过一段时间的调查了解，党组织同意了徐的要求。徐海东说："我真想当个共产党员，只是能力差，不会说，不会写！"吝积堂告诉徐海东说，"共产党是工人阶级的先锋队，是为劳苦大众谋利益的，你入党后，就要全心全意为劳苦大众谋利益"。徐海东点点头。1925年4月8日，徐海东接到参加入党宣誓会的通知，由入党介绍人吝积堂、李树珍带领来到武昌都府堤40号高师附小举行了入党宣誓：终身为共产主义奋斗，严守党的机密，不怕流血牺牲，一切服从党的需要……徐海东用他来武昌后挑水挣来的钱，交纳了他入党后的第一次党费。

1925年下半年，接上海党中央的通知，要湖北党组织选派十人去苏联学习，陈潭秋、董必武与党组织其他同志商量后，确定选派胡彦彬、方与骞、黄厉、杜琳、宋伟、伍修权、濮世铎、潘文育、梁仲明、高衡、贝云峰11人。其中除杜琳、宋伟、潘文育系国民党左派外，多是共产党员和社会主义青年团员。

这一时期，党团组织有很大的发展和壮大，工农群众革命斗争逐步展开，这与董必武、陈潭秋的正确领导是分不开的。

1925年1月，陈潭秋代表武昌地委出席了在上海召开的中国共产党第四次全国代表大会。这次大会第一次正式提出了无产阶级在民主革命中的领导权和工农联盟重要性问题，正确地制定了党在民主革命中的策略原则，为群众革命斗争新高潮的到来做了理论上、思想上、组织上的准备。

湖北省第一次国共合作的建立

1923年6月，中国共产党第三次全国代表大会通过了《关于国民运动及国民党问题的决议案》，决议指出，中国"宜有一个势力集中的党为国民革命运动之大本营，中国现有的党，只有国民党比较是一个国民革命的党"，因此，"我们须努力扩大国民党的组织于全中国，使全中国革命分子集中于国民党，以应目前中国国民革命之需要"。"中国共产党须与中国国民党合作，共产党员应加入国民党"，"我们加入国民党，但仍旧保存我们的组织，并须努力从各工人团体中，从国民党左派中，吸收真有阶级觉悟的革命分子，渐渐扩大我们的组织，谨严我们的纪律，以立强大的群众共产党之基础"。共产党员加入国民党的目的是："第一，改组国民党为左翼的政党；第二，在中国共产党不能公开活动的地方，扩大国民党；第三，把优秀的国民党员吸收到我们党里来。"[①]1923年11月下旬，中共中央执行委员会在上海召开全体会议，作出了《国民运动进行计划决议案》，规定，

---

① 《关于国民运动及国民党问题的议决案》，《"二大"和"三大"——中国共产党第二、三次代表大会资料选编》，中国社会科学出版社1985年版，第198页。

在"国民党无组织之地方,最重要的如哈尔滨、奉天、北京、天津、南京、安徽、湖北、湖南、浙江、福建等处,同志们为之创设",同时,"我们必须努力站在国民党中心地位"。

国民党一大后,第一次国共合作正式形成。1924年6月,董必武以国民党中央特派员的身份,主持筹建国民党湖北省临时党部和汉口特别市临时党部。这时,陈潭秋已从安源回到湖北,一方面做发展党组织和工农群众运动方面的工作,同时又协助董必武组建国民党湖北省组织。

早在党的三大上,陈潭秋就参与制定了党的统一战线的政策。他在会上发言,积极支持同孙中山合作建立统一战线的正确主张。发言中他用自己参加二七大罢工的亲身经历和经验教训,说明和孙中山领导的国民党湖北省组织建立统一战线的必要性。陈潭秋在协助董必武组建国民党湖北省组织的过程中,把拥护孙中山的三大政策,赞成国共合作的人,发展为国民党员,叫作"入民校";把在斗争中有突出表现,拥护共产党纲领的人,发展为共产党员,叫作"升大学"。这样,既使国民党组织得到扩大,又保证了共产党组织的发展,而且国共两党相互区别。保证了共产党在政治上和组织上的独立性。由于董必武和陈潭秋的共同努力,在湖北先后建立了17个县的国民党县党部。

为进一步开展国民革命运动的需要,经过一段时期的酝酿和筹备,1925年7月15日至20日,在武昌召开了国民党湖北省第一次代表大会,正式成立了以共产党人和国民党左派为核心的国民党湖北省执行委员会,即国民党湖北省党部。董必武被选为执行委员、省党部书记,陈潭秋任组织部长,钱介磐任宣传部长,陈荫林任农民部长,宣中华任工人部长,袁溥之任妇女部长,吴德峰任军事部长。董必武和陈潭秋又选派许多共产党员作为国民党基层党部的骨干。为贯彻执行关于共产党要"站在国民党中心地位"的指示精神,董必武、陈潭秋、刘季良、蔡以忱、钱介磐、吴德峰、徐虔和、张培鑫、胡彦彬、李子芬、刘绪昌等,都被选为国民党湖北省党部的执行委员或候补执行委员，使共产党员在 14 人组成的执委会中占了 11 名，其余 3 名张国恩、张朗轩、郝绳祖也都是国民党左派。从执委会中产生 3 名常委，组成常委会，主持省党部的日常工作，实行集体办公，及时处理日常事务，如遇难题，则随时开会研究，加强集体领导。在常委会中，董必武和陈潭秋是核心。为宣传中国共产党主张，加强统一战线工作，党决定以董必武的名义，创办《楚光日报》。陈潭秋协助董必武参加了该报的实际筹划工作，1925 年 10 月开始筹办，经过几个月的努力，于 1926 年 3 月 24 日创刊。董必武任社长，宛希俨为主编，陈潭秋参加社论委员会，撰写社论。《楚光日报》对湖北军阀政府的官票贬值、盐斤加价等进行了猛烈的抨击，支持工农群众的革命斗争，是湖北武汉地区进步力量的喉舌。北伐军占领武汉后，它成为国民党汉口特别市党部的机关报。

在 1926 年 1 月召开的国民党第二次全国代表大会上，湖北省党部的党务报告说："到 1925 年 10 月止，全省 1877 个国民党员中，工人、农民和青年学生就有 1425 人，占总数的 75% 以上"。大多数县、区党部掌握在共产党员和国民党左派手中，为贯彻中国共产党正确路线，推进工农运动的开展，做了许多工作。"七一五"分共后，国民党新军阀势力极力摧残革命势力，他们曾有一个呈签说："查黄冈县党部在秘密时期设在陈宅楼地方，向由陈防武、陈学渭、陈耀寰、胡燮、吴履松、魏梦龄等所主持。陈等因共产党重要人陈潭秋的关系，得以加入共产党，组织秘密党团，无论任何会议，该党之主张，均能通过，……历届执行委员会，均不出陈学渭、胡燮等数人……举全县党会团体，均为之把持无余"①。由此可见，共产党在国共合作的统一战线中的核心领导作用。

湖北是直系军阀吴佩孚统治的一个重要省区，帝国主义者把武汉作为他们侵略中国内地的重要据点。为推进国民革命的开展，董必武和陈潭秋、

---

① 《汉口民国日报》1927 年 8 月 21 日。

钱介磐、刘昌群等，以湖北教育界的名义发起组织反对帝国主义运动大同盟。1924年8月23日，反帝大同盟筹备委员会在武昌中华大学开会。会上，陈潭秋当选为筹备委员会委员。9月5日，在武昌中华大学召开"武汉反帝国主义运动大同盟"的各团体代表大会。到会代表48人，公推董必武为主席，选举了陈潭秋等15人为执行委员，宣告了"反帝运动大同盟"的成立，号召群众为"废除种种不平等之条约，及谋人类之生存，谋国际外交之平等"①。陈潭秋、董必武在此期间多次提出收回租期已满的汉口英租界的建议，得到武汉各界民众团体的热烈响应，推进了武汉人民的反帝爱国斗争。

《国民党底分析》发表

由于第一次国共合作的实现，中国共产党领导的革命群众运动在湖北武汉地区有了较大的发展。反帝反封建斗争的逐步深入，引起了帝国主义和封建军阀的恐惧，他们到处散布流言蜚语，说什么"孙中山赤化了"，竭力挑拨离间，破坏国共合作。在统一战线内部，国民党新、老右派恶意中伤、污蔑工农群众运动过火，影响税收等；共产党内则由于陈独秀的右倾错误，在思想上造成了混乱。在理论上，关于统一战线的问题，陈潭秋认为：首先我们应当承认，最初倡导的是中国共产党，应当尽一切可能来争取一切有利于革命的力量（哪怕是暂时的、动摇的、不可靠的力量）到革命方面来。因为这样一方面是增加了革命的力量，同时，也就是削弱了敌人的力量。而革命的动力是"工农劳苦大众"。为正确认识国民党，陈潭秋于1924年11月，写了著名的论文——《国民党底分析》，发表在《中

---

① 《江声日刊》1924年9月9日。

国青年》第 59 期。

《国民党底分析》一文运用马克思主义的阶级分析方法，从国民党产生的历史过程、阶级构成、方针路线等诸方面，对国民党作了十分全面的剖析。文章指出，要从"各阶级的经济背景，确定其阶级性，更依阶级性分析其派别"的唯物史观来分析国民党。这表现了陈潭秋运用马克思主义的普遍真理与中国的具体实际相结合所达到的成熟程度。

首先，陈潭秋在文章中指出："国民党本是各阶级联合组织的政党"，"其组成分子分统一共和党、国民共进会、共和实进会、国民公党及同盟会；同盟会实为国民党底骨干"。同盟会又由孙中山的兴中会，黄兴、宋教仁的华兴会及章太炎、徐锡麟的光复会于1905年在东京联合组成，其共同之目标为"排满"。国民党成立于1912年8月，"党底内部完全是一盘散沙；而其所高举的三民主义，不但民众毫不了解，即使党员自身也多不明其真谛"。所以，从国民党的组成及其历史沿革来分析，它原本是一个反满的松懈联盟。

其次，文章指出国民党屡次失败的根本原因，在于没有"注重民众的宣传与组织"。而是"最初取用议会政策，滥收党员，竞争选举，而于党的根本问题——组织和训练——毫不加以注意。故在议会中虽能占得绝对多数，而一经压迫便全面解体"。失败后，又以"收买退伍军人，勾结各地土匪，以图暴动，争夺地盘"，"当国民党努力军事行动的时候，其饷械之供给与各方之勾结，均以陈其美一人为主干。迨陈氏被刺，国民党之军事行动，自不能不因此而失其活动"。行不通，"于是改换途径，联美联日，想借帝国主义者帮助，以殄灭敌人。帝国主义者是决不愿中国资产阶级兴起的，当然不会给以援助，所以国民党联外的政策，又归失败"。"于是又走上了第四条错路——与军阀妥协，利用甲派军阀以倒乙派军阀"，以致中国的政局，"终只能成为军阀嬗递的局面"。迄至欧战后，"国内劳动运动蜂起，孙中山感受革命新势力的影响，遂有改组之动机"。

最后，改组国民党。第一次全国代表大会确定了改组国民党，"将三民主义加以切实解释，重定了党的意义。自改组后，全国各地党部均注重民众的宣传和组织，党的内部也较以前紧密得多，民众对于党也渐能了解和同情。这可以说是国民党有了新生命了"。

但"国民党本是各阶级联合组成的政党，因各阶级的经济背景不同，故其阶级性也必然不同，所以党内分出派别，是必然的现象。这并不是各阶级主观上故意分出来的"。

改组后的国民党，因党员底阶级性不同，党内形成左、中、右三派：

（1）左派——代表工人、手工业者、农民、小商人。他们是被剥削的阶级，其经济地位是最低级的，其阶级最富于革命性。这一派党员，大半是改组后加入的，完全接受党的宣言和政纲，竭力做党的切实工作，反对军事行动，反对帝国主义及一切军阀，主张用民众的力量以实现国民革命，不与任何反动势力妥协。

（2）中派——代表知识阶级、工商业家一部分、小资产阶级。其经济地位不固定，其阶级性因之也是动摇的，所以最富于妥协性。这一派多系旧党员，多系旧党员中所谓元老派（大半是知识阶级），人数较右派少。他们也能看清革命的正当途径，他们也觉察了以前的错误，但终因其无固定的阶级性，又因实力太差，所以不得不屈服于右派包围之下，时与反动势力妥协。

（3）右派——代表与帝国主义有关系的大商人（如华侨等）、地主、军人、政客及洋行买办等。其经济地位虽不免有时被剥削，但同时他们是居于剥削者的地位，其阶级性最富于反革命性。这一派党员多系旧党员中所谓太子派。他们大半直接或间接依附于帝国主义者及封建军阀以图存。他们忘不了军事行动，利用军阀打倒军阀，与帝国主义者妥协等传统的政策，他们时常利用恶势力，故意做出反革命的行动来。

上述对国民党的分析是科学的，符合实际的，切中要害地指出了国民党的阶级实质，指明了中国共产党在统一战线内应该依靠谁，争取谁，反对谁等重大原则问题，为中国共产党制订对国民党的政策，打下了思想理论基础，为无产阶级坚持革命领导权，提供了理论依据。

第一次国共合作时期，国民党右派冯自由等在北京另组国民党同志俱乐部，反对孙中山的三大政策。1925年3月12日，孙中山病逝在北京。3月22日，国民党湖北省执行委员会在武汉中学露天操场举行公祭孙中山逝世大会，陈潭秋在公祭大会上说："同志们今日之公祭孙先生，则除痛悼孙总理之过去事业外，尚当思有以启发吾人今后之兴奋以继续总理之革命事业"，"目前本党同志之任务，首先在巩固党的组织以发展革命事业，反对一切分裂本党之主张与行动，如冯自由等之在北京另组国民党同志俱乐部，皆系根本违背本党纪律纲领之叛党行为。同志须一律认清予以攻击"①。陈潭秋对国民党右派背叛孙中山的三大政策给予了猛烈的抨击，严重打击了国民党右派的反共反人民的嚣张气焰，为维护革命统一战线，发展革命事业起了重要作用。

恢复和发展工农群众运动

武汉工人运动，在二七惨案后曾有一段时期低落。陈潭秋离开武汉到安源，党中央调在安源负责工运的李立三来武汉任区委书记，工人运动曾有一些起色。江岸工人组织了秘密小组②，武汉工联虽解散，暗中仍团结工人，坚持斗争，并曾派人前往信阳负责工运。党内没有一个劳动运动委员会，负责组织领导武汉劳动运动。已被破坏的湖北工团联合会，开始整理

---

① 《湖北省国民党员公祭孙总理》，上海《民国日报》1925年3月28日。
② 1923年11月中国共产党三届一中全会《中央局报告》。

恢复；硚口染织工人工会，有20余人加入；人力车夫召开了10个码头的代表会议，重新改组成立了车夫工会委员会；徐家棚地区仍拟重新办起平民学校，以教育工人；汉阳钢铁厂工人在陈春和的组织和推动下，仍积极开展活动。汉冶萍总工会安源分会，每月拨80元给汉阳钢铁厂工会为经常活动费①。

国民党一大后，武汉党组织运用统一战线的组织形式大力开展工人运动。陈潭秋自安源回到武汉以后，与工会工作同志一道，采取秘密工作与公开工作相结合的方式，恢复了一些基层工会，建立了系统工会，在条件成熟的基础上，于1925年4月12日恢复了湖北省工团联合会。4月15日，湖北全省工团联合会发表宣言说："我们应当一致团结起来，形成一个总组织，集中我们工人阶级的力量"，"打倒帝国主义、军阀资本家"。"我们要想得到工人阶级的利益，要想解除工人阶级的压迫，只有舍死奋斗"。此后，工团联合会公开领导了各工厂的罢工斗争。5月23日起，在党组织指导下，汉口英国香烟厂、蛋厂及火柴厂相继发生了罢工斗争，影响及于附近各厂，正在酝酿罢工者有硚口烟厂、纱厂及棉花厂。罢工原因多系米价奇贵，钱价低而洋钱涨，生活压迫所致，烟厂则因新来机器，裁减工人而激起反抗。蛋厂工潮，取得相当胜利，约三日即解决。烟厂罢工坚持十日之久，硚口新烟厂亦采取一致行动，后经教育会出面调解，工人才上工。英领事唆使中国警察严加压迫，捕去代表四人，男女各二。青联、教育会等十余团体，组织罢工后援会，发表宣言通电及传单作为声援。

武汉工人的罢工斗争，得到了全国总工会上海办事处的声援。5月29日，上海办事处发表声援宣告："汉口英美烟厂无故开除工人百余名，逼起工人全体罢工。同情罢工者有和记蛋厂、花厂、火柴厂等工人，共有万余人。资本家不允工人要求，且拘押工人首领"。"全国工友及各界的同胞们，帝

---

① 《中共中央政治报告选辑（1922—1926）》，中共中央党校出版社1981年版，第35—36页。

国主义者压迫中国工人,是何等的残暴无耻!为日本帝国主义所豢养的中国政府,不独不能保护中国人民,反仰承帝国主义者之指使残杀工人。我们处在帝国主义与军阀压迫之下的人民,如果不愿像蠢猪一般忍受压迫而死,如果要想起来图谋自身的解放,……应该一齐奋起,打倒帝国主义的无理残暴,援助被压迫的工人取得胜利"①。

北京学生联合会也发表宣言,声援汉口工人的罢工斗争,宣言声称:"汉口工厂工人罢工事件……是我们民族独立运动中最急进的先锋队的大斗争。他们反抗洋资本家,就是代表我们一般民众的利益,向帝国主义进攻。他们的成功与失败,是中国民族革命运动过程中的一次发展或失败。我们也应整齐我们的队伍加入斗争,与帝国主义者拼一死战,作他们的后盾"。"汉口的工人最近亦受不住英美资本家的压迫,各业工厂罢工者万余人。各国狼心狗胆的洋强盗们,不惟不念中国工人的困苦,早日允许工人的要求,使此数万罢工工人立即恢复工作,反而一齐摆出他们横蛮的面孔,向他们御用的走狗政府提出抗议。……我们只有打倒帝国主义可以援助我们的工胞,拯救我们自己。"②

1925年6月1日,震惊中外的上海五卅惨案的消息传到武汉,更加激起了武汉群众无比的愤怒,立即掀起了武汉反帝斗争的革命风暴。根据中共中央的决定,通过国民党湖北省临时党部,成立了罢工后援会。在董必武、陈潭秋的领导下,6月2日,各校学生开始实行罢课,抗议帝国主义屠杀中国工人群众的暴行。学联召开紧急会议,决定次日全体罢课,演讲,发传单。6月3日,斗争更激烈,传单旗帜标语口号充满街市,大批学生开往汉口演讲,发传单。从早到晚,有40—50个演讲队上街演讲,揭露帝国主义在上海屠杀中国工人之真相。武汉工人群众纷纷上街游行,从四

---

① 《京报》1925年6月7日。
② 《京报》1925年6月2日。

面八方涌向外国轮船码头，举行了抗议帝国主义暴行的大示威。6月4日，学生全体游行示威，6000余人，高呼口号，全城震动。6月5日，空气更紧张，传单、标语、漫画贴满市壁。6月6日黎明，各校学生全体出发，劝告商人罢市。6月7日，武昌商民在爱国学生的推动下开始罢市，有4000—5000人的商人游行队伍上街游行。

武汉市各界人民确定在6月9日举行联合大游行。党团组织组成了临时指挥部（党派二人、青年团派四人组成），内设宣传、交通、纠察、探报等各队，领导此次反帝斗争。《武汉评论》及时发出号外，报道武汉反帝爱国斗争的实况，此刊成为武汉舆论中心，名声大振。

湖北武汉各界人民的反帝怒涛，有力地打击了帝国主义在湖北的统治。不甘心失败的帝国主义者，企图扑灭湖北人民的反帝爱国斗争的火焰，制造了汉口六一一惨案。6月11日晚，英国水兵用机枪扫射罢工示威的武汉工人群众，当场打死30人。惨案发生后，武汉各界人民愤恨已极，反帝爱国浪潮进一步高涨。

董必武、陈潭秋领导武汉各人民团体于6月12日召开联席会议，决定组织外交后援会。7月11日，举行了有数万人参加的反帝示威游行，示威群众喊出了"打倒帝国主义""废除不平等条约""收回汉口英租界"等口号。"全埠震动,民气之盛,不可一世"①。上海总工会发表通电表示："上海工人阶级誓与汉口同胞一致奋斗"。湖北旅京同乡会为声援"汉案"，派李书城为代表来到武汉调查。

为揭露英帝国主义屠杀中国工人的罪行，陈潭秋组织了以李书城为首，有胡楚藩等十余人参加的汉案调查团，赴阳逻调查被英国水兵枪杀后投入江中的死难工人，以血的事实和确凿证据，控诉了帝国主义者惨杀中国人民的暴行。

---

① 若愚：《汉口屠杀案之真相》，《向导》第120期。

董必武、陈潭秋一向重视发动和组织农民的革命斗争。他们动员在武汉中学学习的农村青年，回乡串亲访友，开办农民识字班、平民夜校，宣传革命思想，并组织赴农村的工作组，训练农运干部，开展农民运动。陈潭秋指定李子芬为暑期赴农村临时工作组负责人，刘昌绪、柏文、高恒等人参加，回农村后，极力做好下列宣传组织工作：（1）利用这次发生的血案的材料，口头的或文字的做好大规模的反帝宣传，口号是"反对一切帝国主义""废除一切不平等条约""争回中华民族独立自由"，并注意纠正"缩小""速了""单独对英、对日""此事件为外交问题、法律问题、地方问题"等等流行的谬误见解。（2）设法在当地整顿、扩大或创建党团组织，扩大和巩固国共合作的统一战线，"以便一切民众运动有居中策划指导的机关"。（3）利用或创造种种机会发起普遍性质的青年团体，吸收其中进步分子加入社会主义青年团。（4）利用今年全省旱荒惨象，特别注意宣传农民，从政治经济制度的罪恶去解释旱荒的原因，使农民确认帝国主义、军阀、官僚乃至地方劣绅土豪、地主财主之罪恶，并应相机组织各种团体（如农民协会、民食维持会、平籴局），为农民实际生活利益而奋斗①。陈潭秋还亲自回黄冈，发展农协会员，组织农民协会。同时，又培养胞弟陈荫林为湖北农民运动的领导骨干。

陈潭秋引导陈荫林参加革命曾有一段有趣的故事。陈荫林1921年毕业于北京大学英语系，学业成绩优异，武汉各校竞相争聘，先后任教于武汉中学、省立一师，启黄中学，又参加过粤汉路徐家棚工人夜校的工人教育工作，颇得各校称赞，由此产生了教育救国的思想。不久，陈潭秋的母亲从乡间来到武昌，兄弟俩都住在一块，陈荫林对他哥哥放弃教育事业从事革命工作不甚理解，对陈潭秋整天在外投身革命活动，不问家事颇有意见。每当哥哥对他谈及时局，讲马克思主义理论时，都感到厌烦，有意把

---

① 团武昌地委致团中央信，1925年7月29日。

话题岔开。

有一次两人对棋，陈荫林说："在欧洲有一德国人，他一家，父亲是保守党，哥哥是社会民主党，弟弟是共产党，每天各人参加自己的政治活动，回到家中，只谈家事，不言政治。"言下之意，各走各的路，互不相干。

但陈潭秋并不灰心，回想起荫林在家乡时，常爱背诵"赤日炎炎似火烧，田野禾稻半枯焦，农夫心内如汤煮，公子王孙把扇摇"的诗句，并曾深有感触地写了一首咏牛诗："努力把田耕，赢得好收成，主人谷满仓，老牛嚼枯草。"寓意深长地对农民寄予同情。荫林还写过一出名叫《九尾蛇》的话剧，揭露地主剥削农民的罪恶。陈潭秋有意与荫林重温童年的往事，回顾乡间亲友的痛苦遭遇，自己家庭的衰败，以及黄冈农业的凋敝等，渐渐地他俩之间开展了一场个人主义与集体主义、资本主义与共产主义的热烈讨论。这样，他们之间不仅常谈政治，进而交流学习马克思主义的心得体会。

秋季，各校相继开学，陈荫林突然把所接到的学校聘书一一辞退。这一行动引起了当时武汉教育界人士的惊讶，纷纷探听缘由。陈荫林"唉"的一声长叹道："教育起家"是我祖父走过的老路，曾几何时，仍然家困民穷，饱受帝国主义列强和封建军阀的欺压与凌辱；"实业救国"走资本主义的路，我们家里也走过，帝国主义的货物倾销，我们的民族工业纷纷倒闭破产，这些现实教育了我，只有推翻帝国主义和封建军阀的统治，中国才有出路。就这样，陈荫林毅然放弃了教育救国的道路，跟着哥哥陈潭秋走上了革命的道路。于1922年加入了中国共产党。

从1925年起，他积极投入到湖北的农民运动之中。1925年7月5日，湖北省国民党第一次代表大会上，陈荫林当选为农民部长。接着湖北省第一届农民运动委员会成立。11月，组织了湖北省农民协会临时执行委员会，委员有聂鸿钧、陈荫林等9人，1926年1月3日，湖北省农民协会正式成立，陈荫林、蔡以忱、刘子谷等5人当选为湖北省第二届农民运动委员会委员。据不完全统计，到1926年初，湖北全省成立了区农民协会14个，村农民协会21个，农协小组12个，有农民协会会员3410人，举办了平民学校、农民夜校、农民自卫团、农民俱乐部、消费合作社、农民演讲所、农民书报室共79所。

这一时期，通过统一战线组织，湖北妇女运动也非常活跃，中国共产党的一些妇女运动干部，如何葆贞、徐全直、秦怡君、夏松云、杜蕴章、黄慕兰等都云集武汉，成立了湖北省妇女协会，将原由夏之栩、徐全直经办的《武汉妇女》旬刊改为《湖北妇女》，作为湖北省妇女协会的机关刊物。1925年春，徐全直与陈潭秋结婚了。

早年，陈潭秋在武昌高师念书时，经父母之命，媒妁之言，与黄冈一青年女子结婚，未及一年那女子就病逝了。陈潭秋曾发誓不再婚娶，发奋读书，致力于事业。1921年初，陈潭秋受聘于湖北女师，认识了积极参加女师学潮的骨干夏之栩、徐全直、袁溥之等。陈潭秋介绍她们参加了社会主义青年团，领导她们学习马克思主义，引导她们投入蓬勃发展的工人运动，热情支持女师学生反对以校长王式玉为代表的封建势力的斗争。二七罢工遭受残酷镇压后，陈潭秋与徐全直等按党的指示一道转移到安源从事工人运动和妇女运动。1924年仲夏，由于革命形势发展的需要，陈潭秋、徐全直等奉调回武汉，陈潭秋任中共武昌地委书记，徐全直在陈潭秋的领导下从事妇女运动和工人运动工作，在长期共同的革命斗争中建立了深厚的友谊，终于结成了革命伴侣。从此，徐全直在陈潭秋的关怀和支持下，更热心湖北妇运工作，她被选为湖北妇女协会执行委员、联络部部长。北伐军占领武汉前后，武汉妇女在党组织的发动与领导下，做了大量工作。她们办起了贫民女学、女子夜校、妇女俱乐部、妇女天足会等，并进行了女工调查。为迎接北伐军，湖北妇女协会派出代表到长沙；北伐军攻下武昌后，在武昌军民联欢大会上，妇女协会演出了单人舞、双人舞、古装舞等多种节目。妇女协会还以女权运动大同盟同人的名义，发电称颂北伐军战绩。电文说："此次出师，智勇且仁，原为打倒军阀，打倒帝国主义，……诸公溽暑长征，已属劳心，兼旬并进，一举而得湘，再进而破鄂，赣人归顺，川蜀相从，皖豫将怀德畏威，长江将在吾掌握"①。表示了对北伐军热情欢迎之意。

为迎接北伐胜利进军做准备

国共合作的北伐战争旨在剿除卖国军阀势力，建设统一之国民政府。1926年7月1日，广东革命政府发表了"北伐宣言"。7月9日，国民革命军正式誓师北伐。国民革命军出师北伐的战略目标，"首在占领武汉，讨伐吴佩孚"②。

北洋军阀吴佩孚、孙传芳、张作霖三个反革命集团，在帝国主义的卵翼下，都极力扩充各自的实力和地盘，连年混战，造成四分五裂的军阀割据局面。同时，帝国主义勾结北洋军阀，对中国人民实行残暴的统治。因此，打倒帝国主义和北洋军阀是全中国人民的迫切要求。直系军阀吴佩孚对广东革命政府威胁最大，所以，北伐的主攻对象是吴佩孚。为此，湖北战场是决定北伐战争胜负的重要战场。湖北境内的三大战役——汀泗桥之战、贺胜桥之战、武昌之战就成为北伐战争的关键之战。

早在1926年1月，中共中央、共青团中央就发出告全国民众书，提出："打倒吴佩孚，援助国民军"，"请求广州国民政府出兵北伐"，"肃清吴系在长江的势力"③。1926年2月，中国共产党在北京召开的特别会议上

---

① 《革命军日报》1926年10月10日。
② 中国国民党第二届中央执行委员会临时全会《关于革命军出师对于各级党部及全体党员训令案》，《中国国民党历次代表大会及中央全会资料》（上），光明日报出版社1985年版，第257页。
③ 《中共中央文件选集》第2册，中共中央党校出版社1982年版，第14页。

规定了中国共产党在当时最重要的职任,是"准备广州革命势力的往北发展,亦就是加紧在农民之中工作,尤其是在北伐过程上,以建筑工农革命联合的基础,而达到国民革命的全国范围内的胜利"①。1926年7月,中共中央发出第一号通告,要求中共各地组织动员全国民众,积极推动北伐。为做到切实推进北伐,中共中央要求各地方组织分别不同情况支援北伐,"在广东,一方面应鼓动民众赞助北伐,同时应指出不可因北伐而牺牲民众的自由与利益"。"在北伐军已经占领的地方,如湖南应迅速扩大民众运动,要求人民的自由权"。"在北伐军战事区域内如湖北、江西应引导当地民众做切实的地方政治斗争"。"在孙传芳统治下的地方",我们应使"孙与吴脱离关系",同时,使孙向"奉张进攻"。"在北方各地当号召民众积极地起来,响应北伐,惟不可造成等待北伐军解放的宣传"②。7月12日,中共中央发表《第五次对时局的主张》,号召建立起巩固的"国民的联合战线",推翻共同的敌人——帝国主义与军阀。据此,在中共湖北区委领导下,共产党人与国民党密切合作,确定以支援和迎接北伐作为党、团和国民党共同的工作"重心"。

当北伐军激战湖南,吴佩孚大举援湘之际,湖北区委提出"反对吴佩孚攻湘"的号召,发动了全省人民反军阀战争的政治运动。一方面公开发表由湖北人民自己决定本省政治军事问题,反对吴佩孚对湖北实行专制统治的19条政治主张;另一方面指示全省党团员和国民党各级党部,提出反吴的7条具体策略:(1)以各团体名义通电全国,"指斥吴氏罪恶";(2)电湖北督理陈嘉谟,警告他"勿供给吴氏军需";(3)通电斥责湖北财政厅长黎澍,"为虎作伥,残虐人民",为吴穷兵黩武肆意搜刮;(4)"召集各团体代表大会宣言反吴";(5)联络、督促省、县议会反对鄂军迎湘;

---

① 《中共中央文件选集》第2册,中共中央党校出版社1982年版,第32页。
② 《团武汉地方半年工作报告》1926年8月4日。

（6）"由武汉人民团体电促各县人民一致起来反对"；（7）"派人到有力县分，煽动人民暴动"①。随后，组成了以共产党人为主干的"拥护北伐行动委员会"，发行宣传北伐战争意义的小册子和传单，组织训练北伐宣传队，从事军事运动。在行动委员会的具体领导下，大批党团员以特派员的身份被派往全省各地，"积极进行京汉、武长路的农民运动"，向广大农民宣传"此次北伐的意义，使他们将来对北伐予以实际的拥护"②。8月，当北伐军进驻长沙时，派出了以董必武为团长、李汉俊为副团长的湖北省各界欢迎北伐军代表团，到长沙汇报了为迎接北伐军所做的各项准备工作及吴佩孚的兵力部署等情况。

湖北党组织根据中共中央北京特别会议要"从各方面准备广东政府的北伐"，"不仅是在广东做军事的准备，更要在广东以外北伐路线必经之湖南、湖北、河南、直隶等处预备民众奋起的接应，特别是农民的组织"的指示精神，决定开办湖北"北伐宣传训练班"，深入城乡基层，以宣传北伐的目标、意义，发动工农群众，支援北伐。1926年7月，以陈潭秋为主要负责人的湖北北伐宣传训练班开班，参加训练班的学员，多是从武汉各学校中挑选来的共产党员、共青团员和国民党左派。

开办北伐训练班是迎接北伐、准备北伐的重要举措，什么都得从头开始。既无经验，又无基础，许多条件都不具备，从物色学员、觅寻校舍、编印讲义、请人授讲等都有一定困难。陈潭秋既是训练班的主持者，又是主要讲课人，所有的一切，他都一一过问，妥善安排。

学员中有的对办北伐宣传训练班的意义认识不足，正当训练班开课时，有个叫侯亚英的学员要请假，他想等参加了学校的期终考试之后，再来听课。陈潭秋得知这一情况后，特地来找侯亚英，邀他到凤凰山上散步谈心。

---

① 《团武汉地方半年工作报告》1926年8月4日。
② 《中国国民党湖北省执行委员会1926年2月至7月工作情形报告》。

闲谈中，陈潭秋问道："借给你看的《共产主义ABC》《国家的起源》《社会进化论》几本书，看过吗？"侯漫不经心地回答道："早看完了。"又问："有什么问题吗？"侯毫不思索地说："没有！"陈潭秋关切地说："你还没有看懂吧！怎么会没有发现问题？"侯争辩说："不见得吧，你有何根据？"陈潭秋细心地启发侯说："你谈谈国家的实质是什么？"侯亚英熟练地背诵了《国家的起源》一书中的几段，陈潭秋高兴地拍着侯的肩膀说："对呀！既然教育也是为一定的阶级服务的，那末，你为什么不早来训练班学好本领，为北伐胜利，为早日推翻军阀统治服务呢？"侯这才恍然大悟，当即表示，为北伐战争早日取胜，他马上来训练班上课。

训练班没有专设的宿舍，学员们多寄居在武昌城角当巷一位黄冈人开设的安仁学舍里，有的居住在太平试馆，也有寄宿在亲友家中。安仁学舍是当时湖北省警务处密探经常出入的场所，这些密探经常化装成学生、球队队员、看病医生、相命先生、听差人等，和寄居在这里的学生交"朋友"，下棋、打球、吟诗作赋，搞得挺"亲热"。学员们渐渐习以为常，对这些不速之客也毫无戒备。在北洋军阀统治下，办北伐宣传训练班当然处在秘密状态。参加北伐训练班的有些学员，由于缺乏警觉，竟与那些密探逛街、下棋。一天，陈潭秋装扮成一个足球队员（陈潭秋在武昌高师念书时就喜爱足球），戴了一副墨绿色的太阳镜，头上一顶软边大帽，把脸遮住，来到安仁学舍，声称是找外国语学校的学生的。他在住房内来回走了几圈，东翻翻，西瞧瞧，大家并不介意。他见大伙儿都挤在一块看下棋，对他的到来并不在意，便敏捷地把曹大骏（国民党员）桌上的蓝台布揭开，取走了一件东西，然后把台布盖好，谁也没有发觉。陈潭秋漫步走到侯亚英身旁，轻轻地将他衣襟扯了一下，随后走进了侯的卧房，侯当即跟了进来，一抬头不觉一怔，脱口而出："原来是你。"陈潭秋这才递过一张纸条，上写道："邀几个同志，随我出去逛逛。"侯知道有要事，当下表示："你先走，五分钟内我们赶上！"

不多久,武昌蛇山桂花轩附近的树丛中来了几个青年,手中各执一把纸扇。一会儿,一位身穿米色纺绸长衫、戴着一副茶色眼镜、手摇一把白纸折扇,颇有点绅士派头的人,大摇大摆地从大道来到桂花轩,这时大家都认出来了,这就是陈潭秋,大家围拢过来。陈潭秋说:"大家莫性急,等到电灯亮了,你们到草坪上找个石凳坐下,边乘凉,边谈话。"说罢,又布置小冯与小昌在草坪东西两头警戒,遇有可疑之人,或说"有蛇",或说"好香",大家就赶快散开。

不多一会儿,夜色降临,这些青年都聚集在草坪中央。先是闲谈,从蛇山的蛇,讲到景阳冈打虎,最后说了一连串的典故,什么"虎口拔牙""与虎同眠""梳捋虎须""不入虎穴,焉得虎子"等的来历,大家以为今天确是谈古说今,兴致勃勃,一个个都议论开了。这时陈潭秋突然严肃地对大家说:"你们住在安仁学舍,正是与虎同眠,知道吗?"大家不禁愕然,丈二和尚摸不着头脑,面面相觑,互相耳语:"我们怎么会与虎同眠呢!"陈潭秋继续说道:"那些与你们素不相识的人,请你们吃饭,逛街,搞得火热,他们安的什么心,你们考虑过吗?那是密探,是钓鱼来了,探听革命党人的活动情况。"大家听了异口同声地说:"那我们赶快搬出来!"陈潭秋忙制止说:"不行,那会引起敌人猜疑。况且搬到别处去,敌人也会跟踪而来。"大家为难地说:"那怎么办?"陈潭秋说:"问题在于我们自己提高警惕,各人的学习文件,秘密书刊都要收藏好,不要随便放在台布下。平时你们上课、开会,都得派人值日,严密监视敌探的行动,说话也要谨慎,不要留什么破绽。我们现在既已入了虎穴,就要设法得到虎子。采取各种形式与敌人作斗争。你们回去,物色几个积极分子,议论几条办法,大家共同遵守。"大家听了都点头称是。

两天之后,训练班在一个教室上课,铃声一响,陈潭秋没有马上讲课,而是说:"带了讲义的人举手。"大家都举起了手。"我来检查!"大家有些奇怪。陈潭秋逐个检查起来,发现曹大骏的讲义少了四页。询问原因,曹大骏面红耳赤，答不出来。这时，陈潭秋从讲台上取出四页讲义，举在手上对大家说："这几页讲义丢了，不是一桩小事，敌人拿去了，不是杀头，就是坐监狱。今天还能在这里上课吗？"大家一愣，纷纷议论开来，你一言我一语地讨论着今后的防范措施。曹大骏立即向老师承认错误，表示今后一定做好保密工作。

陈潭秋讲完课后，常和同学们在一起讨论。他们讨论的中心内容是如何通俗易懂地向农民进行革命宣传。有的说，主要是把我们学到的理论向农民们介绍；有的说，主要是讲事实。比如说，汉口的租界就是帝国主义侵略我们的铁证。陈潭秋说："理论要讲，事实也要讲，要把两者结合起来。问题在于怎样才算通俗易懂，给农民以深刻的印象。刚才你们讲汉口的租界，可是农民没有到过汉口，还是理解不深。你们看我身上穿的这件长衫，是羽纱的，只斤把麻织成的。帝国主义者廉价把我们农民种的麻买去，在本国加工后，又卖给我们，可是比原来的价高出几十倍，这就是帝国主义的侵略与掠夺。这个例子，在鄂南产麻区顶能说明问题。在不产麻的地区就不够了。总之，要从当地的实际出发，使农民有切肤之感。"陈潭秋讲课不仅深入浅出，通俗易懂，而且待人平等，常常与同学们一起讨论，给同学们留下深刻的印象。陈潭秋讲课的讲义都是自编的，甚至刻印、装订，一直到分发给学员，他都亲自动手。

由于北伐进军迅速，形势发展很快，迫切需要北伐宣传干部。训练班决定提前结业，把学员派往北伐前线，以发动群众，支援北伐。陈潭秋根据学员的情况和特点进行分配，如侯亚英谨慎沉着，足智多谋；曹大骏勇猛果敢，大胆泼辣，他们俩分在一起，可以互相补充各自优点。临行前，陈潭秋鼓励大家说：这是一项新的工作，情况又不熟悉，可想而知困难是会有的。任务是艰巨的，但又是光荣的、有意义的。只要我们依靠群众，发动群众，团结一致，虚心学习，就一定能很好地完成任务。

分派到各县去的同志，配合各县党团组织，工作进展迅速。各县很快成立了国民党县党部，组织了农民协会，鄂南还组织了农民自卫军，配合北伐军作战。学员聂鸿钧是中共湖北区委派往咸宁去工作的，是咸宁人。他在实际斗争中，发展了曹振常、雷子林、刘秉藜、雷福卿等入党，成立了中共咸宁特别支部。由于他们胜利地开展了反麻捐斗争，广大农民群众迅速地发动起来了，在此基础上，成立了上百个秘密农协小组和工会小组，并在汀泗桥一带铁路沿线建立了破路队。为迎接北伐军进攻武汉做了必要的准备。

北伐军攻克长沙、宁乡，进占益阳、沅江之后，结束了第一期作战任务，开始了第二期作战部署。第二期作战计划是以先行占领武汉为目的，对江西暂取守势，以主力沿武岳铁路北进直趋武汉，并以一部向荆沙出动，切断武汉与宜昌之间的联系，相应配合主力作战。

8月23日，北伐军总司令部下达迅速向武汉推进之命令，北伐军迅速向崇阳、蒲圻、咸宁推进，拉开了湖北战场的序幕。8月27日，北伐军勇夺汀泗桥，30日，再克贺胜桥，9月1日，北伐军第四军全部抵达武昌城外。贺胜桥再度告捷，武汉三镇之最后一道门户洞开，吴佩孚犹想作困兽之斗。北伐军于9月2日、3日两次硬攻武昌城，未克，乃取封锁之势。围城40天，终于10月10日全部占领武昌城。

策应北伐军夺取武昌

为迎接北伐军进军武汉，湖北党组织组成了以董必武为主席的特种委员会，搜集敌军情报，策动敌军起义，发动群众支援北伐。陈潭秋协助董必武发动和领导武汉人民配合北伐军攻打武汉三镇。董必武在汉口（住联保里），陈潭秋在武昌（住高师附小）分别领导武汉各界人民开展对敌斗争。周士第回忆说："中国共产党武汉地方委员会董必武同志在汉口领导对敌斗争，陈潭秋同志在武昌城内领导对敌斗争，对瓦解敌军、争取敌军做了很多工作，取得很大成绩。武昌城里的敌军中有士兵和军官愿作我军攻城的内应，给我军攻城创造了条件。"①

为策应北伐军胜利进军，中共中央指示湖北区委就近负责党在杨森部队军事工作的指导和联络。区委根据中央局的决议由彭泽湘等领衔致电杨森，严正指出："此刻北伐军既下长沙，若不表明反吴旗帜并实际有反吴行动，将无以自解。"督责杨森"急乘机取宜昌，为北伐军取武汉声援，俟北伐军得武汉后即助君统一全川"②。湖北区委和朱德等在川军中的工作，有效地阻止了四川军阀附逆援助吴佩孚。杨森部陈兵于川鄂边境，牵制了吴系长江上游总司令卢金山所部的大量兵力，为北伐军胜利攻占武汉发挥了战略配合作用。

湖北党组织又领导和发动了当阳等地人民暴动，派李超然回当阳，组成国民革命军长江上游先遣军总司令部，于9月21日在武昌久攻未下之际，发动当阳城关暴动，打击并牵制了鄂西鄂北的北洋军队，给北伐军顺利攻下汉阳、汉口和武昌以直接的支援和鼓舞。当北伐军攻打汀泗桥时，8月下旬，咸宁铁路工会的破路队破坏了汀泗桥附近铁路约40里，剪断了铁路沿线的电线，铁路工人还有意促使火车厢相撞，使吴佩孚军官团四车厢的现洋飞溅满地，被抢夺一空。

农民群众更是自发为北伐军送信、送饭、抬担架、挖工事、当向导。当汀泗桥战斗最激烈时，农民引导叶挺独立团从东侧山上小路，绕道至古角塘，突然从敌后杀出，使敌腹背受击，顿时大乱，全线溃退。攻打贺胜桥时，叶挺独立团担任主攻任务，在独立团的每个连队里均有熟悉地形地物的农民当向导，带领士兵进到距敌阵仅百米之处，发起猛攻。在林丛中，

---

① 《周士第回忆录》，人民出版社1979年版，第84页。
② 《中央局致泽湘信——速电杨森取宜昌声援北伐军攻武汉》1926年8月1日。

有农民自做的楠竹炮，时而响起隆隆之声，运用疑兵之计，威慑敌人。当敌军反扑时，农民用稻草、棉絮铺满铁轨，滞缓敌铁甲车队前进。

当北伐军攻打武汉时，在湖北党组织的领导下，汉阳兵工厂全体工人于9月1日举行了总罢工，罢工宣言指出："吴贼实湖北人民之公敌，尤其是杀戮我们工人的刽子手，……现在攻克武汉在即，武汉民众咸举手相庆，……我们兵工厂工人，为自身的利益，为湖北民众的利益，为革命的利益，此时实有断绝供给吴佩孚枪械之必要。自今日起，宣布总罢工，再不为吴贼造枪械，攻打我们革命的战士。"① 9月6日，北伐军占领汉阳，兵工厂工人为"肃清吴贼之残余势力，打倒一切反动势力，保障北伐军之胜利，与革命军永远结合起见"，随即宣布复工，制造枪械支援北伐。向忠发组织了从集家咀至易家墩沿河一带的木船工人，准备北伐军来到前，拆毁浮桥，断绝敌人交通。北伐军胜利后，就积极恢复交通，迎接北伐军渡江进入汉口。汉口总商会会长周星棠等敦请刘佐龙、杜锡钧部勿在汉作战。当北伐军猛攻汉阳时，刘佐龙部在中共策动下，首先响应，致使北伐军于9月6日顺利攻占汉阳，7日占领汉口。至此，困守武昌孤城之敌，已成瓮中之鳖，危在旦夕。

陈潭秋在武昌城内发动群众，骚扰敌军，坚持斗争，配合北伐军攻城。一天晚上，陈潭秋组织群众在街上贴出了"北伐军500多人化装进城了"的标语，使得敌人军心动摇。同时，又在城内传播"北伐军明天要攻城"的消息，因而上海《民国日报》有"北伐军便衣别动队，散发传单，……军警防不胜防"的报道。迫使敌军昼夜防守，精疲力竭。8月27日下午3时许，有群众数人在武昌蛇山抱冰堂附近抛掷炸弹，敌惊恐万状，报刊以"武昌之炸弹声，吓煞吴佩孚"②，报道了这一消息。武昌残敌为了负隅

---

① 上海《民国日报》1926年9月9日。
② 上海《民国日报》1926年9月2日。

顽抗，拟决武昌之武泰闸堤坝，背城一战，置人民生命财产于不顾。据此，武昌商会提出"允以十万元予守兵，便让武昌城"之条件，以避免"殃及平民"。

武昌城被围困月余，城内粮食早已断绝。为坚持对敌斗争，陈潭秋领导群众觅寻多种代食品，如芭蕉树心、鸡冠花、菊花叶、辣椒叶，药店里的茯苓、白术、红枣、当归、熟地等都曾当食品用来充饥。紫阳湖内鱼虾、莲藕更是美餐。

一天，袁溥之好不容易弄来一点点大米，送来高师附小，大家如获至宝，十分高兴。陈潭秋提议将这些大米包成二两一包，每人一份，用来熬粥，渡过困难。就是这点粮食，掩护了十多个同志的秘密活动。事情是这样的：陈潭秋正领导召开会议，布置配合北伐军攻城工作。陈嘉谟的巡逻队突然闯进了高师附小，突如其来的搜查，真使人措手不及，但陈潭秋镇定如常，他要徐全直立即把包好的米，分给开会的每人两包，当敌巡逻队撞进开会室时，陈潭秋正在给每人分米。巡逻队军官说："你们是乱党开会，给我搜！"一伙士兵蜂拥而上，东翻翻、西弄弄，什么也没搜查到，只是在每人身上搜出两个小包，打开一看，不约而同地说："是米！"士兵们十分惊喜，抓住就往嘴里塞，边嚼边咽。那个满脸横肉的军官，瞧见士兵们狼吞虎咽，大声吼道："一律上交，不许私吞！"于是从士兵手上，一包一包地抢过来！往自己口袋里塞，边塞边往外走。陈潭秋走上前拦阻说："老总，千万不能拿走。我们好不容易弄到一点米，是分给大家回去煮米汤喝的，家中老的老，小的小，全靠这维持活命呀！"那反动军官打着官腔说："老子辛辛苦苦挨饿，给你们守城，这点米就算孝敬老子们了，拿走！"于是下命令似的嚷道："走！"一场紧张而巧妙的斗争就这样胜利结束了。

被北伐军围困月余的敌军，毫无斗志，军心大为动摇，有的欲投诚，有的想逃跑。10月1日，敌军组织了3000多人的"敢死队"，企图分别从通湘门、保安门突围逃窜，均遭叶挺独立团和十二师的猛烈火力阻击，死伤惨重，只得龟缩回城。

早在8月底9月初，董必武、陈潭秋就曾通过多种关系策动敌军内部起义。陈潭秋曾把刘佐龙部起义后改编为国民革命军第十五军的情况，印成传单，贴在武昌城内街头巷尾，投到敌营甚至塞到敌军士兵手中，瓦解与动摇敌人军心。董必武则与陈嘉谟的顾问郭肇明疏通，促其策应武昌城内敌军起义。郭肇明秘密成立了武昌攻城别动队总指挥部，并向北伐军总政治部报告，愿为北伐军攻城内应。

敌陈嘉谟见大势已去，危如累卵，欲保全家生命财产，乃派一名叫贺对庭的旅长，联系投诚。他们提出的条件是："（1）北军保留枪械，归南军收编，但须约定不派至武汉区域以外；（2）北军7个月欠饷须全部发给；（3）保证开城时保全北军生命"①。这样的条件，不是投诚的条件，而是伺机反扑的条件，理所当然地被北伐军所拒绝。10月10日凌晨1时，北伐军向武昌发起总攻。叶挺独立团从通湘门附近架起云梯登城，首先冲进城内，由蛇山向江边发展，枪声大作，火光冲天。城内策应敌军也出动向刘玉春司令部进攻。陈潭秋发动群众在空煤油桶内点燃鞭炮，顿时四处噼噼啪啪像机枪扫射一样，敌军早已是惊弓之鸟，十分害怕，到处乱窜。北伐军四处捉拿溃军，敌军自陈嘉谟、刘玉春以下1万余官兵均被俘获，无一逃漏，武昌战役胜利结束，武昌城获得完全解放。

10月20日，武昌市民大会议决，"陈嘉谟、刘玉春应交人民审判，先由各人民团体组织检查委员会，受理人民对于陈、刘之控诉，以半月为检查期间，限一个月审判终结"。陈潭秋于11月1日发表《审判陈刘诸逆》的文章，指出："陈为吴佩孚的傀儡，代吴宰割湖北，恶贯满盈。……刘则效忠于吴，死守孤城，抗拒北伐军，至40余日，城中20余万人民饱受

---

① 上海《民国日报》1926年9月15日。

烧杀抢劫饥饿之苦。"①此次审判陈刘诸逆,是"罪有应得",武汉人民十分喜悦,"刘氏自己的部队亦必同声称快"。同时,他在《汪精卫销假与革命前途》一文中又指出:"国民革命军的胜利,不能说是国民革命的胜利"。他在指出辛亥革命失败原因时说:"辛亥革命之所以失败,其原因虽多,而一般党人放弃了党的工作,实是最大原因之一。那时的口号'革命军起,革命党消',足以表示那时的革命党人对于党的认识的薄弱,也可说是没有认识。革命党是革命的总指挥机关,革命工作愈紧张,革命的党更应愈加发展,愈加健全,才能胜利指挥,完成革命的工作"。"辛亥革命失败的又一重大原因,乃是误于当时的南北和议,使封建的残余势力仍得保留。革命势力与反革命势力自然不能并存,故在短期间内,微弱的革命势力,终不免尽被摧残,以致中国在北洋军阀统治之下,延长到15年之久,同时政治上的积极建设,毫无表现,一般民众并未感受革命的利益,故对于革命的胜利亦无拥护之必要"。"辛亥革命失败的又一重大原因,乃是革命领袖的分裂。中山先生主张彻底革命而黄克强、宋遁初诸人则趋于妥协,主张和议,革命事业遂因此而遭重大打击,以致完全失败"。据此,陈潭秋提出了国民革命胜利的三条切实保证,"第一,要革命党的健全与发展,第二,要革命政治的统一与积极的建设,第三,要革命领袖诚挚的合作。不然,这次北伐的结果,又逃不出辛亥革命的覆辙"②。

他又认为"国民政府出师北伐,未及三月的工夫,一路下长岳,克武汉,冲出武胜关以外;一路越大庾岭,攻下赣州,包围南昌,这种迅速的进展,不单是革命军勇敢善战,得了民众的拥护与帮助,确实不小"③。这表明陈潭秋要努力巩固北伐战争的胜利,发展大好革命形势,必须建设一个好的

---

① 《群众周刊》1926年11月1日第1期。
② 《群众周刊》1926年11月1日第1期。
③ 《群众周刊》1926年11月1日第1期。

革命党的同时，还必有一支勇敢善战的革命军和得到民众的拥护与帮助。这样，才能使国民革命军的胜利，发展为国民革命的胜利，完成反帝反军阀的革命任务。此后，陈潭秋便投入了轰轰烈烈的革命大洪流中去了。

陈潭秋

第五章
CHAPTER FIVE

大革命洪流

革命洪流中的战斗

北伐军攻占武汉三镇，标志着军阀吴佩孚在湖北的反动统治被推翻，它沉重地打击了帝国主义列强在武汉的势力，同时，又促进了工农革命群众运动的发展。

随着国民政府从广州迁到武汉，大批中共中央领导人、工农运动领袖、国民政府负责人及国民党左派等云集武汉，武汉成为这一时期全国革命运动的指导中心。因此，湖北武汉地区的工农群众运动更加蓬勃地发展起来。

为宣传当前大好革命形势和我党的方针政策，进一步动员与组织工农群众，中共湖北区委于1926年11月1日创办了《群众周刊》，发刊词中指出："'群众的革命化'和'革命的群众化'为目前革命工作中第一要图"。本刊负责"指导群众认识革命的真相，对于工人、农人、学生、教职员、记者、中小商人和一切平民的言论和动作，尤为注意"。本周刊将成为"群众的革命化"和"革命的群众化"的急先锋。为加强革命宣传，加强对《群众周刊》的领导和出版发行工作，1926年12月，中共中央汉口特别会议决定中共湖北区委由蔡以忱、陈潭秋主管宣传工作，陈潭秋任《群众周刊》主编。陈潭秋先后在该刊上发表了《审判陈刘诸逆》、《汪精卫销假与革命前途》、《国家主义派的惯技》（发表在第一期）、《革命民众当前的一个紧迫问题》（发表在第四、五期合刊）、《湖北农工商学联合会成立之意义及其工作》、《湖北禁烟问题》（发表在第七期）等文章，对动员与组织工农投入轰轰烈烈的大革命洪流起了重要的推动作用。

北伐军攻克武汉后，民众得到了结社的自由，湖北武汉的工农运动有了较迅速的勃兴。10月10日，全省总工会宣告成立。在全省总工会领导下，全省各业工会已达到120余个，会员40余万人。"自总工会成立以来，罢工运动澎湃一时"。如11月3日，汉口英美烟厂新厂工人罢工；11月9日，老厂工人罢工；11月13日，武汉邮务职工总罢工；11月15日，武汉电话职工、粤汉铁路武长段职工、汉口既济水电公司、肉业工人、染织业工人举行罢工；11月22日，印刷工人总罢工；12月7日，汉口市政工人罢工；12月18日，汉口钱业店员罢工等。

为总结湖北工人运动经验，推动全省工运的更大规模地开展，1927年1月，湖北省总工会召开了全省第一次代表大会，到会代表588人，代表全省有组织的30万工人（为时不及3月，湖北省有组织工人由10万人增至30万人之多），刘少奇、项英等人主持了这次大会。会议期间，发生英兵任意枪杀中国同胞之一三惨案，大会代表纷纷谴责英帝国主义的暴行。1月3日晚，刘少奇、李立三等人率领部分代表赶到惨案发生的现场观察情况，调查惨案发生的经过。

1月4日，湖北省总工会发出通电，提出"收回英租界"等六项条件：（1）请政府自动收回英租界。（2）在英租界未收回之前，要求英租界当局应即撤除电网、沙包及各军事上的准备，并绝对不得在租界内干涉言论、出版、集会游行、讲演等自由。（3）要求立即撤退在华军舰，以后租界内永远不得有外国武装军警驻扎，由公安局派警驻扎租界。（4）要求赔偿死伤损失。（5）要求英政府向我政府道歉，并担保以后不得有此等事件发生。（6）要求将凶手即移送我政府惩办①。随后，湖北省农民协会特发通电，表示我全省农民"愿与我工商学兵各界同胞，一致联合，为我政府后盾，以与彼穷凶极恶之英帝国主义奋斗，不达到下列之目的不止，（1）收回租界，（2）收回海关，（3）收回内河航行权，（4）撤退英驻汉军舰，（5）向国民政府道歉谢众，（6）赔偿死伤损失，（7）行凶水兵交中国政府惩办。国家不

---

① 《汉口民国日报》1927年1月6日。

亡，民族不死、端系于此。"①

1月5日，武汉国民政府在工人群众支持下，宣告收回英租界。1月7日，在武昌阅马场召开武昌市民对英示威大会，到会群众20余万人，董必武为大会总主席，他在大会上的演讲中指出："现虽英租界收归我政府派军警管理，而束缚我们之一切不平等条约尚多，英帝国主义者仇视我民族益甚。所以我们要求生存，就要于今日大会中集中力量，续死难同胞精神，以与英帝国主义者奋斗。"②

武汉工人奋勇参加自动收回汉口英租界之创举，足以证明武汉工人阶级力量之壮大与团结之坚固。武汉工人阶级参加北伐战争和参加收回英租界的斗争，湖北全省总工会第一次代表大会的胜利召开，充分显示着湖北工人阶级在反帝反封建斗争中的先锋作用，标志着大革命时期湖北工人运动的发展达到了鼎盛时期。

为适应工人运动发展的需要，1926年冬，湖北省总工会工人运动讲习所分别在汉口、武昌两处开班上课。1927年1月21日，工人运动讲习所速成班正式开学。主要课程均为中共领导干部讲授。董必武讲授《国民党农工政策》，陈潭秋讲授《中国民族运动史》，刘少奇讲授《工会组织工作》《工会经济问题》，李立三讲授《劳工运动史》，林育南讲授《工会应用文》《工会宣传工作》，项英讲授《工人教育工作》，恽代英讲授《国民政治经济状况》，张国焘讲授《中国经济状况》，许白昊讲授《湖北工人生活状况及经济斗争问题》。陈潭秋的讲授，结合了他自己的亲身感受，揭露了帝国主义对中国的侵略罪行，特别是在湖北武汉所犯下的侵略罪行，深入浅出，通俗易懂。在讲授中他教育学员明确反帝反封建斗争是中国现阶段革命斗争的主要任务，要求大家为完成此项艰巨任务而努力奋斗。

与此同时，湖北省总工会在刘少奇的组织与领导下，制订了发展工人

---

① 《汉口民国日报》1927年1月13日。
② 《汉口民国日报》1927年1月8日。

教育大纲，工人学校迅速遍及武汉三镇各基层单位。陈潭秋大力协助和支持此项工作，物色了许多工会干部和工运骨干到各工人学校当教员。据湖北全省总工会教育局1927年5月份的统计："有学校53所，教员175人"，"167个班，学生7738名"。

为纪念五卅运动两周年，1927年5月31日，武昌各界召开了纪念大会。会上，陈潭秋以中国共产党代表的身份，发表了《悲壮热烈之五卅纪念》的演讲，他说："五卅运动，最初是各阶级联合向帝国主义反攻，后来，大资产阶级背叛了，军阀又大加压迫，使五卅未得好结果；但是，国民政府就由此产生了，第一次北伐就进展到了长江。现在各地的新旧军阀及土豪劣绅，仍然做帝国主义的爪牙，继续图谋破坏国民革命。这在革命战线内，只要完全肃清了反革命派，使工农群众与工商业者联合巩固起来，国民革命一定能成功的"！① 这一演讲，给与会民众以巨大鼓舞，增加广大群众革命必胜的信心，获得了热烈的掌声。

农民运动是革命胜利发展的基础，也是巩固革命成果、发展大好革命形势的基础。"中国的农民几千年处于不可忍受的压迫之下，尤其最近湖北变成吴佩孚之外府，苛捐杂税，勒索无穷，物价腾贵，生活日昂，土豪地主对于农民之摧残亦日加厉害，兼之近两年水旱重灾，各地不为泽国，即为赤野，农民在此种绝境中，渐渐觉着只有团结自己的群众，集中自己的力量奋斗，以求生机。"② 在董必武、陈潭秋、陈荫林的领导下，各县农协组织有相当发展。北伐军占领湖北武汉后，农民协会由秘密活动转入公开活动，农民运动有了迅猛的发展。由董必武领导的国民党省党部设立了农民工作部，由张眉宣任部长，负责指导全省农民运动。陈潭秋派陈荫林、聂鸿钧等大批党员参加农运工作。到1927年初，在全省农民协会之下，有农民协会组织之县份已达40余个，会员人数达80余万人。如武昌

---

① 《汉口民国日报》1927年5月31日。
② 卢农：《湖北工农运动之勃兴》，《群众周刊》1926年11月1日第1期。

有6个区农民协会；会员近万人，夏口有2个区农民协会，会员4000余人；汉阳有两个区农民协会，会员1000余人；陈潭秋家乡黄冈农民运动发展最快，有区农民协会64个，会员3万余人；黄梅有农协会员7000余人；孝感有13个区农民协会，会员5500余人；应城有9个区农民协会，会员5000余人；襄阳有4个区农民协会。黄冈上巴河还召开了有4000多人参加的乡民大会，作出了严厉惩办土豪劣绅李品三的决议，列举了李品三的23条罪状。省农民协会特派员王平章前往指导，支持了上巴河农民的正义斗争。农民运动的大发展，涌现了大批像聂鸿钧、陈荫林、邓雅声、陈学渭、陈防武、胡亮寅等农运领袖和农运骨干。

为推进农民运动的发展，省农民协会曾于1926年12月开办了农民运动训练班，培养"农民运动的好人才"①。1927年3月4日，在武昌召开了湖北省农民协会第一次代表大会。大会由毛泽东任名誉主席。出席大会的代表169人，代表全省50余万有组织的农民，来宾有60多个革命团体的代表，旁听者3000余人。大会主席陆沉致开幕词，陈荫林向大会作了湖北省临时农协会务报告，各县代表报告了本县农民运动发展情况，反映了广大农民的迫切要求。18日，毛泽东在大会上讲了话，他说：农民利益与地主利益冲突，在湖北的一派国民党同志主张农民利益，近日中央全体会议最重要的决议案是通过了惩治土豪劣绅的条例，我们要打倒土豪劣绅，就要援助这派主张农民利益的②。

19日，国民革命军总政治部农民问题讨论会在汉口普海春开会，招待湖北省第一次农民代表大会的全体代表，会议由邓演达主持，恽代英作了长篇讲演。他说："中国革命是世界革命的一部分，农工是革命的主要力量，我们今天的会，是希望各位代表回到乡下去，组织起来解放自己。"

---

① 《湖北农民》1926年12月27日第9期。
② 《汉口民国日报》1927年3月22日。

大会通过了县政问题、农民协会组织、湖北农民运动趋势等35个决议案，确定了今后的任务。

这次大会通过选举，正式成立了湖北省农民协会。陆沉、陈荫林、邓演达、符向一、张眉宣、刘子谷、王平章、王邦耀、吴光谟、蔡以忱、聂鸿钧、董华授、吴逢印、赵国仁、张培庆、李执中、吴执中、吴亦斌为执行委员。选举陆沉为委员长，陈荫林为副委员长。宣告了湖北省农民运动协会的正式成立。这次大会把湖北农民运动推向了一个新的发展阶段，成为"湖北农民解放的新纪元"。

农民协会越发展，土豪劣绅的进攻破坏也就越加厉害。如黄冈劣绅李品三，指使保卫团，勾结驻军，殴打农民；蒲圻土豪但春林，指使警察殴打农民，捣毁农会；汉阳劣绅王南宾等，勾结军警流氓殴打拘捕省农协会特派员及区执行委员；武昌土豪许楚等假禁烟之名，勾结军队捣毁农会，捕打农民，缴去农民自卫团的枪械，抢劫农会及街坊，吓死产妇；沔阳、黄安、天门、黄梅等县土劣，勾结流氓地痞、土匪逆军，摧残农民及农会；……可是，土豪劣绅、不法地主大骂"农民是土匪""省特派员是流氓""农民协会是过激党""农民阶级是压迫阶级"，等等，不一而足。党内右倾机会主义错误领导则跟着叫喊农民运动"过火"。陈潭秋在1927年6月19日省农协第一次扩大执行委员会开幕会上指出："各地来的代表聚在一起，一定有许多的材料，可以打破'过火'的谣言"，"自蒋介石背叛革命以后，小军阀与土劣及一切反革命派勾结，到处屠杀农民，这个意义，不单纯是屠杀农民，简直是要根本推翻革命的党部和政府"。他阐明了农民在中国革命中的作用和中国共产党领导农民革命斗争的必胜信心，说："农工是革命的基础，中国共产党是代表农工阶级利益，中国自有农运以来，共产党即与之共生死，在这次农民被土豪劣绅大屠杀中共产党员牺牲的不下300余人，由此可见共产党是与农民共生死的，我们决不畏缩，誓本革命初意，与各农友携手前进，最后胜利，必定归于我们"。他针对反动派惨杀农民的"生死关头",严肃地指出:"如果党袖手旁观,则民众将渐次离开党,而革命前途,毫无希望"①。

在发展工农运动的同时,陈潭秋也重视青年学生运动。他利用武汉学生联合会冬令讲习会的机会,向青年学生进行革命理论教育。1927年1月,他与恽代英、李立三等都担负了汉口学生冬令讲习会的讲课任务,据报称:授课者多为"充分之革命理论家"。陈潭秋注意引导青年学生坚持反帝反封建斗争。

1926年11月,在武汉各界纪念俄国十月革命节的大会上,陈潭秋代表中国共产党发言,他号召向苏联学习,走十月革命的道路。他引导青年识破醒狮派的欺骗宣传。有一次,中华大学校长陈时,邀请陈启天(国家主义派分子,中华大学毕业)到校讲学,通知各校学生前去听讲。陈潭秋得知这一消息后,立即把各校搞学运的同志找到高师附小开会,他说:很多青年学生不了解国家主义派的真面目,我们的同志到会场上去揭露他!

这天,中华大学礼堂里坐了上千人,挤挤攘攘,人声嘈杂,有国民党人,有共产党人,也有共青团员。陈定一、魏人镜、胡楚藩、王家成、施季高等都来到了会场。等陈启天一进入礼堂,陈定一等人就把早已准备好的传单在大会上散发,众人竞相争阅,顿时秩序大乱。陈时立即登台制止,说什么不愿听讲的可以自由退席,不要扰乱会场。这时,听众中有人喊"打倒国家主义派!""打倒陈启天!"陈启天还未开讲,就有人喊打!陈时见势不妙,就跑下楼去打电话,叫武装警察前来维持秩序。大家见报告做不成了,就蜂拥而出,等武装警察赶到,听报告的人早已走光了,这次报告会就这样"流产"了。陈潭秋组织的反醒狮派的斗争取得了胜利!

为了教育青年识破国家主义派的欺骗宣传,陈潭秋著文说:"当北伐军与讨赤联军相持于长岳之间,武昌的国家主义派,派人到岳州向吴大帅的军队

---

① 《汉口民国日报》1927年6月23日、9日。

宣传，恭维他们是爱国的军队，说'凡反赤的军队都是爱国的军队'，到了北伐军攻克岳州，进逼汀泗桥的时候，他们又在汉口报纸上大登启事，声明他们对于北伐军并未加以攻击，像这样八面玲珑的态度，原是他们的惯技。"①

革命运动汹涌澎湃的发展，迫切要求加强党的领导。一直主管湖北区委组织工作的陈潭秋，为党的组织建设做了许多工作。为适应革命高涨的需要，1926年10月，湘鄂两省区委联合创办了两湖党校，培训了近百名党的干部，主要是地委书记和委员一级的干部，这些人结业以后分配到各地区，负责党的组织建设与发展工作。经过较短时间的工作，到1926年11月底止，中共湖北区委所属的党员有1500人至1600人。罗田、孝感、大冶、通山、汉川、监利、蒲圻、咸宁、通城、崇阳、鄂城、蕲春、阳新、应城、安陆、钟祥、宜昌、江陵、襄阳、枣阳、光化、随县、京山、郧阳、竹山、鹤峰、咸丰、来凤等县都建立了党组织，黄冈、黄陂、黄安、汉川、咸宁、沔阳、荆州、天门、麻城等县成立了县委，黄梅、黄石则成立了地委。

鉴于党员迅速增加，党组织大大发展，中共中央汉口特别会议决定：在党员比较多的县份成立县委，县以下设区委，重要的工矿区和城区成立地委。彭泽湘、张太雷先后任中共湖北区（省）委书记。

1927年初，根据党的工作需要，中央曾调陈潭秋任江西省委书记。不久，又返回武汉，仍负责湖北省委的组织工作。

4月，陈潭秋出席在武汉召开的中国共产党第五次全国代表大会，会上，毛泽东、蔡和森等提出"迅速加强土地斗争"的意见，陈潭秋表示党必须坚决支持和领导农民运动，"决不畏缩"。大会选举产生了新的中央委员会，陈潭秋被选为中共中央候补委员。这一期间，陈潭秋除以主要精力从事党的组织建设和工农运动以外，还注意国民党的工作，在国民党第二十一次常委会上，他与董必武一起被推举为中央政治训练委员会委员。

---

① 《国家主义派的惯技》，《群众周刊》1926年11月1日第1期。

革命危急关头的中共湖北省委

中国共产党第五次全国代表大会,由于陈独秀坚持右倾机会主义的错误领导,没有解决中国革命的紧迫问题。国民党新右派对外投靠帝国主义,对内镇压工农革命群众运动,大革命的胜利果实有得而复失的危险,中国第一次大革命处在危急关头。

当上海工人于1927年2月举行总同盟罢工时,中共湖北区委就指出:"无论哪一个要想牺牲革命的利益满足自己的野心及专断,或与帝国主义者妥协与军阀妥协者都是革命的敌人,对于此等人们须作坚决斗争,因革命的危险不只发生在外面,也有时发生在内部啊!"[①]这是以陈潭秋为主编的《群众周刊》所发表的中共湖北区委告工农群众书,向人们提出了要警惕革命统一战线内部可能出现的向帝国主义与军阀妥协的敌人,并号召革命党人与之作坚决的斗争。

四一二反革命政变前夕,湖北区委指出:"在这反革命势力极力反攻,而革命势力内部发生叛徒的目前,形势的确是严重的。""我们在目前必须要求反对帝国主义到底;我们必须大家起来要求撤退上海英兵;收回租界;我们必须要求继续北伐铲除奉系军阀;我们必须要求肃清封建分子,严惩一切土豪劣绅;我们必须打倒一切背叛革命者,我们必须反对一切与反革命妥协者"[②]。

当时,武汉有一种谬论:说什么蒋介石叛变,"是因为工农运动的幼

[①] 《中国共产党湖北区执行委员会为上海事件告工农群众》,《群众周刊》1927年2月24日第11、12期合刊。

[②] 中国共产党湖北区委员会:《为目前时局告湖北农民》(1927年4月3日),《汉口民国日报》1927年4月4日。

稚病及革命运动的进展太快","假使没有工农运动,许克祥与夏斗寅是不会反的,政府的财政是不会困难的,甚至以为国民革命就可安安稳稳成功的","现在两湖的厄运——是我们革命基本势力——工农运动所造成的"。对此,中共湖北区委书记张太雷著文予以严厉驳斥,他说:"我们现在两湖的厄运是帝国主义勾结了中国大资产阶级所给予我们的"。不是"工农运动所造成的",不能"口口声声骂工农的幼稚与过火"。我们不应"忘记了抵抗反革命,或竟转而撤退自己的队伍",如果那样,只能是"长反动派之气焰","满足敌人的欲望",便会出现"革命的危机"。文章强调革命党人应积极支持农民的革命斗争,"一定要帮助农民来铲除此种封建势力","继续进行打倒劣绅土豪的运动","至于许克祥等类之叛变,更须以革命的军律处置"。文章指出,"湖北问题整个儿的解决","要靠北伐的成功","蒋介石势力的打倒",要打破"帝国主义与大资产阶级的经济封锁政策",巩固革命战线,强固"湖北的革命基础"①。

1927年6月10日,中共湖北区委发表宣言指出:我们革命的目的"是要打倒一切军阀,要打倒一切帝国主义,以完成中国的民族解放"。"现在一些旧军阀虽然打倒了,新军阀蒋介石却产生了。"蒋介石是"扰乱武汉的主谋者",我们必须"进一步讨伐蒋介石"。对于夏斗寅、杨森、许克祥等反动分子"到处惨杀工农","必然要给这些反动势力以大镇压,重新建立农村的革命势力,将农民武装起来以巩固革命的基础"②。为反对夏斗寅的叛变行径,武汉三镇举行了有60万人参加的声讨夏斗寅罪行的大会,董必武在声讨大会上严正指出:"夏逆为蒋介石的小走狗","讨夏便是讨蒋的一部分"。"革命民众最紧要的工作,便是镇压反动派。"③为此,共产党湖北省委发动和组

---

① 《张太雷文集》,人民出版社1981年版,第316、315—320页。
② 中国共产党湖北省执行委员会:《为欢迎北伐军凯旋宣言》(1927年6月10日)。
③ 《汉口民国日报》1927年5月20日。

织了工人纠察队、农民自卫军。董必武函请省农协派专员赴长江上游各县收集散存枪支,"以厚武装农民之实力",为挽救革命的危局而努力。

针对陈独秀反对武装工农的主张,湖北省农协在中共湖北省委的领导下,在毛泽东的指导下,于6月19日至21日召开了扩大会议,通过了《武装问题决议案》,决议指出:"如果我们没有自己的武装,来战胜这种万分严重的危机,整个儿革命的政权根本就会消灭。……我们深刻地相信,只有真正的工农武装,才能保障革命已得的胜利,……才能抵抗以至消灭反动派的武装!"陈潭秋以中共湖北省委代表的身份出席了这次省农协的扩大会议,在会上陈潭秋发言指出:"自蒋介石背叛革命以后,小军阀与土劣及一切反革命派勾结,到处屠杀农民,这个意义,不单纯是屠杀农民,简直是要根本推翻革命的党部和政府,因为农工是革命的基础",在这大屠杀中,我们共产党人,"决不畏缩,誓本革命初意,与各农友携手前进"。董必武说:"现在革命确实到了很困难的时期,……我们要设法克服这些困难,……我们只有不断的向前奋斗。"①

对于反革命势力的联合进攻和党内以陈独秀为代表的右倾思想发展为右倾机会主义错误并在党的领导机关中占了统治地位,中共湖北省委于1927年6月提出了自己的挽救革命危机的"工作要点",其主要内容有三个方面:(1)关于国共合作:中共与国民党真正左派、中央委员(如宋庆龄、邓演达等)及各省左派领袖合组革命同盟,发表共同政纲,以表示对修改孙中山的三大政策的不同意见。共产党人将负责到底,决不辞职退出政府,同时应劝说国民党左派勿消极,要为民众痛苦说话,停止纠正所谓"幼稚病"。陈潭秋在总结国共两党关系的经验教训时说:"自十三年国民党改组以后,非常亲密,互相携手,方有今日的成功。可是现在革命势力,又到生死关头,所

---

① 《汉口民国日报》1927年6月30、23日。

以惟有更亲密的合作，才有出头。"①（2）关于工人运动：军队、流氓捣毁或占据工会时，应请政府实行保护工农政策，以披露其面目。对资本家废约，则实行各个罢工抵抗。军队如占领省总工会，将由各工会请愿严办，如不得结果，即总罢工。总之，要保护工人已得利益，如遭破坏或捣乱，将予坚决抵抗。（3）关于农民运动：所有革命分子均应积极赞助农民运动，因无农运即无国民革命。农会应发表宣言，指出所谓"幼稚"与"过火"的论调，只能是给反革命以摧残农运的机会，"幼稚""过火"并非事实，无论是直接抑或间接反对农运都是违背孙中山遗愿的。要历述农民之痛苦，继续反对贪官污吏之剥削，实行秋季抗租减租运动。鄂北可武装农民上山，鄂东可招兵募夫，做好应变准备，以保存革命之基础。

但由于陈独秀实行家长式统治，推行右倾机会主义错误，革命形势日趋恶化。为应付突然事变的发生，1927年7月10日左右，中共湖北省委在汉口召开了武汉地区党团活动分子会议，省委书记张太雷和陈潭秋主持了这次会议，省委认为随着蒋介石、夏斗寅、许克祥的叛变，汪精卫集团很快也会叛变，我们要做好应付突然事变的准备。省委宣布：已经公开的党员立即撤出，或去苏联学习，或去九江追赶贺龙、叶挺的部队；没有公开的党员留下来坚持地下斗争。陈潭秋按照党组织的安排，顺江东下，去到江西，迎接新的战斗任务。

出任中共江西省委书记

1927年7月中旬，陈潭秋在武昌出席了党中央召开的一次紧急会议之后，就踏上了去江西的征程，登上了一只大木船。

---

① 《汉口民国日报》1927年6月9日。

7月的武汉天气十分沉闷，而当时武汉的政治空气更沉闷，陈潭秋愤然离开他曾长期战斗过的武汉，内心十分沉痛。但又想到自己将要参加武装起义，轰轰烈烈而又痛痛快快地与国民党反动派大干一场，心情又非常激动，默默地筹划着下一步的行动计划。

次日近午，木船停靠黄冈团风镇。陈潭秋按原计划登岸，岸上早有黄冈县委的胡亮寅、陈学渭在等候。见面后，他们立即召开了中共黄冈县委扩大的紧急会议。陈潭秋在会上传达了党中央准备在南昌举行的武装暴动的计划和中共湖北省委有关的指示精神，会议就黄冈党的干部撤退和转入地下斗争做了统一安排。会议决定转入地下的同志组织游击队坚持斗争。于是派陈顺之、王谷仁到武汉中学取回隐藏在那里的两篓手枪。一切安排就绪之后，胡亮寅、陈学渭与陈潭秋一道，于当晚上船继续东下，追赶南昌起义的部队。7月20日左右，他们经由九江到达了南昌。

1927年7月21日，中共江西省委在南昌松柏巷，召开了全省第一次代表大会，选举产生了新的省委。陈潭秋被推选为江西省委书记，汪泽楷任组织部长，宛希俨任宣传部长，吴振鹏任青年部长，徐全直任妇女部长，冯任为秘书长。委员有罗石冰等九人。当时，党中央已确定江西省委转入地下，配合南昌起义。为适应地下斗争的需要，江西省委机关设在南昌一个小酱园的业主徐老先生的家中，陈潭秋因而也装扮成商人，衣着打扮颇有点绅士派头。因为这家店主姓徐，陈潭秋也就改名徐国栋，宛希俨则改名为徐国梁。

不几日，当时任江西省警察局长的朱德向陈潭秋转达了党中央的决定，要求江西省委为南昌起义做好准备工作。于是，江西省委发动各人民团体成立了"南昌市民欢迎铁军大会筹备处"，积极做好各种接待工作。

8月1日凌晨2时，南昌起义指挥部响起了三声清脆的枪声，各起义部队根据计划，向敌人据点发起突然进攻。南昌的党组织和人民团体相继出动，有的协助起义军消灭敌人，有的在大街小巷贴标语，有的挨门串户，或宣传起义的目的和意义，或要求商户继续营业。到天亮时，战斗结束了，起义胜利了，整个南昌城一片欢腾，人们奔走相告。南昌起义在大革命失败的危难关头，打响了武装反抗国民党反动派的第一枪，标志着中国共产党独立领导革命战争、创建人民军队和武装夺取政权的开端。

这一天，商店照常营业，工人和市民们拥向街头，有的讲演，有的唱歌跳舞，有的贴标语，有的在街头演剧，宣传队、演讲队一队接一队走上街头，欢庆起义的胜利。

这天，起义前敌委员会宣布了以周恩来、恽代英、李立三、贺龙、宋庆龄、郭沫若等25人为委员的革命委员会成立。

8月2日，南昌市民和起义军三四万人，在南昌顺化门广场，召开了庆祝八一起义胜利和革命委员会成立的军民联欢大会。会场上红旗招展，人山人海，歌声、军号声、口号声、欢呼声交相呼应，响彻云霄。革命委员会在会上颁发了命令；任命张国焘为农工委员会主席，恽代英为宣传委员会主席，林祖涵为财政委员会主席，吴玉章、叶挺、贺龙等为秘书长，周恩来、刘伯承为参谋团委员（参谋团相当于军委），李立三为政治保卫处长，郭沫若为总政治部主任，张曙时为党务委员会主席，陈荫林被任命为农工委员会委员兼宣传科长。

8月3日至5日，起义军相继南下，陈荫林随军出发，与孔原一起共同负责行军途中的宣传鼓动工作。陈潭秋根据党中央的决定，留在南昌，继续领导江西省委，坚持地下斗争。

南昌起义部队撤离南昌后，反动势力加紧了对江西工农民众的迫害。反动政府通令取消一切民众团体的活动，到处捕杀革命分子和工农领袖。各地工会被封禁，大批工人被开除，即使在厂工人，也普遍减少工资，增加工时，过去争得的利益统统被取消。在农村，豪绅地主"还乡团"对贫苦农民进行反攻倒算，加租加息，逼债索款，随便拘捕关押农会会员，甚至无故打死农民。

江西的党组织，过去受右倾机会主义的影响较深，基础不牢固，在白色恐怖的情况下，很多基层组织瓦解了。这时，江西省委与党中央的联系隔绝了，虽划归长江局领导，但事实上江西省委基本上是独立开展工作的。

为使党组织适应地下斗争的新形势，中共江西省委在陈潭秋的领导下，于9月底着手清理整顿各地党组织。当时，全省计划分为六个特区，成立特别委员会，负责整理该管理区域内党的组织，指挥该区群众暴动工作。省委规定整理组织的任务是：（1）纠正过去机会主义的错误；（2）清洗不合格的党员；（3）改组各级党部，增加工农同志负责①。由于人员不够分配，只成立了赣北、赣西、赣南三个特委。赣东尚未成立特委。袁孟冰在赣西，任特委书记，吴德峰为赣北特委书记，汪群为赣南特委书记。经过两个月左右的紧张工作，在九江、鄱阳、永修、吉安、万安、临川、赣州、靖安、修水、余干等十余县成立了县委，九江县委书记是刘士奇，临川县委书记是曾延生。在宁冈、弋阳、横峰、乐平、瑞昌等地建立了特别区委。全省党员约2500人。

为了统一指导全省工农群众的革命斗争，在江西省委领导下，秘密成立了江西省农协临委，领导全省农民革命斗争；又以南昌总工会临时代行江西全总的职权，领导全省工人斗争。

在农村，党组织了秘密农协，进行土地革命的宣传。他们首先发动广大农民群众，开展抗租、抗捐、抗粮、抗债的"四抗"运动，准备在条件具备时举行农民武装暴动。为加强对武装暴动的领导，省委作了军事工作计划。计划规定把党领导的有影响的全省各种武装合并成立八个师，组成工农革命军。并制定策动反动军队倒戈的四项做法：（1）放弃上层政治工作，注意下层政治工作；（2）注意士兵的宣传，煽动他们倒戈，参加工农

---

① 《江西省委报告》（1927年12月），《中央政治通讯》1927年第16期。

暴动；（3）进行秘密的士兵组织；（4）注意下级军官的联络①。经过一段时间的酝酿和准备，先后在赣东的鄱阳、余干、乐平、弋阳；赣西北的修水；赣西南的莲花、宁冈、万安、泰和、遂川、永新、安福；沿南浔铁路的九江、星子、德安、永修等地爆发了农民的武装暴动。暴动虽遭到镇压而失败，但为以后开展游击战争，建立革命根据地打下了基础。

在城市，公开的工会组织遭到破坏，党又组织了秘密的工会组织，提出了"增加工资、减少工作时间，恢复'八一'以前的待遇，反对救济，反对屠杀工人的朱培德及其反动政府，工人管理工厂，建立工农苏维埃政府"②等号召，并在九江、南昌、吉安、赣州、景德镇等工人较多的城市开展了经济斗争。

经过几个月的努力，江西党的工作在陈潭秋的领导下基本上走上了正轨。为了总结党的工作经验与教训，明确党在当前的任务，江西省委决定于1928年一二月间召开江西省党的第二次全省代表大会。后来，由于陈潭秋调往江苏省委工作，大会推迟到1928年12月才召开。

---

① 《江西省委报告》（1927年12月），《中央政治通讯》1927年第16期。
② 《江西省委报告》（1927年12月），《中央政治通讯》1927年第16期。

第六章
CHAPTER SIX

到顺直去

巡视顺直省委工作

1928年春，陈潭秋和徐全直奉命由江西省委调到江苏省委工作。陈潭秋任省委组织部长，徐全直在省委妇女部工作。不久，陈潭秋夫妇又奉命调到中共中央组织部工作，陈潭秋任中共中央组织部秘书。

党的六大以后，周恩来兼任中共中央组织部部长，未设副部长，只设秘书，秘书协助周恩来处理组织部的日常工作，包括迎来送往，与各地党组织派来的干部接谈，以及干部调配，党组织的发展与整顿等大量工作，十分繁忙。实际上这时的秘书就是副部长。

陈潭秋调到中央组织部后，住在上海北四川路，组织部机关设在张文秋家里，陈潭秋到中央组织机关来工作经常要化装前往，但日子一长，难免被敌人发现。一天，陈潭秋被敌人的密探所窥视，处境十分困难。鉴于这种情况，党中央决定派陈潭秋以中央巡视员的身份，到顺直巡视工作。

这时，北方局工作正需要加强，其中最突出的是顺直问题。这是一个在党的全局工作中有着举足轻重地位的棘手问题。中共中央政治局在向六届二中全会所作的《工作报告纲要》中指出："顺直问题是中央开始工作之第一个最严重的问题，这个问题发生于党在非常涣散的时候，这个问题不能很快的得着正确的解决，不独北方工作不能发展，并且全党涣散的精神都不能转变。"[①] 于是，北方局请求中央派得力干部前往顺直巡视工作。

顺直是指北平（曾名顺天府）和河北（曾名直隶省）。顺直省委的工作范围比这还要大，它包括：河北、山西、北平、天津、察哈尔、绥远、

[①] 《中央政治局工作报告纲要》，《中共中央文件选集》第5册，中共中央党校出版社1990年版，第160页。

热河、河南北部和陕北等广大地区。顺直省委的工作，自李大钊遇难以来，长期没有能打开局面，党内个人意气和派别的纷争，越演越严重，矛盾错综复杂，问题越积越多。1928年1月省委改组以后，直隶省的一部分党员在正定地区组织了第二省委。顺直省委的工作已到了难以开展的地步，急需由中央派人重新整顿党的组织，打开新局面。

陈潭秋奉党中央之命，于1928年6月26日，从上海乘海轮前往天津。6月29日到达天津，在租界找了一个旅馆住下。然后，按预定联络信号去接关系。当时，国民党新军阀在津京地区加紧了对革命势力的镇压，白色恐怖比以前更加严重。几经辗转，直到7月7日，陈潭秋才与顺直省委接上关系。

7月9日，陈潭秋参加了顺直省委常委会议，听取了顺直的党务工作报告，并传达了中央指示精神。他说：中央派我巡视顺直工作，任务是什么呢？"中央因久未接到顺直详细报告，只嘱我去考查实际情形，酌量指导并帮助顺直整理一切工作"，并嘱我注意，"（1）北方民众对国民党有很大的幻想，应加注意；（2）发展北方民众反帝运动；（3）注意领导小资产阶级的斗争（如抗捐税争自由等），使之脱离国民党影响，到我们影响下面来；（4）召集顺直扩大会议，确定正确的政治路线与工作方针；（5）目前北方职运策略应是有组织的加入反动工会，领导斗争，争取群众，揭露国民党的罪恶。"①顺直省委常委会议认真研究了中央精神，一致决定7月22日召开常委扩大会议，研究今后方针。

7月11日，陈潭秋应邀出席了全国铁路总工会的会议，并在会上讲了话。这次会议确定："以铁总名义发表宣言，以欠薪问题为中心，开展发动群众斗争。"②

---

① 陈潭秋：《关于巡视顺直工作报告》（1928年9月9日）。
② 陈潭秋：《关于顺直党的现状》（1928年7月11日）。

同日，陈潭秋向中共中央写了巡视顺直的第一个报告——《关于顺直党的现状》，在报告中他说："顺直党过去完全在机会主义下生活着，尤其是前年国民军在京津时，整个的党变成了国民军的宣传机关。一切工作以国民军作主体，借着国民军的势力去发动，民众的斗争均被我们自己压制着，不去发动。在国民党北伐时期又等着北伐的到来，一切工作与群众斗争都静候总的解决。这种为人作嫁及等待政策的影响，不但养成了群众对国民党的幻想，党的政策及党员群众都走到错误的路上去了。在那个较长的时期中，群众的大小斗争均未发动。虽有好的客观条件，都葬送在替国民党捧场与等待政策中了。党员的观念与党的政策一直到今年春季仍是党的国共合作时期的旧路。""八七会议以后，荷波等北来，为纠正过去不斗争的错误又矫枉过正的不顾主观力量与客观形势，贸然决定总暴动。实际上又犯了'左'倾机会主义的错误。""上次顺直的改组（指1928年1月顺直省委的改组——引者注）应是扫除机会主义，重新确定顺直党的正确政治路线，改造党的组织，建立党的基础的一个绝好机会，乃适得其反。现在，顺直党各种不幸的现象，积重难返，都不能不归根于那改组会中及改组会后的恶劣影响。换言之，和森同志不能不负这恶劣影响的责任。述之的错误固不待言，但和森同志指导这次改组也犯了不少的严重错误。其主要的错误，是将这次改组会的任务以倒彭（即彭述之——引者注）为中心。既没有确定顺直党的政治路线，对机会主义的解释又不正确，以致弄得现在无奇不有的现象。"①

蔡和森在检查自己的错误时说道："我个人的错误：（1）最根本的是极端民主化的错误，来源于小资（产阶级）急进主义。（2）组织方面对过去机会主义的纠正（走）到另一极端去了，使群众更不相信党了，还有号召恢复老同志一点也有错误。（3）工作方法教育等都无甚成绩，并未将同志政治的认识提高起来，我的确是如少奇所说缺乏常识，故对同志的许多

---

① 陈潭秋：《关于顺直党的现状》（1928年7月11日）。

错误未注意纠正，反对机会主义和教育也做的不好，对一般的教育亦无甚成绩。（4）个人个性对许多问题非常简单化，对不严重的问题不大注意，这也是由于极端民主化的缺点，以致许多地方作了群众的尾巴，现在才可以对有些同志下断语说他们是群众中之落后的。（5）缺少经验与常识。""一切责任应当通通是我负了，应该将我的错误公布出来，我做指导工作的确不够，能力经验都不够。"①

对于整顿顺直党的问题，陈潭秋提出自己的积极主张，他说："顺直的根本问题是党的本身问题。顺直工作整顿的办法，应当从整顿党入手。更具体的意见，我以为应当是：（1）确定顺直党的政治路线。（2）补充省委，建立健全党的指导机关，实行集体的指导。（3）建立党的纪律，正确的实行民主制。（4）整顿各级组织，严格登记。（5）培养干部。（6）密切各级关系，省委常委须轮流有二人或三人经常巡视。（7）加紧宣传工作。"陈潭秋明确指出，顺直的问题是："没有正确的政治路线；纪律废弛；没有整个的工作计划；各级组织仅有形式；省委与各县委的关系太不密切；干部人才太弱，而且缺乏等等。"② 会后，陈潭秋同刘少奇等为召开顺直省委扩大会议，做了一系列的准备工作。

关于顺直工农运动的现状，通过进一步考察，陈潭秋了解到：北京自1927年10月大批同志被捕后，就没有职运工作。天津仅有很小很小一点基础，经过几次斗争，也完全瓦解了。唐山有一点不生不死的基础，没有什么工作。其他各地简直说不上。北方工人群众对国民党国民军的幻想较为浓厚，在北伐军未打到京津以前，群众等待国民军到来，国民军抵京津时，群众抱有很大热望，要求组织工会，改良待遇。当时国民党内部各种

---

① 蔡和森：《关于顺直问题的口头报告》（1928年9月15日），《中央通讯》1928年第1期；《蔡和森的十二篇文章》，人民出版社1980年版，第158—159页。
② 陈潭秋：《关于顺直党的现状》（1928年7月11日）。

冲突非常严重，蒋介石想组织御用工会为个人的武器，冯玉祥专门拉拢反动工人领袖为拥护自己的工具，阎锡山、白崇禧则根本不要工人，严厉地施行高压政策。因此，工人对国民党的幻想打破了不少。经过党的一段时期的工作之后，直到1929年，工人阶级的斗争才有了广泛和深入的发展，但大多数斗争是经济斗争，只有少数是直接反对卖国贼、贪官污吏和国民党的压迫，斗争的发展趋势，正从轻工业到重工业，从日常生活的小问题到总的经济问题的实现。

至于农村，连年不断的军阀战争，干旱、饥饿和不堪重负的苛捐杂税，仅井陉地区捐税名目就有50多种，因此，加速和促进了农村经济的破产，不仅贫农，连中农和富农也面临破产，直隶自耕农占有很大的比例，大地主和佃农的数量很少，而半地主式富农较多，所以，农民当前普遍的要求不是土地，而是废除繁重的捐税。农村经济的破产，土地所有权正从贫农转到富农手中。国民党各县党部都掌握在一小撮新乡绅手中，农民运动自1927年的暴动失败后，至今尚未恢复过来。

正当顺直省委在陈潭秋领导下，准备召开扩大会议之时，接到了中共中央7月7日的来信。中央的信中认为：顺直省委纠纷甚复杂，主张停开扩大会议，并指示陈潭秋会同刘少奇帮助省委纠正过去的错误，协同工作。同时，来信要陈潭秋去保南巡视一趟，同保南负责人到省委讨论解决保南问题的办法。然后，会同刘少奇与省委、保南两方面的负责人一道，将解决的意见拿到中央去研究，以彻底解决问题。

接到党中央上述指示后，陈潭秋立即与刘少奇（先期派来顺直的中央巡视员）交换意见。陈潭秋诚恳地谈了自己的看法。他认为：召开省委扩大会议，"纠正党内过去一般的错误，重新确定顺直党的政治路线与工作方针"是当务之急。他说："在我到天津两个星期以前，顺直省委已经感觉到工作的错误与缺点，以及党内的危机，曾经提出党务问题，经过三四日长期的批评与讨论，大家都有积极整顿的决心，并决定召集扩大会议作全盘的整顿。"再者,"据省委及 C.Y. 同志的报告,保南方面大多数同志是积极的,他们诚意要求召开全省代表大会或中央派人召集扩大会议解决"问题。陈潭秋还认为,中央之所以有 7 月 7 日来信,是由于"我到天津时,C.Y. 顺直省委代理书记尹裴同志赴沪将顺直党的状况向中央作了一个报告"的缘故。至于"保南的问题能在扩大会议中解决固好,即不然,也不应因保南问题,放弃全省工作的整顿。且会期已近,事实上也非开不可"。陈潭秋进一步说:"我觉得保南问题或可在扩大会议中得到大体的解决,如万一不能解决,再执行中央所指示的办法"①也不迟。陈潭秋这些契合实际的分析,得到了刘少奇的完全赞同。于是他和刘少奇一面联名向中央写信,阐明自己的看法,请求中央批准;一面积极准备扩大会议的工作。

经过紧张的筹备,1928 年 7 月 22 日,顺直省委扩大会议在陈潭秋的主持下,正式开幕。出席会议的有刘少奇、韩连惠(后叛变)、王文藻及省委委员、各地指定出席的代表(包括河北乐亭、察哈尔等地代表)及要求旁听者共 27 人。鉴于顺直党内意见分歧、思想混乱状况及一月改组会议的教训,陈潭秋认为扩大会议应集中解决几个迫切需要解决的问题。他把会议参加者分为政治问题决议案、组织问题决议案、职工运动决议案、农运决议案四个讨论委员会,先由各委员会分组详细讨论,作出初步决议案,交会议最后讨论通过。

在会上,陈潭秋一再向到会代表说明扩大会议是要"纠正党内过去一般错误,确定正确的政治路线与工作方针",他引导会议向"积极的、前进的、建设的"方向发展,认为会议不应当被消极的非政治的个人是非所干扰。在扩大会议中,他注意"发展积极的讨论,使会议的注意力也完全集中到积极的方面来,对于过去的错误的批评也尽量着重于有重大政治意义的问题,讨论时更极力避免对个人的意气攻击,而加重组织的责任。自

---

① 陈潭秋:《巡视顺直工作报告》(1928 年 9 月 9 日)。

然应由个人负责的错误仍归之个人。因此，对于省委及个人的错误及保南问题，均先在小委员会中作详尽的批评与讨论，将结论向扩大会报告，并抽出有重大政治意义的问题，重新讨论，其他关于小的技术问题，只要已包含在结论中的即不补充讨论"①。

在陈潭秋的正确引导下，省委扩大会议对省委过去所犯的错误的责任问题，作了实事求是的分析，通过了"顺直目前政治任务""组织问题""职工运动""农民运动""士兵运动"及"纪律问题"六个决议案。由于会前进行了充分的准备，加上会议主持的正确引导，会议对省委过去的错误分析是实事求是的，对干部的组织处理是恰当的，大家心服口服，会议开得比较顺利，正式会议仅一整夜就解决了问题。整个会议于7月23日胜利结束。

由于旧省委存在的问题，代表们不信任他们，扩大会议决定改组顺直省委。陈潭秋和刘少奇根据掌握的情况，广泛听取到会代表的意见，共同提出了一个有个别旧省委委员参加的新省委委员的名单。在表决时，会议一致通过了这个新省委委员名单。

这次扩大会议，停止了"左"倾的暴动政策，制定了正确的政治路线，改组了省委，加强了省委与各县的联系，对克服当时顺直党内的混乱起了一定的作用。但这次改组，北京东部地区的玉田、遵化、唐山、乐亭四县的党组织的一些人又成立了"护党请愿团"，不承认新的省委，要党中央派人来组织特委。

贯彻中共六大决议精神

1928年8月，陈潭秋回到上海，于9月9日将巡视顺直的情况向党中

---

① 陈潭秋：《巡视顺直工作报告》（1928年9月9日）。

央作了详细的书面报告。10月上旬,出席党的六大、被选为中共中央秘书长的李立三回到上海,他要求陈潭秋再次回到顺直,传达、贯彻党的六大决议精神。陈潭秋没有出席在莫斯科召开的党的第六次全国代表大会,但在后来的六届三中全会上,被增选为候补中央委员。他再次去顺直,是以中共中央特派员的身份去领导北方局工作的。当时,党中央决定撤销党的北方局,由中央特派员陈潭秋、刘少奇、韩连惠三人以"潭少连"的名义代行北方局的工作,韩连惠任书记,刘少奇主管组织,陈潭秋主管宣传,詹大权任秘书。

10月13日,陈潭秋再次来到天津,再次巡视顺直党的工作。陈潭秋首先与刘少奇、韩连惠一起学习讨论中央指示精神。10月28日,陈潭秋与刘少奇、韩连惠联名去函京东傅蔚如,通知暂停京东党的一切活动,停止顺直省委职权,顺直所有一切工作,暂由"谭少连"直接负责处理。信中指出:"目下顺直省委能力薄弱,工作成绩毫无,并作了不少的技术上的错误,信仰完全失去,已经没有指导工作及解决问题的可能,我们已经决定即刻停止省委职权"。"你们京东同志反对省委的出发点是错误的,只在消极的个人的小问题上反对省委,没有积极的全盘的在党的政策上和组织上提出建议,极端民主化的倾向,以及个人的纠纷问题等,都在你们及其他反对省委的问题中表现出来。我们认为这是党内小资产阶级意识的充分表现。我们已经在与你们的谈话中详细的批评过、解释过。但是,你们并没有诚意接受停止反省委的活动。因此,我们决定暂时停止玉田、唐山、遵化、乐亭等地党部的活动,并停止你个人的活动。""顺直的党需要彻底的改造,但是目前在顺直尚无造成布尔什维克党的基础。我们已建议中央在顺直组织特别委员会处理一切工作"。"在省委职权停止之后,中央特委尚未组织之先,所有一切工作,暂时由我们直接负责处理"[①]。

---

① 《停止京东党的一切活动》(1928年10月28日)。

1928年11月8日，陈潭秋向中共中央写了第二次巡视顺直省委工作的报告，他说："在一月改组会以前，顺直的党完全被小资产阶级知识分子的意识所支配，所以，在政治上与组织上发生了极严重的机会主义的错误"。一月改组会以后，顺直党"在政治上又走到了盲动主义的道路。在组织上发生极端民主化的错误，而机会主义的错误仍然存在"。七月扩大会又忽略了对小资产阶级意识的改造，使之转变到无产阶级方面来，创造真正无产阶级的党。陈潭秋报告说："藻文同志回到顺直，大讲个人的活动，竭力作反对省委与扩大会的宣传与煽动，极力与被省委开除或处分的同志拉拢，挑拨鼓动与省委为难。接着就是京东三县（唐山、玉田、乐亭）少数知识分子的干部，借个人的或经济的问题，在下级煽动组织所谓京东代表团作救党运动，向中央请愿，反对省委及扩大会，所以，省委由扩大会到现在这个期间，完全被这三个问题所苦，积极方面的工作丝毫没有执行"。陈潭秋说："所以，我和少奇同志会商的意见，主张一面由中央组织特别委员会，处理顺直一切问题，一定期间以内（三个月至半年）切实整理下级党部，筹备全省代表大会，一面在中央特别委员会未到顺直以前，由我们帮助省委整顿工作，这是第一次的决定"。以后，"我又和少奇约同中央委员韩连惠同志会商的结果，决定暂时停止省委的职权，并停止京东四县（唐山、玉田、遵化、乐亭）的活动。其他各县市工作，由我们三人直接指导。"①同日，陈潭秋又写了致中央常委的信，请示关于顺直问题的处置办法。11月17日，又向中央报告了为什么要停止顺直省委职权的认识与意见。并向党中央建议："（1）完全批准我们所决定的顺直党的组织路线（当然有更多的补充更好），（2）由中央直接改组省委常委，（3）予改组后的常委以处置顺直问题的全权，（4）立即解散京东代表团，并令常委组织四县县市委，（5）训令顺直全体同志停止一切纠纷的活动，（6）代表大

---

① 《巡视顺直工作报告（二）》（1928年11月8日），《中央通讯》1928年第1期。

会须待各地有相当基础后举行。"①

接着，他们分头去各地调查，听取党员群众和基层干部的意见。刘少奇去唐山，徐彬如去平绥线，陈潭秋则沿平汉线，到保南、保北进行调查。经过半个多月的实地了解，他发现保定地区党组织的根基依然存在，工农群众是向着党的，不像他在省里听说的那种情况。12月初，调查工作结束，返回天津。12月6日，陈潭秋与刘少奇、韩连惠联名向党中央写了《关于北方党纠纷问题》的报告。12月11日，在汇报会上，陈潭秋详细地汇报了巡视保定地区党组织的情况。所有这些，都为如何更好地贯彻执行党的六大决议精神做了充分准备。

由于顺直问题越来越严重，11月27日，中央政治局会议决定派周恩来去顺直巡视。处理顺直党这个棘手问题的担子就落到周恩来的肩上。陈潭秋也接到党中央来电，得知周恩来即日来津，传达党的六大精神，解决北方党的问题，非常高兴。

12月中旬的一天，周恩来化装成商人，身穿长袍马褂，头戴礼帽，留着胡子，从上海乘轮船来到天津。顺直省委派徐彬如到码头去接他。周恩来下得船来，提着行装，挤在旅客中。熟悉周恩来的徐彬如一眼就认出来了，接过周恩来手中的行装，让他在党的秘密机关长春旅社稍事休息后，领着周恩来住进了日租界的北洋饭店。

次日，陈潭秋、刘少奇和张昆弟等人到饭店会见了周恩来，老战友见了面，分外高兴，彼此交谈了分别后各自的情况。后来陈潭秋向周恩来汇报了北方局的现状和扩大会的筹备情况，刘少奇、张昆弟作了一些补充，最后确定省委扩大会议于12月下旬召开。会议准备工作的分工如下：陈潭秋负责会议文件的起草；刘少奇负责组织人事和代表资格的审查；周恩来负责政治报告的起草，主要是传达党的六大决议精神。

---

① 陈潭秋：《关于改组顺直省委的请示报告》(1928年11月17日)，《中央通讯》1928年第1期。

1928年12月下旬，顺直省委扩大会议，在天津法租界西开教堂后大吉里开幕。会议由陈潭秋和刘少奇轮流主持。周恩来在会上作了政治报告，传达了六大精神，并结合北方党的情况，讲了如何贯彻六大决议的问题。陈潭秋就顺直党的现状及当前任务作了报告，他指出：北方各地的党组织是有基础的，广大党员干部也是好的，同南方比较起来，白色恐怖对党组织的摧残及破坏，相对地说比较少些，主要问题是省委领导受"左"倾盲动主义路线影响，路线不够端正，领导成员不能按民主集中制的原则办事。北方党组织当前任务，就是要认真贯彻党的六大的政治路线，实行"积蓄力量，以待时机"的方针，整顿党的组织，发展党的工作，迎接革命高潮的到来。

陈潭秋的上述分析，周恩来基本同意，并得到与会者的赞同，被补充到政治报告中了。刘少奇在《错误观念的纠正》一文中说："当时为请求中央派人到顺直改造顺直党的问题与省委同志争论了很久。但我这次又到北方，这个路线比较更加确定。因此我赞成停止省委职权及京东四县的活动，请求中央组织特委来顺直指导工作的办法，并发表了怎样改造党的文章。后来经过和潭秋同志辩论又到中央经过长久详细的辩论之后，才了解我对于顺直党改造路线的错误"。"在路线的原则上就犯了取消一切的偏向"。"想不在这些麻烦问题中来找出路，……就否认在党的旧基础中能找到改造党的出路。"①

会议通过了由陈潭秋主持起草的、周恩来最后定稿的《顺直党的政治任务决议案》《顺直党务问题决议案》《顺直省委职工运动决议案》《顺直省委农民问题决议案》《顺直省委青年工作决议案》《顺直省委妇女工作决议案》等。

会议根据党中央的指示，组织了新的顺直省委（即北方局）。韩连惠

---

① 刘少奇：《错误观念的纠正》（1928年12月8日），《出路》1928年第2期。

任书记，陈潭秋任宣传部长，张金刃（即张慕陶）任组织部长，张兆丰任军委书记，郝庆玉任农委书记，张昆弟任工运书记，郭宗键任秘书长。

这次会议，对于革命低潮形势下的北方党组织，恢复党的工作，坚持正确路线，开展正确的党内斗争，起了积极作用。周恩来说：我"这次去后，大家接受了中央意见"。"这次仅是作了一个初步的教育。大家都以为不能闹了。一般同志现有一个兴奋。能否找到出路，要看他们按照决议去工作"①。

会后，陈潭秋在省委领导下，围绕宣传贯彻六大路线和省委扩大会议精神，下到基层，了解情况，恢复各地工作，进行了大量的宣传教育工作。党的六届二中全会，对这一时期顺直党的工作曾有一段恰如其分、实事求是的结论："在顺直党的历史上，已经酝酿着很复杂的纠纷，到了六次大会的前后更加广大的爆发起来，使顺直党成为破碎零离的现象。中央经过极大的努力，派人巡视，召集几次顺直的会议，特别与这一错误的倾向奋斗，最近得到了顺直全党同志的拥护，才把顺直的党挽救过来"。"现在的顺直党，已经较以前为进步"，"党的生活向着发展工作的路线上前进"。这是对陈潭秋巡视顺直省委以来工作的充分肯定，虽然这期间曾一度"犯了命令主义与取消主义的错误"②，但其工作成绩是主要的。

《出路》创刊

在巡视顺直工作时，陈潭秋了解到，由于顺直省委"没有正确的政治路线，使党员群众都觉无出路"③，省委本身"没有整个工作计划"，党在群

---

① 周恩来在中共中央政治局会议上的发言记录，1929年1月15日。
② 《中央政治局工作报告纲要》，《中共中央文件选集》第5册，中共中央党校出版社1982年版，第149—150、162、161页。
③ 陈潭秋：《关于顺直党的现状》（1928年7月11日）。

众中没有独立的宣传,"什么是共产党?共产党的主张怎样?群众丝毫不知道"①。为此,创办党刊,向党员群众指明"出路",向工农群众宣传党的政治主张,就是十分必要的了。

在陈潭秋的主持下,1928年11月,创办了顺直省委党内刊物,定名为《出路》。陈潭秋为《出路》创刊号写了发刊词,为第二期写了"卷首语",他指出:《出路》是顺直党内教育训练的刊物,宣传党的决议,介绍党内训练方法和经验。它对一些党内有分歧的问题,采取辩论的方式,各抒己见,以统一思想认识,把那些不好的倾向,在斗争中洗刷净尽。"对于顺直党的出路","到了解决的时期"了,现在中央有明确的指示,详细的分析,具体的办法,希望同志们充分发表意见,以达到建立"党的无产阶级意识"的目的。党中央的指示、决议在该刊上发表,供党员群众学习、讨论,贯彻执行。周恩来、刘少奇和陈潭秋等也在该刊上发表了重要文章。在"卷首语"中,陈潭秋号召:"同志们!更要负起新的工作责任,艰苦耐劳去做群众工作——尤其是在工人群众中"②。

在《出路》第二期上发表了伍豪(周恩来)《改造顺直党的过程中几个问题的回答》、赵启(刘少奇)《错误观念的纠正》、中央致顺直省委函——《中央对顺直党改造的路线》等。

《出路》第五期上发表了秋(陈潭秋)《打破群众对国民党的幻想与争取群众》的文章,陈潭秋在该文中指出:"群众对国民党的幻想并未完全打破","群众虽然打破了对国民党的幻想,但并不就会跑到共产党方面来"。"国民党,特别是汪、陈派的改良主义的欺骗宣传,在顺直已经收到了很大的效果,已经取得了一大部分群众对他们的同情,这确实是我们争取群众最大的障碍,但我们也不要过于悲观,只要努力深入群众,只要策

---

① 陈潭秋:《巡视顺直工作报告》(1928年9月9日)。
② 《卷首语》,《出路》1928年第2期。

略运用得当，群众对国民党的幻想，确实容易打破，也容易跑到共产党方面来。"文章以大量的事实说明"要打破群众对国民党的幻想，平时作反国民党的宣传，固然要紧，但发动群众的斗争，在斗争中揭破国民党的假面具，更是主要的，切实的工作"。"仅仅打破了群众对国民党的幻想，还是不够的，还不能使群众就自然会跑到共产党方面来，必须将共产党的真正面目给群众看（但这并不是说要拿共产党的招牌去宣传群众，乃是要拿党的政治主张去争取群众），群众一面打破了对国民党的幻想，同时又认识了共产党的真面目，这才真会跑到共产党方面来"。文章最后指出："只有发动群众的斗争，才能打破群众对国民党的幻想，只有加紧党的政治宣传，才能争取群众到党的方面来"①。《出路》上发表的中央指示文件和一些重要文章，对北方党的建设起了重要作用。该刊从创刊到1929年8月被迫停刊止，共出刊13期。

与此同时，在顺直省委宣传部及陈潭秋的直接领导下，到1929年6月为止，还出版了《工人画报》（已出至第七期）、《北方红旗》（已出至第四期）、《士兵呼声》。编印了《打倒国民党》《什么是改良主义》《反奉斗争的经过与教训》《革命常识》等数十种小册子。另外C.Y.（共青团）顺直省委还发行了《青工小报》；济难会出版了《星星》；北京市委出版了《斗争》（政治鼓动刊物）、《工人周报》等。还有一批在党的影响下公开出版的刊物，如《人言》《健行》《新政治》等。各地中心县委和市委也相应地办了一些宣传刊物。这些刊物对宣传群众，教育群众，组织群众，贯彻执行党的六大路线起了积极作用。

自从陈潭秋巡视顺直工作以后，在顺直新省委领导下，经过近一年的努力，北方党的工作，有了很大的进步。

首先，党在群众中有相当的政治影响。陈潭秋指出："最近几月来，

---

① 陈潭秋：《打破群众对国民党的幻想与争取群众》，《出路》1928年第5期。

党才开始群众工作,在群众中有相当的政治影响,党在群众中的组织力量,比前一时期,稍稍有点发展"。

其次,党内各种错误观念与倾向,已纠正了不少。陈潭秋说:"党的内部在最近期间确实有一个进步!政治水平已有相当的进步,尤其一般干部同志对于政治的兴味与认识,确实提高了很多,对于党的观念与认识也加强了很多,过去各种错误观念与倾向,已纠正了不少。许多过去表现得很不好的干部,现在在工作中逐渐转变过来了"。

再次,过去党内无原则的纠纷,也大部分克服了。"只有经济问题与工学界线仍有小部分的存留"①。

1929年7月中旬,陈潭秋接到中央指示,调他去党中央工作。

---

① 陈潭秋:《中共直隶省委最近工作状况》(1929年6月2日)。

第七章
CHAPTER SEVEN

在党中央工作

巡视青岛

陈潭秋奉调到上海党中央工作的时候，党的六大已经开过一年了。在六大精神指引下，革命形势不断发展，迫切要求加强党对群众斗争的领导，然而产业工人比较集中的青岛（甚至包括山东省）、满洲（东北三省）等地党组织屡遭破坏，中央不能及时得到那里的报告，对那里群众斗争情况不甚了解。为此，党中央认为必须派得力干部，前往青岛、满洲，尽快了解该地区群众革命斗争情况，传达党中央最新决定，指导当地党的工作。中央经反复磋商，认为陈潭秋去最为合适。

1929年8月中旬的一天，陈潭秋乘海轮离开上海前往青岛，开始了巡视工作。

青岛，是陈潭秋这次出巡的第一站，中央原定任务有四：（1）传达六届二中全会的重要决议与中央指示精神；（2）传达党中央对中东路事件的策略；（3）帮助青岛市委指导日资工厂罢工斗争；（4）考察并指导青岛市委的经常性工作[①]。

1929年8月19日下午，陈潭秋抵达青岛市。当晚，会见了青岛市委书记党文容，商定在青岛巡视的工作日程，并初步了解了青岛市工作情形。他在青岛先后八天，除分别找同志个别谈话了解情况外，还召开了各种会议。

20日，陈潭秋在党文容家开会，研究了山东全省工作现状及山东临时省委的组建问题。鉴于山东省委已遭破坏，大家同意组织临时省委。

21日，召开了临委成立会，决定由王尽美、党文容、曹克明三人组成临时省委。王尽美任书记兼组织部长，党文容任宣传部长兼青岛市委书记，曹

---

① 陈潭秋：《巡视青岛总报告》（1929年10月18日）。

克明任巡视员。山东临时省委暂设青岛市。会议讨论了全省工作的初步布置，决定以青岛、济南、淄博（淄川、博山）、潍县、德州、泰安六处为山东全省中心工作区域，并对各中心区的整顿和建立，作了具体部署。会议还讨论了改组青岛市委，改善市委与基层支部关系，加强斗争观念，在斗争中发展组织，以及领导日资工厂工人斗争等问题。会议决定8月22日讨论中东路事件和贯彻六届二中全会决议等问题。8月23日，召集改组后青岛新市委会，后因与社会主义青年团的会议时间冲突，改在25日下午及晚上进行。

陈潭秋的青岛之行，协助山东党组织建立了山东临时省委，改组了青岛市委，整顿了山东党的工作，确定了山东党组织的斗争任务与斗争策略。与此同时，陈潭秋还对山东、青岛的政治经济概貌、党的组织状况、群众斗争情绪等作了比较详细的考察与了解，先后两次及时向党中央作了报告。10月上旬，陈潭秋回到上海后，又于10月18日再次向党中央写了系统的总报告。

关于青岛市政治经济概况，陈潭秋认为：青岛虽然在名义上交还了国民政府，但在经济上、政治上实际仍由日本帝国主义支配。在工业方面，青岛七个纱厂，有六个是日本的；胶济路虽然交还我国管理，但高级管理人员仍多由日本人充任，铁路支配权仍操在日本人之手；其他各种工业，也不少是日本人的企业；全市商业，日本人几乎占了一大半。中国商人只有在日本经济势力之下图生存。领海权更在日本控制之下。市政府在许多政治事件上，必须执行日本帝国主义的命令（如派警察帮助日本海军驱逐工人出厂、禁止工人离开青岛等）。青岛群众饱尝日本帝国主义的压迫，青岛收回后，又加之市政府的重税苛捐，被逼到非斗争不可的地步。以前幻想在国民党帮助之下，与帝国主义进行经济斗争，现在则不能不同时作反统治阶级的斗争①。

关于青岛的组织状况，陈潭秋向党中央报告说：青岛的党过去完全是

---

① 陈潭秋：《巡视青岛总报告》（1929年10月18日）。

在和平的路线之下发展起来的，党与群众都没有斗争的经验，一旦斗争发生，党手足无措，不能积极地去领导，党的组织不但不能在斗争中谋得发展，反表现逐渐削弱的现象，并且斗争一来，同志多表现动摇、消极、畏惧，不敢而且不愿在群众中活动，领导群众斗争。支部里异常幼稚，在群众中不能发生丝毫作用，尤其没有注意中心支部的建立。党没有宣传鼓动工作，党在群众中的影响几乎等于零。市委与下级的关系非常隔膜，对群众的情形更是隔膜。完全没有群众工作，尤其是群众的组织工作，主观上完全放弃不理。党在胶济路工人群众中过去有好的影响，但是没有把它继续扩大起来。关于党的组织现状，陈潭秋的报告说：青岛现有同志20余人，计四方机器厂两人，大康纱厂两人，银月纱厂一人，钟渊纱厂三人，此外，电话、木厂、港政局各一人，店员两人，近郊农民六人，知识分子五人，码头两人，政府机关一人，其他两人。这些同志完全在散漫无组织的状态之下，有些过去虽有支部形式，但很久不能召集开会，同志在群众中一点活动也没有。市委常委三人，一为四方机器厂徐同志，但他实际上不能负担工作，并且近来担任了国民党特别区党部的工作，其余两人为孟尽仁与克明，事实上很难与群众接近，只好坐在屋子里清谈。

经过山东临时省委讨论，决定改组青岛市委、改善市委与支部关系、注意建立中心产业支部、创造健全的支部生活，在群众斗争中发展党的组织等八项整顿办法。

关于日资工厂的工人斗争，陈潭秋向中央报告说：山东临时省委为加强对这一工潮的领导，决定由党团省市委及党团日资工厂支部组成日资工厂斗争行动委员会，负责进行此次斗争，并拟定行动大纲（九项），其要点是：省临委确定此次工潮总策略路线是将这次工潮与中东路问题，反帝、反国民党和工整会①等联系起来，逐步形成工人组织自己的工会，建立赤

---

① 指大革命失败后国民党成立的所谓工会整顿委员会。

色工会的基础。规定斗争的总口号是"为吃饭而斗争""为反帝而斗争""为争自由而斗争"。行动的总策略是尽可能把党的秘密工作与公开工作结合起来，争取群众公开活动，在斗争中发展与壮大党的组织，使党的支部在群众中发挥领导作用。至于复工问题，省临委提出：（1）原有工人一律复工；（2）复工后不得借故开除工人；（3）停工期间工资照发；（4）增加工资，改良待遇，减少工时；（5）释放历次被捕工人；（6）工人有组织自己工会与纠察队的自由。陈潭秋认为，日资工厂工人斗争，必然能够达到下列目的：（1）群众的阶级觉悟提高，斗争的意识加强；（2）群众更加了解帝国主义的狰狞面貌，激起强烈的反帝情绪；（3）暴露国民党、工整会欺骗压迫的假面具，及其出卖工人阶级利益，投降帝国主义的丑态，打破群众对国民党的幻想；（4）通过斗争锻炼，群众必然走上自己组织工会的道路。总之，这次工潮对于我们确是极好争取群众的机会①。

陈潭秋在报告中指出，山东临委目前在组织上的最大任务是：（1）直接指导青岛市工作，尤其是日资厂斗争（但市委仍须存在）；（2）恢复整理各中心区域工作；（3）恢复济南工作、并找社会关系建立机关，准备临委迁回济南②。

陈潭秋在青岛巡视期间，工作十分繁忙紧张，每次会前他要拟写报告提纲，会上要与同志们一道参加讨论，给予及时的具体的指导，会后还要找同志个别谈话，做调查了解工作，还要及时地详细地向中央报告。他夜以继日地工作，巡视青岛第一次向党中央的书面报告，就是在8月23日深夜3时写完的。8月25日，陈潭秋下午开了三个小时的青岛市委会，晚上8时又参加了第二次山东临委会，会议一直开到次日凌晨4点半。天天如此紧张，陈潭秋终因疲劳过度，旧病复发。后来，陈潭秋说："关于二

---

① 陈潭秋：《巡视青岛报告（一）》（1929年8月23日）。
② 陈潭秋：《巡视青岛总报告》（1929年10月18日）。

中全会作了一个很简单的无条理的报告,由任光补充。……因我病的关系,影响到他们的精神也不振作,到4点半钟的时候(自晚8时至凌晨4点半——引者注),再不能继续下去,遂决定将省委工作计划,留待下次讨论,我将对于工作计划的意见用书(面)写下作他们的参考。"①

陈潭秋8月26日就要启程经大连到满洲巡视工作了,出发前他不顾极度疲劳的身躯,吃了两片药,带病勉强地写完了他对山东临委今后工作的五点建议:(1)临委应以中东路问题与日资厂斗争问题为目前最主要的中心工作;(2)9月第一周工作应很好的联系到中东路问题,日资厂斗争、反国民党以及群众的实际生活;(3)日资厂斗争行动委员会必须于27日召集成立,按照临委的决议,开始进行工作;(4)几次会议的决议必须切实迅速执行,勿蹈清谈之弊;(5)作详细报告给中央②。

陈潭秋亲手把自己的书面意见交给临委负责同志后,才登上了赴大连的海轮,前往满洲巡视工作去了。

巡视东北

1929年8月26日,陈潭秋自青岛乘海轮到旅大,即改乘火车,赶赴奉天(今沈阳)。当时奉天形势极为复杂、险恶。7月10日,奉系军阀在日本帝国主义和南京国民党政府的怂恿与支持下,制造了中东路事件,单方面撕毁1924年的中苏协定,以武力手段强占中东铁路,驱逐任职的苏方人员。这是帝国主义联合进攻苏联的露骨表现。中东路事件后,日本帝国主义加紧了侵略,企图占领中国东北。党的组织遭到破坏,8月22日在

---

① 陈潭秋:《巡视青岛报告(二)》(1929年9月2日)。
② 陈潭秋:《巡视青岛总报告》(1929年10月18日)。

奉天纱厂斗争中，满洲省委书记刘少奇，组织部长孟用潜（即孟坚）及纱厂支部书记均被捕。陈潭秋正是在这种极为艰险的形势下来到东北巡视工作的。他刚到奉天时，与党组织接不上关系，几经周折，才联系上。

8月31日，陈潭秋不顾旅途疲劳，出席了满洲省临委组织的行动委员会会议，部署9月初反帝周的活动。9月1日，满洲临委会讨论中东路问题，陈潭秋在会上做了关于中东路问题的分析与对策的报告，并决定要宣传中东路事件的真相。9月4日，他召集奉天市委活动分子会议，会议议程主要有三：满洲新省委工作报告；中东路问题的报告；奉天市委工作报告等。连续几天，陈潭秋向省委、市委传达了中央关于中东路问题的决定和六届二中全会精神，找省市委负责同志谈了话，了解了情况，研究确定了满洲省委工作计划，并且及时地向党中央报告了满洲省委的情况。同时，陈潭秋还抽出时间深入基层，听取群众反映和意见，了解政治经济情况及党务概况。

陈潭秋在向党中央的报告中，首先分析了政治形势。他指出：中东路事件发生以后，日本帝国主义对中国的侵略进一步加紧，企图占领中国东北，然后利用中国东北做跳板进攻苏联。但是，其他帝国主义不会甘心日本独占中国东北。统治满洲的奉系军阀，虽然在日本帝国主义和南京国民党政府的怂恿下充当帝国主义进攻苏联的工具，制造了中东路事件，是日本帝国主义的忠顺奴才，但对蒋介石企图借中东路事件插手东北的举动又极为害怕。陈潭秋在报告中指出："奉张固然不愿外战损失他的实力，但尤不愿关内派兵出关为他更大的祸患，张曾语人，如不得已要讨俄出兵，决不要关内出兵，如果兵力不足，宁可请日本军队帮助。"①所以，奉系军阀对中东路的态度并不像南京国民党那样积极，并且暗中活动与苏联谈判，有承认中东路恢复原状的趋势。另外，奉系军阀内部新旧两派也有冲突，

---

① 陈潭秋：《关于满洲政治经济及党务的报告》（1929年9月4日）。

改组派、国家主义派都有相当势力。

日本帝国主义自中东路问题发生后，开到南满（并逐渐向北满进攻）的军队将近4万人（平时只数千人），南满的物价急剧增加，报载杂粮较平时增加一倍半，一说较中东路问题未发生前增加五倍。至于殴打中国人，越界筑路（根本无所谓界不界），越界捕人，种种事实，更屡见不鲜。奉天的金融完全在日本帝国主义的操纵与支配之下，奉票价格的涨落，完全以日人之鼻息是承。

满洲民族资本正在发展中，欢迎美国投资，聘用美国人才，以掣肘日本帝国主义。奉系军阀企图以"拉美"的政策，迫使日本减轻压迫。陈潭秋认为：帝国主义想进攻社会主义的苏联，但他们首先是争夺中国的东北，我们只有正确认识帝国主义势力和军阀势力之间的错综复杂的矛盾，才能制定党的正确路线和策略。

关于民众情形，陈潭秋向党中央报告说："满洲农村虽有丰收，但捐税的杂苛，胡匪的骚扰，以及金融紊乱的影响，一般民众仍是痛苦不堪。"加之难民出关的太多，生活程度日益高涨。更加上中东路问题的影响，农民受军事的骚扰。工人平时工资比关内较高，最近大工厂欠薪两月未发，其他工厂发一半奉天票，又故意抬高奉票价格，"工人更痛苦不堪，斗争情绪遂开始高涨起来"。关于中东路事件，虽然反动统治阶级的报纸大肆散布民族主义情绪，仇视苏联，大有同仇敌忾的情绪，不过此间群众，仇日的情绪更超过仇苏的情绪。"大家都希望有机会与日开战"。

关于党的组织情况，陈潭秋说：满洲党过去是采取和平发展的路线，党与群众没有斗争的经验，所以，到了行动的时候大家不但手忙脚乱，而且党内动员不动，甚至有些同志认为群众运动是盲动。自去冬省委遭破坏后，一直到今年4月间可以说完全没有什么工作，直到新省委成立，才算开始计划工作。陈潭秋在考察了满洲党组织的历史与现状之后，考虑到刘少奇、孟坚等同志被捕，党组织遭到破坏，提出了立即恢复各地党组织的计划，准备成立奉天、辽阳、大连、锦州、长春等支部，加强新省委对各地党组织的联系和领导。他还提出要加强对张学良政府控制的兵工厂、奉天纱厂、皇姑屯车站等处的工作，派得力的同志去发动工人，开展群众革命斗争。

陈潭秋还批评了"省委至今没有讨论过地方政治问题"，致使"省委同志对满洲政治现象不能观察清楚"，好似"盲人瞎马的乱撞，对许多问题无法解决"。满洲省委负责同志接受了陈潭秋的这一批评，"决定在最近三、四日内讨论"①。

鉴于"满洲过去工作没有基础，党在群众中影响非常微弱"，不能应付与指导革命向前发展的客观实际，陈潭秋指出了党组织最紧迫需要解决五个方面的问题：（1）中级干部异常缺乏。有许多重要的中心地方，过去有党的组织，后来失掉关系，虽有线索可找，但因无人可派，不能前去恢复和整顿组织，开展工作，只好眼睁睁地放弃它。（2）满洲经费，在现在工作发展的形势之下，不够敷用。省委有许多决定，因为经费的限制，无法进行。这也是满洲工作不能顺利进行的原因之一。（3）职运人才亦甚缺乏，不能应付现在满洲工作范围，昆弟已有报告给全总，请增派人才。（4）兵士运动，满洲过去党无经验，也须派一有经验同志来计划领导兵士运动。（5）特务（破坏）工作，此间也找不出有此种技术的人才。"上述这些困难都是事实，望中央设法解决"。他建议"中央必须加强注意满洲工作的指导与帮助"②。

9月中旬，刘少奇获释出狱，经中央批准成立了以刘少奇为书记的满洲省委。这时，陈潭秋已赴哈尔滨巡视工作。在陈潭秋的帮助下，新建立的哈尔滨新市委总结了工作，提出要利用中东路事件，推动党的工作的开

---

① 陈潭秋：《关于满洲政治经济及党务的报告》（1929年9月4日）。
② 陈潭秋：《关于满洲政治经济及党务的报告》（1929年9月4日）。

展；并规定哈尔滨市委的工作路线应当是加紧反对帝国主义进攻苏联的宣传，反对改良主义的欺骗宣传；立即成立哈尔滨职委会，把职工运动的日常斗争与目前总的斗争形势紧密结合起来。在党内，一方面要防止和克服取消观念的发展，同时，也要防止急性病的倾向。此项工作计划，将由陈潭秋向满洲省委详细报告。

在陈潭秋对政治情况的正确分析和建议下，经过一个多月的努力，党的工作较为顺利地开展起来。陈潭秋写的《关于满洲政治经济及党务的报告》也为党中央的指导提供了可靠的依据。陈潭秋圆满地完成了党中央交给的巡视任务。10月4日，陈潭秋离开大连返回上海。

在中共中央组织部任职

1929年10月，陈潭秋被调到中共中央组织部工作，接替恽代英任秘书之职，负责处理组织部日常事务工作，是组织部长周恩来的得力助手。

当时，中央组织部总共不到十个同志，只有一个部长、一个秘书和几个组织干事，人少事多。秘书主管组织部一切日常工作，凡有关组织方面的工作，先与秘书交换意见，随后由秘书向部长汇报，研究决定后，再由秘书负责处理。陈潭秋每天早上和组织部长周恩来交换情况，安排一天的工作，晚上10点钟以后，又向周恩来汇报并听取决定。因此，陈潭秋工作十分繁忙，许多具体工作都由陈潭秋直接办理。

当时中央组织部秘书，第一任是余泽鸿，第二任是恽代英，第三任是陈潭秋，第四任是何成湘，几任秘书的任期均不算长。中央组织部的机关设在上海成都北路的爱文义路小菜场旁的一栋二层楼房内。房子由黄瑎然（原名黄文容，当时任组织干事，曾任陈独秀的秘书）和他的妻子杨庆兰（当时任组织部机关的交通）作为房东出租给房客（中央组织部其他几位同志）居住，以房东房客的关系为掩护。这里既是机关又是宿舍。在恽代英离开不几天，陈潭秋和他的妻子徐全直便作为"新房客"搬了进来。

中央组织部长周恩来，当时是中央政治局委员、中央军委书记，他不仅负责中央军委和中央组织部的工作，而且担负中央特科的领导工作。同时，他还是共产国际中央执行委员会候补委员，担负与共产国际代表商讨工作的任务。周恩来的工作十分繁忙，而当时中央组织部担负的任务又异常艰巨。

大革命失败后，全国各地的党组织都处于恢复、重建阶段，几乎每天都有来自全国各地失去组织联系的同志到组织部来，组织部要协助审查和解决他们的组织关系和重新分配工作等复杂问题。当时中央组织部人手少，处理机关内部事务的有刘晋生（即刘亚雄）和杨庆兰，到机关外部联络工作的黄玠然和彭砚耕。在侦探密布的情况下，要十分谨慎地接待来上海的一批又一批的同志，帮助他们解决组织关系，恢复组织联系。同时，还要接待各省到中央来汇报工作的同志，听取他们的工作汇报和转达或传达中共中央的指示、决定。就是说担负着恢复、重建和巩固、发展全国党组织的任务，确是一项十分艰巨的工作。

陈潭秋亲自接待全国各地党组织派来的请示和汇报工作的同志，也接待和帮助各地失去组织关系的同志解决组织关系和安排工作。他待人正直、和蔼，坚持原则，善于应付复杂的地下斗争的环境。他不畏艰险，行止从容镇静。他多次巧妙地摆脱敌人的盯梢、尾追，安然无恙地回到组织部机关。

陈潭秋对工作严肃认真，一次，一位从大别山来的同志要求调动工作。陈潭秋代表中央组织部四次接见了这位同志，同他进行了长时间的个别谈话，做耐心细致的思想工作。陈潭秋说：组织上考虑了你的情况，认为你对大别山一带人地两熟，回鄂东工作比去江西更起作用。当这位同志坚决表示不愿回鄂东时，陈潭秋严肃地对这位同志说："组织上认为你回鄂东为宜，即使你不回鄂东，暂时休息一些时候也行，但是你要保持政治道德啊！"

组织部的秘书，是在部长领导下，主持部的日常工作的领导同志，但陈潭秋从不以领导者自居，而是平等对待同志，黄瑎然说："当我和同志们向他汇报请示工作时，他总是同样地也向我们汇报他的工作，然后同我们一起讨论研究，解决问题，决不采取多数人服从其一人的作法。如有争论，只要条件允许，他还请恩来同志同大家一起讨论。他的民主作风深受同志们的赞许，但他却谦虚地说是在恩来同志的启示下这样做的。他说，这有利于集思广益，有利于贯彻党的民主集中制，有利于懂得理论与实际相结合、领导与群众相结合的重要意义。的确是这样，我们取长补短，工作得很好，思想水平和工作能力都有很大提高"①。陈潭秋在中央组织部工作期间，工作很出色，任务完成很好，各地党组织恢复和发展很快，革命斗争开展得很有成效。

开展党的组织宣传工作

周恩来在中央组织部常对同志们说：党的政治路线确定之后，党的组织工作和宣传工作起着鸟的两翼、车的两轮的作用，没有正确的组织路线和宣传路线，没有正确的组织工作和宣传工作，党的政治路线就不能实现。对此，陈潭秋曾著文说："组织力量是执行政治路线的唯一工具。没有强健的组织力量，无论怎样正确的政治路线，结果只是流为政治清谈。"陈潭秋常对组织部的同志说：一个好的组织工作者，必须是一个好的宣传工作者，不然，就不能很好地完成组织工作的任务。为此，陈潭秋在百忙中，不仅自己刻苦学习马列著作和党的文件、指示，而且带领和督促同志们认真学习钻研，努力把中央的指示精神很好地宣传到群众中去。陈潭秋还把

---

① 黄瑎然：《一个好的宣传家、组织家、政治家》，《回忆陈潭秋》，华中工学院出版社1981年版，第77页。

他学习的心得体会介绍给大家。他在中央组织部工作期间，先后发表了《向产业工人开门》（1930年5月1日）、《党与苏维埃的关系》（1930年5月15日）、《扩大夏荒战斗》（1930年5月31日）、《从斗争中发展组织》（1930年6月3日）、《坚决争取公开活动》（1930年6月15日）等文章。

在《向产业工人开门》一文中，陈潭秋结合自己在组织部工作的实际，写道："中央老早而且屡次提出'向产业工人开门'的口号，以提醒全党的注意，要全党切实的执行"。而妨碍"向产业工人开门"的思想有三："（1）被狭隘的组织观念所束缚。有的人以为现在组织松懈，训练工作缺乏，支部生活没有很好的建立起来，如果又是再扩大起来，将会没有办法，组织更要松懈，训练更加困难，支部生活更难建立，并且组织一扩大，又容易妨害秘密工作，这是十足的关门主义，这是革命失败后严厉的白色恐怖所反映出来的小资产阶级的失败情绪与恐惧心理。中东路工人爆发了伟大的斗争，而在最重要的而且是领导斗争的36棚，始终没有发展一个同志；在唐山南厂工人在反黄色工会，打死黄色领袖的激烈斗争中，仅发展了一个同志；在青岛三万纱厂工人与日本帝国主义长期坚持苦斗中，党的组织也没有扩大，上海几个月来工人斗争不断的爆发，但党在产业工人中发展的数量，较之计划尚差很多。在这些中心城市，在产业工人不断的斗争中，党的发展如此微弱，这是一个极严重的问题。（2）被学院的组织观念所阻碍。有的人对党抱有神秘的成见，以为党是马克思列宁主义的组织，因此，不大相信工人，以为工人教育程度太低，不懂马克思列宁主义，不了解政治经济情形，不懂党的策略，还没有做党员的觉悟，这种学院的组织观念，同样是对产业工人的关门主义，这种现象，在知识分子占主要成分的城市中表现得最厉害。……在北平这样的大城市，工人的数量很多，还没有一个完整的工人支部，真是不可思议。（3）和平发展观念，也是不能正确的执行'向产业工人开门'的路线的原因。'向产业工人开门'，必须是在群众斗争中，吸收大批的积极勇敢的斗争分子，加强党的力量，反映群众的斗争情绪。但许多地方不注意这一工作，只是寻找旧的线索（如亲戚、朋友、同乡之类）拉进党来，反将许多积极勇敢的斗争分子，关在党门以外，使他们不得其门而入。……如湖南省委过去指示长沙纱厂支部，要他们特别注意过去曾经自首，现在表现好的分子的恢复；安源矿工支部，也有一部分是曾经自首过的旧分子（这些现象湖南省委现在已有改正）；武汉组织虽有长足的发展，但大部分是旧的恢复，新的发展占少数；上海12月至1月产业工人党员的发展，其中也有一部分是旧的恢复，尤其是沪西区旧的恢复，占发展的大半数。所以，到了斗争更进一步发展的时候，这些旧的仍旧可以离开组织，这是必不可免的现象。并且和平发展，恢复旧党员的路线，必不可免的要使已经自首叛变的分子混进党里来，……这更是非常危险的现象。在目前革命高潮逐渐走近我们的时候，群众的革命斗争需要我们党加强领导，去促进这一高潮，完成革命的胜利。党为铲除右倾的组织根源，扩大党的无产阶级基础，肃清党的尾巴主义的现象，必须全党坚决的执行'向产业工人开门'的路线。"①

这段时间，陈潭秋虽在白区工作，但对苏区建设非常关心，他曾在党内刊物——《党的生活》杂志第九期上著文论述党组织与苏维埃政权之间的正确关系。他说："共产党是无产阶级先锋队的组织，是领导无产阶级及广大的农民为推翻反动统治，建立群众自己的政权——苏维埃而斗争的政党"。而"苏维埃是工农群众的政权机关，是工农群众为解放自己与反动统治阶级拼死斗争中建立起来的。两者各有不同的性质与作用，是绝对不能混同的"。他指出党的威信在群众中间确实非常之高，如鄂东北的黄安、麻城，鄂东南的阳新、大冶，农民家中兄弟不和，夫妻反目，牛吃禾苗，甚至鸡不生蛋都来找党解决，区委及支部负责人变成了"新绅士"，县委书记俨然是"土皇帝"一样，有莫大的权威。"简直以党代替了群众政权机关"。结果，党"必然放弃自己工作，党的指导机关，变成了行政的事务机关"。而"群众因此

---

① 陈潭秋：《向产业工人开门》（1930年5月1日），《党的生活》1930年第8期。

不能认识自己力量的伟大，束缚了他们的发展与创造能力，养成遇事依赖党的习惯心理"。这是"根本错误"的。在苏维埃成立时，要防止党包办苏维埃的选举，苏维埃成立以后，要防止两种偏向：一是党无事可做；一是党更加政权化。还有一种严重的现象，就是党包办苏维埃的选举，推举出来的人，大多数群众不认识，弄得群众莫名其妙。不但苏维埃得不到群众的拥护，失去了人民政权的意义，并且群众对党发生怀疑，怨恨，以致脱离党的领导。"这些脱离群众的做法，党如果不坚决的肃清，不建立党与苏维埃的正确关系，在革命发展的前途上，在苏维埃的建立与发展上，在党的政治影响的扩大上，将成为极严重的障碍"。

陈潭秋在文章中，根据党与政权关系的马克思主义原理，总结了我国苏维埃政权建设的基本经验之后，明确指出党与苏维埃的正确关系八条：

"（1）党是无产阶级先锋队的组织，苏维埃是群众政权机关，两者不可混同，党不能代替苏维埃。

"（2）党对苏维埃是政治的领导机关，不能直接指导苏维埃。苏维埃对党没有隶属关系，而是受群众直接管理的。

"（3）苏维埃建立以前，党须在群众中作广大的宣传，使群众了解苏维埃的意义。苏维埃是他们自己的。

"（4）苏维埃的产生，必须由群众直接选举，绝不应由党命令或包办，党可以拟定苏维埃的名单，但必须是群众中有威信的领袖分子；党必须在群众中宣传，使他们更取得群众的信任，由群众自己推举出来。

"（5）党在苏维埃中，只能起党团的领导作用，不能命令或包办苏维埃。

"（6）党可以决定党员被选举为苏维埃代表或委员，但必须是在群众中有威信的，能取得群众信任的分子。

"（7）党只能得到群众的邀请，公开派代表参加苏维埃代表大会或苏维埃成立会代表党致词，不能经常或凭空派代表出席苏维埃常会。

"（8）苏维埃的决议与法令，如有修改或取消之必要时，必须经过苏维埃执行委员会之决定，党团只能在其中起作用，党决不得直接命令苏维埃修改或取消。向苏维埃提款，并必须经过苏维埃的决定。"

陈潭秋最后强调指出："这些关系的正确建立，才能使群众了解苏维埃是他们自己的政权机关，他们必然要竭力拥护，同时要他们了解共产党是领导苏维埃的先进的阶级组织，而热烈的乐意的来拥护它，接受它的领导。"①

陈潭秋关于党要领导苏维埃政权，而又不包办苏维埃的工作的原理的论述，是依据马克思列宁主义的基本原理，总结了两年多来中国共产党关于苏维埃政权建设的基本经验，不仅对当时苏维埃政权建设具有指导意义，而且有深远的历史意义和理论意义。

陈潭秋在为中共中央理论刊物《红旗》写的社论《扩大夏荒战斗》（1930年5月31日）一文中讲道："现在正是夏荒的期间，即所谓'青黄不接'的期间。……在这一长期的难关中必不可免的要发生许许多多的群众斗争。特别是今年的夏荒，情形更加严重，群众斗争更加普遍化与激烈化，因此，抓紧今年的夏荒斗争来加速推动全国革命形势更向前开展，是我们不容丝毫忽视的任务。"党要"深入政治宣传鼓动工作，使群众认识夏荒的原因与本身生活痛苦之来源是帝国主义加紧侵略，军阀混战继续延长扩大的结果。不根本反对帝国主义，不根本消灭军阀混战与军阀制度，不根本推翻国民党豪绅资产阶级的统治，工人阶级是不会得到解放的"。要把各地群众的各种斗争汇集起来，"发展为武装游击战争，更深入土地革命，普遍发展赤卫队，猛烈的扩大红军，实现地方暴动，推翻国民党政府，建立工农兵代表会议——苏维埃政权"②。

陈潭秋在《从斗争中发展组织》一文中，特别强调了加强革命主观的组织力量的重要性。他说："组织力量是执行政治路线的唯一工具。没有

---

① 陈潭秋：《党与苏维埃的关系》（1930年5月15日），《党的生活》1930年第9期。
② 陈潭秋：《扩大夏荒战斗》（1930年5月31日）。

强健的组织力量,无论怎样正确的政治路线,结果只是流为政治清谈。"目前,"是革命主观的组织力量不能适合客观形势的发展,这样就不能以主观力量促进革命高潮之更快的到来",我们要严格纠正"只注意政治宣传而轻视组织工作倾向","固然政治影响的扩大是发展组织的主要前提,但决不是说组织可以不加主观的努力,自然而然的发展"。我们"发展组织的总路线,是要从群众的斗争中大批的吸收到党及群众组织中来。不过所谓群众斗争不一定只是罢工或更高的斗争形式,其实群众在日常生活中都时常发生大的小的斗争,在这些斗争中都可以看出那些积极、勇敢的活动分子,都应吸收这些分子发展组织,特别是在大的斗争中,——如罢工——更能看出更多的积极勇敢的活动分子,更应大批的吸收到党及群众的组织中来。不注意在群众的日常斗争中去发展组织,特别是放弃在大的斗争中大批的吸收,都是狭隘的右倾组织观念。"他又说:"党的支部生活于群众中间是群众的核心,是群众斗争的领导者与组织者,是发展组织的唯一执行者。如果没有健全的支部组织与支部生活,发展组织的任务就不能充分完成的。因此,要发展党及工会的组织,必须建立党的支部生活,与健全的工会生活,将发展组织问题列为每次支部会(工会)的重要议事日程,切实讨论,并指导、督促每个党员、会员发展组织的实际办法。"①

关于争取公开活动问题,陈潭秋著文说:"自大革命暂时失败后,一般同志习惯地下党的秘密生活,不知正确运用公开活动路线"。"秘密工作,是在严厉的白色恐怖之下,地下党保障组织的存在与发展,不得不采取的一种工作方式。这种方式,只是限于党的组织说的。党的政治主张,必须完全公开,必须以斗争方式争取公开,这样才能扩大党的影响,团结成千成万的群众在党的周围。至于群众的组织与活动,必须坚决的采取公开的路线,才能收到下列的效果:(1)政治影响普遍的扩大,容易动员广大群众,有力的

---

① 陈潭秋:《从斗争中发展组织》(1930年6月3日),《党的生活》1930年第11期。

打击敌人；（2）提高群众的斗争勇气，肃清失败情绪的残余；（3）提高群众自信心，认识自身力量之伟大，打破依赖或等待外力的心理；（4）可以迅速的发展群众组织，加强斗争的力量。""在公开活动中，必须有秘密工作的准备，必须将公开活动与秘密工作很好的联系起来。"① 只有这样，才能既发动群众的公开斗争，又不暴露党的组织；既提高了党在群众中的威望，又使群众受到了斗争的锻炼；既有力地打击了敌人，又能壮大群众的队伍。

陈潭秋在中央组织部期间，工作十分出色，被同志们誉为"一个好的宣传家、组织家、政治家"，"始终是党的一位优秀卓越的领导同志"。

---

① 陈潭秋：《坚决争取公开活动》（1930年6月15日），《党的生活》1930年第11期。

第八章
CHAPTER EIGHT

战斗在白区

主持中共满洲省委工作

1930年8月底，党中央派陈潭秋到满洲省委担任领导工作，住在沈阳北市场烟厂附近的一所民房里。

中共满洲省委自1930年4月被破坏后，5月，林仲丹（即张浩）、杨翼辰（杨一辰）等组成了临时省委。

1930年6月11日，中共中央政治局在李立三领导下通过了《新的革命高潮与一省或数省的首先胜利》决议案，主张全国各地都要准备马上起义，制定了组织全国中心城市武装起义和集中全国红军进攻中心城市的冒险计划。在"八一"、"八三"会议上，李立三又要求在南昌、武汉举行暴动，提出了什么"会师武汉，饮马长江"的耸人听闻的口号，要求在上海举行总同盟罢工，并将党和青年团、工会的各级领导机关，合并为准备武装起义的各级行动委员会。

在这种"左"倾错误指导下，满洲省委也改组为准备武装起义的总行动委员会。满洲省委在8月份给中央报告中表示，满洲"虽然没有如武汉争取一省或数省政权胜利的形势，也没有革命高潮在满洲首先爆发的象征，但满洲党武装拥护苏联、反对第二次世界大战，准备全满的武装暴动夺取政权却是迫切的任务"，并且提出了以抚顺为中心的暴动计划。陈潭秋到沈阳后，改组了满洲总行委，他亲自任总行委书记，化名孙杰。

由于李立三"左"倾错误在党内占着统治地位，陈潭秋也受到"左"倾错误的影响。1930年6月中央政治局会议后，中央召开了一次组织工作会议，从组织上推行立三"左"倾错误。陈潭秋曾是这次会议的秘书。这时，他对革命形势也做了不切实际的估量，他说："目前革命形势，飞跃的进展，群众的革命斗争，无论在城市或乡村，都达到了非常尖锐的程度，统治阶级的崩溃，也到了无法挽救的状态，革命高潮的客观条件，已经成熟，在任何时候任何事件上都可以爆发起来，……反动的统治阶级在群众面前发抖"等①。因此，陈潭秋接任满洲省委书记后，在组织上还是执行了立三"左"倾错误的指导的。这表现在1930年9月发出的《满洲政治形势及党的任务与工作路线》的决议案上，该决议写道："中国革命已发展到武装暴动，夺取政权的前夜"，满洲"完全是追近革命高潮"，……要求各地组织"政治罢工"、"地方暴动"，"根本推翻帝国主义与国民党、军阀的统治，建立苏维埃政权"。但他在执行上又是很审慎的，有保留的。例如，当时他曾对满洲省青年团书记邹大鹏说：你们青年同志勇气可嘉，就是有点冒失。

1930年9月，陈潭秋到满洲省委不久，中共中央召开六届三中全会，开始纠正李立三的"左"倾错误。陈潭秋与林仲丹代表满洲省委出席了三中全会，在会上，陈潭秋积极参加了对立三"左"倾错误的批判，被选为中央审查委员。

10月中旬，陈潭秋、林仲丹回到沈阳，首先在总行委主席团会议上传达了六届三中全会的决议及主要精神。11月16日，又召开了满洲省委扩大会议，进一步贯彻六届三中全会精神，反对李立三的"左"倾错误。陈潭秋主持了这次会议。在会上，他带头检查了过去的工作，指出过去对满洲形势的估计，忽视了满洲和中国南部的区别，以及满洲内部革命形势发展的不平衡，犯了冒险的错误。他这样联系自己的思想实际，勇于进行自我批评，同志们听了口服心服，一致表示要迅速改正过去的错误。扩大会议形成了《满洲目前的政治形势与党的任务及工作路线》《满洲政治讨论结论》两个重要文件，系统地总结了贯彻"立三路线"所犯的错误及其危害，明确了满洲省委今后的工作方针。

---

① 陈潭秋：《从斗争中发展组织》（1930年6月3日），《党的生活》1930年第11期。

会议期间撤销了总行委，恢复了满洲省委。扩大会议一致推选陈潭秋为满洲省委书记，刘昆（赵毅敏）、林仲丹、孟坚（孟用潜）、周君绰（邹大鹏）等13人为省委委员。何成湘任组织部长，赵毅敏任宣传部长，韩源波任军委书记，林仲丹任职工委员会书记，孟用潜任北满特委书记，王鹤寿任C.Y.（青年团）省委书记，恢复了省委各方面的工作职能。同时，又对奉天（即沈阳）市委进行了改组，由刘锡五任书记。之后，各级党、团、工会及其他群众组织都逐渐恢复。

扩大会议以后，陈潭秋注意肃清满洲省委工作中的"左"的影响。一次，在起草省委文件时，有同志仍强调暴动。陈潭秋耐心地对这位同志说：目前还搞暴动啊！不要这样干了，要积蓄一下力量吧！由此可见，在实际工作中，陈潭秋放弃了原来的暴动计划。

满洲党的工作，在陈潭秋的领导下，经过数月的艰苦工作，使遭到破坏的奉天市委，北满特委，延吉、盘石、柳河、清源县委和抚顺、大连、台安、长春特支等10多个地方党组织得到恢复，并且新建了40多个地方组织，党团员人数又发展到2000余人，并有1.5万多名工农群众参加了党领导的各种革命团体。正如满洲省委11月扩大会议文件中所指出的：满洲党有了很大进步，已经把党从凌乱不堪、大半解体的状态中挽救出来，建立起比较巩固比较有群众基础的党。满洲省委各级组织的恢复和发展，与陈潭秋的努力是分不开的。

在哈尔滨被捕

1930年12月初，满洲省委扩大会议后，陈潭秋偕同青年团满洲省委书记王鹤寿去哈尔滨巡视工作，深入基层，了解情况，指导工作。本来，陈潭秋留在省委驻地沈阳指导全面工作很有必要，另派其他同志去哈尔滨较妥。但是，北满特委来信要求陈潭秋亲自前往，陈潭秋本人也希望去哈尔滨了解北满特委中心地区的实际工作情况。当时，满洲省委留在沈阳只有三人，即宣传部长赵毅敏，军委书记韩源波和陈潭秋，组织部长何成湘已去大连，其他省委成员都不在沈阳。在陈潭秋的再三要求下，满洲省委同意由陈潭秋去哈尔滨，巡视北满特委工作。

陈潭秋到哈尔滨巡视，主要任务有三：第一，布置纪念广暴（广州起义）工作及传达目前紧急任务；第二，布置与计划中东路斗争；第三，参加北满于12月15日召集的扩大会议，贯彻六届三中全会精神。

12月5日，陈潭秋与王鹤寿到达哈尔滨，6日才与北满特委接上头。7日，在北满特委书记孟坚原住的一个公寓里召开了党团特委联席会议，研究召开北满特委扩大会议的准备工作。出席会议的有陈潭秋、王鹤寿、孟坚、葛凤明、金明哲、陶敏等八人。会议下午1时开始，一直开到晚上9时半。刚要散会时，遇到警察巡视公寓，撞入房内，盘查搜索。这处住所，原是孟坚租用，现已搬家，东西虽然都搬得差不多了，但有少量没搬干净的文件落到了敌人手中，于是除两人跑脱外，其余六位同志悉数被捕，陈潭秋也被捕了。

开始，他们全被关押在哈尔滨市警察厅，不久，又转移到中东路护路司令部道外监狱受审。陈潭秋从敌人搜捕的神态中，估计到敌人并没有发现他们是开特委会。于是，便编造了口供，以对付敌人的审讯。敌人用坐老虎凳、灌辣椒水等各种酷刑，企图迫使他们招供。可是，陈潭秋等人的口供始终如一，敌人黔驴技穷，无计可施，最后只得以非法集会判刑。孟坚因是主人，判刑七年；其余客人，判刑四年。

陈潭秋在狱中利用一切机会，对被捕同志进行思想教育。他通过看守所的看管人员，搞来一些报纸，让大家传阅，从这些报纸上了解全国形势，要求大家坚定革命信念。有时又通过下围棋，引导大家研究对付敌人的战略战术。陈潭秋虽被关押在狱中，但对革命的胜利抱有坚强信心，在平时的言谈中，常以自己的革命乐观主义精神去感染同志，使大家也都充满革命必胜的信心。大家团结一心，想方设法与监外党组织有关同志取得联系，争取及早获释。

陈潭秋等人被捕后，在沈阳的满洲省委推举组织部长何成湘为书记，代理陈潭秋的工作。由何成湘、刘昆、韩源波等组成满洲临时省委，并派熟悉北满情况的唐宏景去哈尔滨，组成北满临时特委。同时，省委又派特科同志前往哈尔滨，设法营救陈潭秋等人，但因敌人防范严密，未能奏效。

1931年1月，重新组成了以张应龙为书记的满洲省委。党的六届四中全会以后，党中央加派罗登贤为中共中央常驻满洲省委的代表。不久，出席六届四中全会的北满特委代表唐宏景被捕，也关押在中东路护路司令部道外监狱，与陈潭秋、王鹤寿等人关押在一起。陈潭秋请唐宏景介绍情况，唐把党的六届四中全会在国际代表的支持下，使王明等人夺得了党中央的领导权，唐和罗章龙等人反对王明等人，而成立了非常委员会等情况，叙述了一番。听后，陈潭秋严肃地对唐宏景说："你这说的是一面之词，我们不便表态。党内斗争是必要的，不过你们分裂党是不应该的。"① 这种高度的原则性，使唐宏景颇为震惊，经过多次帮助教育，唐宏景认识了自己的错误，表示了要退出罗章龙组织的非常委员会。

1931年九一八事变发生，东北形势急剧变化。年底，中共满洲省委从沈阳迁到哈尔滨。党中央派驻满洲省委的代表罗登贤为满洲省委书记，何成湘主管满洲党的组织工作。此后，陈潭秋在狱中与满洲省委的联系加强了。

1932年春夏之间，日本侵略者已占领了满洲的大部分地区，奉系军阀一片混乱，放松了对历史案件的审理。这时满洲省委加紧了营救活动。他们通过孟坚的哥哥用金钱买通了当时哈尔滨伪军区司令于琛澂，首先将孟

---

① 中国社会科学院中国近代史研究所1980年5月访问唐宏景记录稿。

坚保释出狱，之后，又将陈潭秋等被捕同志全体营救出狱。

陈潭秋出狱后，回到上海，经党中央分配到中共江苏省委工作。

出任中共江苏省委秘书长

1932年7月，陈潭秋回到上海，中共中央打算让他休养一段时间，使他那在狱中受到摧残的孱弱的身体得到恢复，然后，再分配工作。可是，从不知疲倦经常带病坚持革命斗争的陈潭秋，要求马上安排工作。经过再三请求，党组织只好答应了他的要求，分配他担任中共江苏省委秘书长，兼管党的组织工作。

江苏省委在上海大连湾租了一栋房子，作为江苏省委机关。陈潭秋和妻子徐全直带着两个孩子俊俊和平平住在楼上（俊俊即女儿赤君、平平即儿子陈鹄），王学文和他的爱人刘静淑住在楼下。为了掩护党的工作，两家以亲戚相称。王学文的孩子叫陈潭秋为"舅舅"，陈潭秋的孩子叫刘静淑为"姑妈"。这里还是中央与省委、区委接头的机关，暗号是"姑妈开门"。搬进去不久，得知在这里有人被捕，决定转移。搬到另一处时，又发现有人盯梢，所以，省委机关几经转移。

陈潭秋来到江苏省委工作的时候，正是上海一·二八事变之后，蒋介石屈服于日本侵略者的压力，于5月5日签订了卖国的《淞沪停战协定》。十九路军被迫调离上海，开到福建去了。在日本帝国主义悍然发动一·二八事变，进攻上海的时候，上海人民奋起抗战，纷纷组织抗日救国会，反帝大同盟，中国共产党又组织了罢工委员会，领导工人罢工，组织担架队，配合十九路军抗战。十九路军调到福建后，工农群众遭到残酷镇压，上海人民的抗日民主运动暂时处于低潮。党的工作被迫转入地下。在此革命潮流暂时低落的形势下，党内有的意志消沉，有的思想混乱，不知如何战斗。

面对这种情形,怎样领导工人群众的罢工斗争?陈潭秋从调查研究入手,深入工厂,深入群众,找了许多党的干部和群众组织的积极分子谈话,他曾亲自到日资工厂找工人积极分子促膝谈心,了解工人群众的思想情况,引导他们总结经验教训,鼓励工人群众抗日斗争的积极性,提出了上海地区党的任务和斗争策略。他说:"上海抗战是有成绩的,尤其是工人组织起来了,配合十九路军,打击了日本侵略者,使日寇终究没有能够占领上海。"他在总结过去的斗争教训时说:"我们的教训是在军队的人少了,特别是军队下层做工作的人太少了,所以国民党一投降,我们的工作就支持不住了。"今后怎么办呢?陈潭秋说:"今后我们的工作,要由前些时的公开工作转变到秘密状态,把公开工作和秘密工作结合起来,继续反对日本帝国主义、反对蒋介石的卖国投降;要扩大统一战线,除了工人以外,职员、教员、学生都要联合,要为抗日组织广大的队伍。同时,斗争中要特别注意策略,做到有利、有节,每次罢工在取得一定的胜利后,要适可而止,保护群众的积极性。"对于陈潭秋的这些精湛分析和正确意见,当时负责中共江苏省委妇女工作的帅孟奇说:他"鼓舞了同志们的斗争,实际上,又是对当时统治党中央机关的王明'左'倾机会主义路线的抵制和批判"[①]。

陈潭秋不仅提出了正确的斗争策略,而且亲自领导了上海地区的女工运动。当时,上海、苏州、无锡一带的纱厂和丝厂的女工,在支援淞沪抗战中大都组织起来,在日资工厂进行了长期的罢工斗争,希望早日复工,而日本厂方也有要求工人复工的意愿。据此,陈潭秋抓住时机,领导工人,开展了以增加工资为复工条件的斗争。他指出:"复工要以增加工资为条件",提出将原来每天工资一、二、三角,增加到每天三、五角。经过斗

---

① 帅孟奇:《在潭秋同志指导下的上海女工运动》,《回忆陈潭秋》,华中工学院出版社1981年版,第84页。

争，取得了胜利，中年女工每天工资为五角，老年女工和童工每天工资为两角。斗争取胜后，有部分工人要求再增加工资，陈潭秋就通过积极分子说服工人，要适可而止，暂时放弃再增加工资的要求。这样，既维护了工人的已得利益，又保护了工人群众斗争的积极性。

工人复工后，陈潭秋预感到国民党反动派要进行血腥镇压，可能要大规模地逮捕党员和工人运动的领袖。为此，他告诫党员，要准备迎接新的斗争。他要求党员在任何情况下，都要站稳立场，保守党的机密，决不叛党。他说：党的纪律是革命取得胜利的基本条件之一，"每个党员都要毫不例外地严格遵守党的纪律。党内的事情，该一个人知道的就不要让第二个人知道。党员要服从党的分配，丝毫不能讲价钱；下级要服从上级，全党要服从中央，坚决执行党的决定"。

在斗争的每一个紧要关头，武装党员干部是十分重要的。为了提高党员干部和群众积极分子的思想政治水平与政策理论水平，增强党员遵守党的纪律的自觉性，以适应复杂而险恶的斗争形势，在陈潭秋的领导下，江苏省委开办了工人、干部训练班。训练班由陈潭秋亲自讲课，王学文负责具体辅导。训练班的教员还有：黄丽、洪灵菲、陈远道和赵世兰（赵世炎的姐姐）等。训练班的课程有：政治形势报告、中国革命问题、工人运动的历史经验等。鉴于险恶的地下斗争环境，训练班确定七天一期，每期培训六七人。

由于陈潭秋有丰富的革命斗争经验，又有较高的理论水平，他的讲课常常联系斗争经验，深入浅出地讲解，给学员留下了深刻印象，深受工人、干部学员的赞赏。他教学严肃认真、谦虚、负责，经常征求学员对自己讲课的反映。一次，学员在他征求意见时说：你的讲课内容丰富，材料生动，通俗易懂，但讲得太多，一时消化不了。听后，陈潭秋就主动与教员和学员们一起，研究如何精简内容，从学员的实际出发，力求做到少而精。

一次，陈潭秋讲中国革命问题时，讲到中国现阶段的革命是无产阶级领导的资产阶级民主主义革命。而当时有一位搞工人运动的同志来培训班介绍中国工人运动的斗争实践时却说："我们工人要搞无产阶级革命，那还搞什么资产阶级革命啰！"一时间把培训班工人学员的思想搞糊涂了。王学文在辅导这个姓谭的工人时，问道，你这么讲，根据是什么？看过文件没有？这个工人回答说：就是应该如此嘛！王学文把这一情况汇报给陈潭秋，他说：培训班还有个女学员，是闸北区委宣传部长，不同意我们的意见，她能说善辩，为这个问题，我和她争论很久不能结束。陈潭秋对王学文说：我们现阶段的革命性质是资产阶级民主革命，这是党的六大决定了的，我们要理直气壮地进行宣传。陈潭秋又告诉这位女同志说：王学文同志早年留学日本多年，对马列主义有所研究，你们回去要认真组织讨论，仔细分析中国的实际情况，从中国社会的主要矛盾入手，把现阶段的革命搞清楚，这样才能认清我们当前主要敌人。经过认真的讨论，终于把中国现阶段是无产阶级领导的资产阶级民主革命的观念树立起来，提高了学员们的理论水平。

培训班一共办了三期，前两期培训的是工人积极分子，后一期培训的是党员干部，三期共培训30余人。

由于陈潭秋的正确领导，江苏上海地区的党组织和革命群众的斗争，减少了不必要的牺牲，保存了一些革命力量。有的地区的党组织和群众斗争还有所恢复和发展。

第九章
CHAPTER NINE

火热的中央苏区

到中央苏区去

1933年初,中共中央决定调陈潭秋偕其妻徐全直去中央苏区工作。"中央苏区",这是战斗在国民党统治区的无数革命者日夜向往的地方。这个革命的摇篮是中国革命的希望,是中国革命胜利的出发点,是推进中国革命胜利发展的最重要的因素。

陈潭秋得此消息,欣喜万分,按捺不住自己激动的心情。他俩彼此商量着,赶紧办理好工作交接手续,料理好家务,及早登程。但当时徐全直已怀孕,预产期又临近,身边还有两个孩子,去中央苏区,要跋山涉水,路途遥远,行程艰难,携带孩子和临产的身子,一路行动诸多不便。他俩反复商量,并征得组织上的同意,决定陈潭秋先行赴苏区,徐全直等分娩后,再赶赴中央苏区。为了适应革命工作的需要,他俩商定将就要出生的孩子及现有的两个孩子寄养到哥哥家中。

1933年2月22日,陈潭秋给他的三哥(陈春林)、六哥(陈伟如)写信,他在信中写道:由于革命斗争的复杂多变,"我始终是萍踪浪迹,行止不定的人",为革命"南北奔驰,今天不知明天在哪里。这样的生活,小孩子终成大累,所以决心将两个孩子送托外家(即外祖父母家——引者注)抚养去了",现在直妹"又快要生产了,这次生产以后,……准备送托人,不知六嫂添过孩子没有?如没有的话,是不是能接回去养?"①信中说:"外家人口也重,经济也不充裕,又以两孩相累,我们殊感不安,所以希望两兄能不时的帮助一点布匹给两孩子做单夹衣服。我们这种无情

---

① 六嫂指陈潭秋的六哥陈伟如的夫人徐少艾,信中所说的"快要生产"的那个孩子,于1933年4月2日出生,取名陈志远,交给六嫂徐少艾抚养长大。陈志远后在南开大学历史系任教授。

的请求，望两兄能允许。"诸兄嫂及侄辈在乡间，"生活当然也很困苦的，但现在生活困难，决不是一人一家的问题，已经成为最大多数人类的问题（除极少数人以外）了"。现在我们所做的工作，正是为解决最大多数人类的生活困苦问题，而去忍受一人一家的生活困苦。这种为了全人类解放事业的奋斗精神，为革命利益而不计较个人家庭得失的高贵品德，表现了一个共产主义者为了革命事业而不惜抛弃个人一切的高尚情操，正是这种高尚的革命情操，激励着每一个革命者为革命事业而南北奔驰，奋斗终身。

1933年初，一个雷雨交加、乌云密布的夜晚，陈潭秋和谢觉哉扮成商人，乘船离开上海，取道广东汕头，前往中央苏区。

陈潭秋头戴大礼帽，戴上一副茶色眼镜，手提一个黑色提包，扮成一个富商模样，登上了去汕头海轮的头等舱。在船上，突然有个乘务员向陈潭秋前后左右从头到尾打量一番，然后问道："先生贵姓？"陈潭秋答道："姓徐！"那乘务员笑了一笑，摇摇头说："先生姓陈，不姓徐。""去年，你和王学文不是在干部训练班上给我们讲课吗？我参加了那次学习，你给我们讲《中国革命问题》和《秘密工作经验》，给我们印象很深，帮助很大。"这时，陈潭秋脸上渐渐地露出了笑容，亲切地说："你既然知道我是陈潭秋，就请你把我俩安全送到汕头去吧！"乘务员点点头说："请你们放心，我们海员任凭风浪再大，也有对付的办法。"

由于岸上军警盘查甚严，船不鸣笛就拔锚启航了。军警见此情景，怀疑有问题，立即派汽艇紧追而上，眼看快要追上，见势不妙，乘务员小张情急生智，立即将拉绳弄断，然后对陈潭秋说："你们在船舱不要出来，再大的狂风巨浪我们顶着。"

一群荷枪实弹的军警上船了，气势汹汹地喝道："好大的胆子，你们不鸣笛就开船，想逃跑？！"乘务员小张抢先解释道："老总，绳子断了，汽笛拉不响，到了时间我们不能不开船呀！喏，我们不正在接绳嘛！"凶狠狠的军警不理不睬地,不再说什么,却挨舱挨室去搜查。查了一阵子,却什么疑点也没发现,正要去查一等舱时,小张机警地端出一盘好酒好菜好香烟,对那帮如狼似虎的军警说:"老总,你们辛苦了,喝点酒,歇一歇再查吧!"一群饿狼似的军警扑了过来,你争我抢,狼吞虎咽地狂饮一阵,边喝边说:"香烟美酒,真够朋友,你们开船吧!"说完,扬长而去。这时,陈潭秋心情激荡,盛赞训练班学员小张机智勇敢,巧妙灵活地对付了敌人,真是好样的。

经过三天三夜的航行,终于到达了汕头。岸上把守很严,三步一岗,五步一哨,巡逻盘查,乘务员小张和抗日十人团掩护陈潭秋和谢觉哉秘密地下了船,来到汕头闹市区,见一群军警,随便搜身,掏人腰包,调戏妇女,搞得路人人心惶惶。另一端却被人群围得水泄不通,原来是学生们在宣传,"我们要抗日,不要内战","停止内战,联合起来打倒日本帝国主义"!国民党警察气急败坏要去捉拿这些学生,被群众手拉手地筑成一堵人墙,把警察隔在人群之外。警察抓不到学生,就在听众身上出气,用棍棒去殴打群众。

此情此景,陈潭秋见了好不生气,立即走到军官模样的警察面前责问道:"老总,为什么要打他们?"那军官口中叼着一根香烟,把帽向上一推,眼睛向上翻,漫不经心地说:"上面有命令,只许讲反共,不许谈抗日,谈抗日就斩首,谁敢违抗就抓谁。"

陈潭秋分辩道:"日寇侵我东北,占我上海,不抗日不会亡国吗?亡了国,我的'生意'做不成,你的军官不就也当不成了吗?"那军官无言以对。上下打量一番,看他衣着不凡,认定是个漂洋过海的阔老板,也就不敢顶撞,指着墙上的布告说:"掌柜的,你看,那不是告示?跑了共产党,归你担当,还是由我担当?"

陈潭秋说:"把守这么严,共产党敢来吗?"

那军官带领陈潭秋去看告示。原来国民党政府发了通告,说:"查共匪经常混入汕头市，制造谣言，蛊惑人心，鼓吹抗日，宣传共产，诋毁党国。凡我国民，如有捉拿共产党分子者，赏五百元，捉拿匪首者，赏一千元。"

陈潭秋看后，笑了一笑，把手往长衫后边一摆，满不在意地说了一声："好贵的人头呀！"

那军官说："赏钱倒是不少，就是没有人把共产党的人头送来。"

陈潭秋讽刺地说："你老总的眼又尖，心又细，还抓不到共产党？"

那军官唉了一声叹道："假共产党倒抓了不少，真共产党难得抓到。我连共产党的影子也没见过，现在，弟兄们穷得连抽烟的钱都没有了！"

陈潭秋顺手掏出五块大洋往那军官手上一丢，说声："拿去抽烟吧！少管那些闲事！"

那军官眯笑着连声说："谢谢掌柜的，掌柜的发财。"

陈潭秋就此拂袖而去。谢觉哉凑上前去耳语说道："好险呀！你敢自己送货上门！"

陈潭秋轻声说："你别看他们戒备森严，不可一世，实则内心空虚，不得人心。死心塌地跟蒋介石走的是极少数，下面广大士兵是反对打内战支持抗日的。"

陈潭秋和谢觉哉离开了汕头，坐了一段车，来到了赤白交界地区——广东梅县，这里重点把守，检查更严了。在交通员和地下农协保卫员的护送下，偷渡了敌人设置的重重关卡，来到福建上杭。

这时天已大亮，他们的行踪，被地主保安团发现了，20多个团丁追了上来，陈潭秋和谢觉哉等4人，迅速地机智地避开敌人的追赶，拐进了一个小村庄的屋角，而地下交通员和农协保卫员则继续往前行进，敌人见后，拼命追赶他们，陈潭秋和谢觉哉也冲散了，陈潭秋在一个崖下蹲了一个晚上，谢觉哉伏在山洞里过了一夜，彼此失去了联系。交通员和保卫员由于地形熟悉，很快就甩开了敌人，敌人气急败坏地扑了个空。

由于是雪夜行走，敌人照着脚印穷追不舍。第二天，敌人从一座山林中发现一行深深的脚印，顺着脚印走去，追到山林的尽头，却空无一人，敌人又扑了一个空，只好垂头丧失，灰溜溜地回去了。他们哪知道陈潭秋为了迷惑敌人，将鞋子倒绑在脚上行走，陈潭秋朝南行走，印在雪地上的脚印却是朝北方向，一南一北，逆向而行，敌人哪里追踪得到。就这样机智地摆脱了穷追不舍的敌人。陈潭秋和谢觉哉在地方党组织的帮助下，两人才又会合在一起，顺利地到达了革命根据地龙岩，经龙岩到古田，胜利到达了福建地下省委机关所在地汀州（属长汀）。陈潭秋和谢觉哉爬山越岭，夜行晓宿，备受艰辛，越过了敌人一道道封锁线，闯过了一道道哨卡，终于最后到达红色首都——瑞金。

　　陈潭秋来到瑞金后，被分配到中共中央党校，任校党委委员，兼授中国革命史课程。他以长期革命斗争的实践经验，联系实际地讲解，深受学员们欢迎。那时党校校长是李维汉，副校长是董必武。

　　1933年初，中央苏区正在开展反对所谓"罗明路线"的斗争。在福建大批所谓"罗明路线"的右倾机会主义，在江西大反邓（小平）、毛（泽覃）、谢（唯俊）、古（柏）的所谓"反党派别"。这一斗争的实质，是排斥、打击毛泽东在中央红军和中央苏区的领导地位，实现苏区工作的"彻底转变"和领导机关的"彻底改造"，以便在中央苏区全面推行王明"左"倾冒险主义。

　　当时，临时中央撤换了大批犯"罗明路线"错误的干部，将他们调到党校来"学习"。这些学员思想不通，心里很苦闷。陈潭秋抓住学员中的思想问题，做思想政治工作。找他们散步、谈心，要他们多为革命大局着想。如当时福建省委代理书记罗明也被调到中央党校任教育长，实际上是受批判。陈潭秋便与董必武一道，找罗明谈心，劝导他说："革命的道路很长，革命还要发展，你要想开些。"在当时反"罗明路线"盛行的环境里，陈潭秋不是去批判"罗明路线"，而是说些鼓励罗明的话，这已是十分难能可贵的了。

后来罗明回忆说:"我当时听了这些话,已经感到很温暖。"①陈潭秋在瑞金中央党校工作不久,就调往福建,任中共福建省委书记。

调任中共福建省委书记

原福建省委书记调离福建之后,由原组织部长刘晓代理书记,随后又由万永诚和陈寿昌先后代理省委书记职务。为加强福建省委工作,中央又决定调陈潭秋接替陈寿昌任中共福建省委书记。

1933年6月下旬,陈潭秋从瑞金来到了闽西的长汀——福建省委所在地。

当时的福建省委辖有长汀、连城、龙岩等闽西11个县。省委组织部长是郭滴人,宣传部长是方方,秘书长是温仰春,妇女部长是李坚贞,青年团省委书记是刘英,省苏维埃主席是张鼎丞。陈潭秋到任后,福建省委的首要任务是扩充红军和筹集粮食支援前方,为粉碎国民党第五次"围剿"做好充分的准备。

当时,被调往福建"剿共"的十九路军已进至闽西腹地,占领了上杭、永定、龙岩等根据地的中心区域,形势十分严重,而驻福建省的红军主力红十二军和闽西地方主力红军独立第七师等部队于第四次反"围剿"时调往江西前线尚未返回。虽然由中央主力红军第三军团组成的红军东方军在彭德怀将军的率领下,曾一度向福建进军,并收复了新泉、连城、宁化、归化、武平等县,但没有进到闽西腹地。当时,福建根据地里能与敌人作战的部队仅有红军独立第八师和独立第九师共3000多人,敌我力量对比悬殊。

为了使福建党认清斗争形势,1933年10月26日,陈潭秋主持召开了

---

① 罗明:《潭秋同志在瑞金中央党校》,《回忆陈潭秋》,华中工学院出版社1981年版,第89页。

中共福建省第三次代表大会。会上，陈潭秋作了《中共福建省委工作报告大纲》，对前一段扩大红军的工作、建立地方武装、土地革命、经济斗争、白区工作和党的组织工作等进行了总结，对当前的形势进行了正确的分析，提出了福建省委在粉碎敌人第五次"围剿"中应完成的任务。大会对陈潭秋的工作报告进行了热烈的讨论和研究，许多地方代表在会上发表了自己的意见。最后，大会作出了相应的决议。决议指出，当前全省党的中心任务是"扩大红军，征集粮食，推销公债，搞好生产"。大会选举了陈潭秋、张鼎丞、郭滴人、方方、李坚贞等为省委常委，陈潭秋为省委书记，方方为宣传部长，郭滴人为组织部长。

当时，正是第五次反"围剿"斗争的紧张时刻，又是王明"左"倾教条主义路线登峰造极的时刻，工作中有不少困难，但为了贯彻中央扩大红军的指示精神，陈潭秋集中抓了三次大的扩红运动。

他以身作则，亲自深入到县、区抓点，指导扩红工作。在他的带动下，省委机关干部都深入到基层去做发动、组织工作。在福建省委和陈潭秋的领导下，各级干部积极努力，连城、兆征、代英等县每次扩红都有成百上千的青年踊跃参军。前两次扩红任务都出色地完成了。第三次扩红工作由于根据地缩小，又因为第一、二次扩红时大批青年已上前线，加之接近年关，各项工作繁忙，所以进展较慢，没有完成上级规定的扩红任务。对此，陈潭秋如实地向临时中央反映了福建省的工作情况，却被临时中央的某些人斥责为"右倾"。在这种莫须有的打击面前，陈潭秋并不为个人的得失去争执，也没有消极地对待革命工作，而是忍辱负重，一心一意为党的事业而奋力工作。

在当时，福建省委机关人少事多，工作十分繁忙，即使在这种艰难的情况下，陈潭秋仍然想到为今后的革命工作培养人才。经过他积极地做思想工作，由省委决定，把农民出身的党员干部李坚贞送去瑞金中央党校学习。陈潭秋与李坚贞同在一个党小组，对李坚贞很了解，他说："坚贞有些工作经验，让她去党校学习，提高理论水平，总结工作经验，今后可以做更多的工作。"李坚贞到中央党校后，陈潭秋还特地写信给她，鼓励好好学习。经过一个多月的学习，李坚贞又回到长汀搞扩军工作，并且出色地完成了任务。从这以后，福建省分期分批送党员干部去中央党校学习提高，为以后的工作打下了坚实的基础。大家都称赞说："陈潭秋同志为革命想得就是长远。"

陈潭秋在福建对苏区基层干部的教育也抓得很紧。当时基层干部绝大多数是农民出身，文化程度不高，对工人的劳动与生活状况没有全面地了解，有的说什么："工人穿着鞋袜上班，不沾水也不下地，就是舒服。"听到这些议论，陈潭秋认为这是关系工农联盟的大事情，必须提高农民兄弟对工人老大哥的认识。因此，他利用开会或个别谈话的机会向农民出身的同志解释说："工人也是很苦的哇！在资本家的工厂里做工，吃不饱，穿不暖，一天站十几个小时，所得工资甚少，还要受洋人、监工的打骂和剥削，他们最痛恨帝国主义、资本家。有些工人本来就是在农村生活不下去，不得已到资本家工厂里去做工的，他们同样是一无所有呀！至于说不沾水、不下地，那只是劳动的环境不一样而已，再说也不是所有的工人都不沾水呀！"[①]陈潭秋这一番话语，道理说得清楚、明白、通俗、易懂，那些农民出身的基层干部很快就明白了工农本是一家的道理，收到了较好的效果。

陈潭秋还非常关心妇女工作和青少年工作。他常对做妇女工作的同志说："你们要多宣传男女平等，同工同酬。要努力提高妇女的理论水平和文化知识水平，要多办些妇女识字班、读书班，让妇女有更多的学习机会，还要做好后方的妇女儿童工作，丈夫上前方打仗，要组织他们搞好后勤，支援前线。妇女发动起来了，中国革命就大有希望。"苏区的青少年是一支最活跃的革命力量，在福建，曾经组织了共青团、少先队、儿童团、少

[①] 1979年12月访问李坚贞记录，《回忆陈潭秋》，华中工学院出版社1981年版，第94—95页。

共国际师等,经常举办各种训练班、学习班和军事野营活动。陈潭秋不仅对这些活动给予大力支持,而且亲自在训练班、学习班上讲课,宣传革命道理。他常对青年团干部说:"你们做青年工作的同志要以适合青年特点的方法去做工作。他们爱学习、肯长进,应该多鼓励他们,支持他们,引导他们树立远大的革命理想,为共产主义事业而献身。"①

陈潭秋不仅在工作上带领同志,思想上教育同志,而且在生活上关心同志。闽西根据地地处我国南方山区,生活很艰苦。吃菜没有油也没有盐,粮食不够吃,每人每餐还得节省一点支援前线的红军。已是11月的山区,寒气逼人。当时来闽西工作的同志,为了路途行动方便,一般只带几件夏衣,没带棉衣。眼看冬天来了,都在为没有棉衣而发愁。例如,刘英是个女同志,为了路上行走方便,就没带棉衣。陈潭秋知道这件事后,就将自己仅有的一件棉衣送给了刘英,自己却只穿几件单衣。刘英过意不去,不肯接受,说:留给你自己穿吧!你也只有这件棉衣,你给我了,自己怎么办?陈潭秋劝慰刘英说:"我是男同志,实在冷了,就到外面跑跑步,挺一下就过去了。"刘英接过棉衣,十分感动,半晌说不出话来。她后来说:"我在长征路上,就是穿着这件棉衣爬雪山、过草地,经历了无数风风雨雨。在最艰苦的岁月里,全靠这件棉衣抗过了严寒,迎来了和暖的春天,迎来了革命的胜利。我每每想到这件棉衣的来历,内心总是热呼呼的,好像增添了无穷无尽的力量。"②

那时苏区工作繁忙,营养不足,卫生条件也较差,省委机关的同志共用一个小木盆洗脸,一个大木盆洗澡,不少同志染上了疥疮。陈潭秋向老中医请教,弄来中草药为大家治疗,并规定大家要勤洗勤换,搞好个人卫生和公共卫生。不久,患疥疮的同志就痊愈了。大家都称赞说:"消灭疥

---

① 1979年9月作者在北京访问刘英记录。
② 1979年9月作者在北京访问刘英记录。

疮，潭秋同志立了头功。"

陈潭秋严格要求自己，处处以身作则。他身为省委书记，又是创建我们党的老党员，但总是以一个普通党员的身份出现在同志们面前。他坚持参加党的组织生活，服从党小组的领导，按时交党费。那时候，大家没有什么津贴，只有一点生活费，党员同志多是从生活费里节省下五分钱来交党费的。陈潭秋当时编在李坚贞任组长的省委机关党小组内。据李坚贞回忆说："陈潭秋同志总是按时到会参加组织生活，每月他都按时把五分钱的党费交给我。我对他常说：虽然只有五分钱，却表现了一个共产党员的组织观念，表示了一个党员时时刻刻想着党"。"许多同志都说，潭秋同志民主作风好，平易近人。他经验丰富，理论水平较高，但遇事仍多与同志们商量，虚心听取大家意见，然后才作出比较切合实际的结论，他初到福建省委时，许多同志听到他是我党'一大'代表，我党最老的党员之一，都有些拘谨，不太敢和他接近，可他却主动和同志们接近，找大家攀谈，使同志们逐渐地消除了拘束的心理。他和同志们打成一片，在生活上从不搞特殊，坚持与同志们同甘共苦。"

陈潭秋到福建省委之前的半年时间里，王明路线在福建整了一大批干部。先是批"罗明路线"，接着批刘晓反罗明不力的"错误"，后是整张鼎丞、谭震林等，搞得大家思想苦闷，心情不舒畅，同志间的关系也很紧张。陈潭秋来到福建省委以后，没有像王明路线领导人那样瞎批评和乱扣帽子。由于他作风民主，有事同大家商量，又关心同志，干部们的精神振作起来了，大家亲密无间，团结战斗。于是陈潭秋赢得了大家的信任和尊重。

1934年，陈潭秋与张鼎丞、刘英等被选为福建省出席中华苏维埃第二次全国代表大会代表，前往江西瑞金参加大会。1月22日，大会开幕，陈潭秋当选为大会主席团成员，并被大会选举为中华苏维埃共和国中央执行委员会委员，被任命为中央粮食人民委员，即粮食部长。

陈潭秋离开福建后，由曾洪易接任福建省委书记，不久，中央又派刘少奇去那里开展工作。

中央苏区第一任粮食部长

1934年1月，临时中央给陈潭秋错误地加上"右倾机会主义"的帽子，撤销了他中共福建省委书记的职务。但由于陈潭秋在福建苏区的群众中有较高的威望，仍然被推选为出席第二次全国苏维埃代表大会的代表，来到瑞金出席会议。

大会总结了两年来中国苏维埃运动的历史经验，提出了苏维埃今后的战斗任务，具体讨论了红军建设、苏区经济建设、苏维埃政权建设等重要问题，并做出了相应的决定。大会还通过了苏维埃宪法修正案和各种提案的决议案，选举了新的苏维埃执行委员会、人民委员会主席，任命了中央人民委员。陈潭秋被选为中华苏维埃共和国中央执行委员，并被任命为中央粮食人民委员。

中央粮食人民委员，是为了适应粮食征集工作的需要，由中华苏维埃共和国中央政府新建立的一个部。陈潭秋是中华苏维埃共和国第一任粮食部长。一切首创，都得从头做起。

那时粮食工作很重要，国民党蒋介石对中央苏区实行反革命的经济封锁，企图困死饿死我们。他们对中央苏区发动了第五次反革命军事"围剿"，使根据地日益缩小，粮食日益困难。我们党内王明"左"倾教条主义路线的危害，加重了这种困难局面。为了支援革命战争，保证前线红军粮食的供给，满足苏区工作人员粮食需要，照顾红军家属的补助粮、优待粮，以及安排好群众生活，必须把粮食工作抓紧抓好。此外，粮食战线上打击反革命的破坏，粉碎敌人的抢粮、毁粮阴谋也是粮食部门的重要责任。

因此，陈潭秋担任粮食人民委员，肩负着征粮、购粮、调粮、运粮、节粮、保粮的重任，任务艰巨，关系全局，时间紧迫，斗争复杂。陈潭秋受命于危难之际，胜利地完成了自己的艰巨任务。

陈潭秋到任后，他遇事沉着、冷静、有魄力，在困难面前想了很多办法，工作做得很出色。他一方面组建各级粮食局，建立健全机构；另一方面立即紧急动员机关干部积极参加春季收集土地税和发行谷子公债的突击运动。

当时，根据地面积一天天缩小，粮食需求量一天天增加，在这种困难的条件下，由于党组织和苏维埃政府的大力动员，陈潭秋领导的粮食部门充分依靠群众，得到苏区广大群众的热烈拥护，仅仅一个半月，就胜利地完成了春季粮食收集任务。当时，收集到谷子60%以上，现金约40%。这一任务的胜利完成，"相当地解决了粮食困难，相当地保证了红军及后方机关的给养"[①]。他又要求大家继续搞好粮食收集工作，他说："粮食问题，在残酷的国内战争中，仍旧严重地摆在我们面前，需要我们用最大的力量来全部完成收集运动，使红军给养得到完全保障"。

在努力完成征粮任务的同时，陈潭秋又号召"继续开展节省粮食运动"，并号召群众多种杂粮、蔬菜，以补充粮食的不足。为了支援前线，中央人民委员会决定在机关干部中发起每人节省三升米运动。陈潭秋及时地写了《把节省运动开展到群众中去》的社论，发表在1934年4月16日《红色中华》上，文章强调指出："各级政府特别是各级粮食部门要最紧张最负责的来领导这个运动，具体估计群众的情绪与群众粮食情况，规定切实的计划与动员方法，组织群众的节省竞赛和节省号召"。他要求每个人"节省三升米捐助红军"。

为了开展节粮运动，陈潭秋以身作则，带头节粮，中央粮食部全体工

[①] 《红色中华》1934年3月30日。

作人员在原来节粮的基础上每天每人再节省二两米（当时机关干部每人每天定量是老秤 14 两米，16 两为一市斤），从 4 月 21 日起开始实行，并且向各机关发出了节粮的挑战。中央财政部、中央教育部、中央劳动部及各省、县机关等热烈响应这一挑战，并提出了应战的具体措施。《红色中华》1934 年 4 月 30 日以《给中央粮食部的挑战以极响亮的回答》为题详细地报道了上述情况，整个苏区很快形成了一个轰轰烈烈地"节省三升米捐助红军"的节粮运动高潮，这个节粮运动一直扩展到城镇的工人和农村的农民。会昌、瑞金的群众听到粮食部的挑战及节粮措施十分感动，他们说："政府人员一天吃两餐，还节省二两米，我们一天吃三餐，更应当节省米粮，供给前方的红军。"福建长汀镇上的群众，听说陈潭秋部长率领中央粮食工作队要来了，老百姓早已把长汀望江楼对面的原福建省委办公楼打扫得干干净净，迎接工作队的到来。"陈部长是原来我们福建的省委书记，多和蔼，多英俊"。镇上的男男女女全部出动，载歌载舞地唱着：

不怕强盗不怕偷，
不怕白匪来烧楼；
旧楼烧掉不要紧，
革命成功盖新楼。

打起红旗呼呼响，
工农红军有力量；
共党万年坐天下，
反动终归不久长。

一见工作队进镇，个个兴高采烈，笑逐颜开。在人民群众的大力支持下，粮食和支前物资很快地成批集中到这里，粮食都堆成了一座小山。

陈潭秋一见，大吃一惊，忙问负责收集和保管的老李和老王，怎么这么快就收集到这么多粮食，他们解释说："这是群众自动送来支前的，不收也不好。前方正需要大批粮食嘛！这里是鱼米之乡，土改分了田地后，群众的生活情况大为好转。"由于群众的革命热情，也由于群众对陈潭秋的信赖，所以很快集中了许多粮食。

见此情景，陈潭秋沉思了，他到乡下去了解，亲眼见到差不多家家都是三顿稀饭，儿童吃的是红苕和玉米棒，目前长汀的群众也十分困难，怎能拿出这么多粮？他对大家说："作为粮食部长和原福建省委书记，我有责任向同志们提供这里的情况和资料。"接着他说："为了筹足粮食，支援前线，以保证前方粮食供应，我们要向群众筹粮；但是，筹粮一定要注意从实际情况出发，要注意筹粮不能影响群众的生活，不能让群众挨饿。"随后他说："同志们讨论一下，这些送来的粮食怎么处理恰当？"

"向群众买一部分。"

"向群众借一部分，秋后还给他们！"

……

最后一致同意，向群众征购三分之一，借三分之一，退回三分之一。并向群众致谢！这样，做到公私兼顾，利国利民，既保证了第五次反"围剿"战争中前方必需之粮食，又保证人民的起码生活需要。这一宣布，长汀镇上的人民惊喜不已，奔走相告。群众一致反映：潭秋部长经过调查研究，了解群众的疾苦，关心群众的生活，真是我们的好领导。后来，这支粮食工作队被评为"模范工作队"。

"对敌人要仇恨，对群众要爱护"。这是陈潭秋的口头禅。他是这样说的，也是这样做的，他还常用这句话来教育干部和战士。他说："只有这样，才能得民心，站稳脚跟，红色政权才能巩固，红军的供给才能源源不断"。这个道理，深深地刻印在受过潭秋教育的干部和战士的心坎上。

在每天节省二两米的运动中，陈潭秋亲自带头，提倡瓜菜代，红薯饭，南瓜汤，吃得饱来甜又香。

到了5月6日，正值南方青黄不接时期，为了保证红军的供给，党中央和中央人民委员会决定再向群众借谷24万担。这是一项十分艰巨的任务，在一部分干部中产生了畏难情绪。为了整个革命大局，陈潭秋把借谷与节省运动结合起来，同时进行，开展了借谷24万担的紧急动员之后，陈潭秋率领工作人员深入到区乡进行调查访问，了解群众的存粮情况和交粮情绪，做到心中有数。同时，又大力开展宣传工作，向群众讲明借谷的道理，耐心细致地做好动员工作。

在借谷运动中，他们坚决而又灵活地执行了中央政府对筹粮、借谷的政策，决定全部没收地主的余粮，根据具体情况征收富农的余粮。在7月上旬，仅完成了42%的借谷任务，陈潭秋针对当时情况指出：我们工作中暴露出明显的弱点，首先是动员工作开展不平衡，"兴国、瑞金是已经光荣的完成和超过了，零都、博生、会昌、胜利、长胜、西江、洛口、杨殷、太雷，很快就要完成，但有许多县份却严重的落后，如整个闽赣各县，处在战争最主要地位的赤水、石城、江西的万太、龙岗，赣南的赣县、登贤，福建各县也开展的异常迟慢。一县之中也是如此，西江的宽田，长汀的红坊、洋亭，上杭的才溪，龙岗的良村、博生的城市，洛口的黄坡，都早已完成了，但其他的区有些远落在后面"。就项目来说，节约工作完成了，但没收、征收和借谷没有完成。

根据这些情况，陈潭秋提出了三条措施：（1）集中我们的突击力量到对于战争最重要的区域，特别是赤水、石城、博生、洛口，其次是龙岗、万太。这些县份不但要迅速争取完成，而且要大大超过计划来保证作战部队的给养。（2）已经完成和快要完成的各县区，要最大限度地发扬群众的热情，争取计划的大大超过。（3）落后的县区必须最快地紧急动员起来，赶上前去，检查我们在动员工作中的弱点和错误，迅速地纠正过来，组织我们的突击力量，加强对落后地区的工作。实行这种分类指导的工作之后，到7月中旬，各地粮食源源不断地入仓及转运，兴国已经超过了5000余担，瑞金超过了400余担，胜利超过了290担，还有许多县份在20日以前可以完成和超额完成计划任务。到 7 月底就完成和超额完成了借谷任务。

1934 年 8 月 8 日，陈潭秋在《二十四万担粮食动员的总结》一文中说道："由于党的正确领导，由于广大群众热烈的拥护革命战争和负责的保证红军给养，由于一般干部积极努力与不疲倦的斗争精神，党和人民委员会号召 24 万担粮食的动员，已经基本的完成，而且多数的县份超过了，这对于红军秋收前的给养，可以说得到相当的保证，对于粉碎敌人五次'围剿'，不能不说又增加了一个有力的条件"。文章最后说："现在秋收已经到来了，秋收中 60 万担借谷与土地税的税收，需要我们比 24 万担借谷动员更加百倍的努力，才能迅速完成这一光荣伟大的任务。我们应当应用这次 24 万担借谷运动的经验和教训来领导新的粮食动员，我们要绝对相信群众，要坚定执行党的指示，要进行广泛深入的政治宣传鼓动，反对任何强迫摊派的方式，要团结和组织模范的红军家属和积极分子来领导群众，要克服过去工作上的弱点和错误，彻底消灭文牍主义的领导方式，来迎接这次新的粮食动员。"①

陈潭秋在这里总结出的粮食工作"六要"的经验，是以后完成粮食征集任务的基本条件，也是我们全党粮食工作的宝贵财富。

在借谷工作中，陈潭秋主持的粮食人民委员会采取了印发中华苏维埃共和国借谷票的做法，印有 100 斤、50 斤等各种面额，票面当中有一幅反映苏区广大工农群众热烈支援红军场面的图画，给人们留下了深刻的印象，有些苏区群众一直把这种借谷票保存到全国解放。这表现了革命根据地的人民群众对党和工农红军的热爱和信赖，他们把革命的胜利和自己的翻身解放完全寄托在共产党和红军身上。这些借谷票也是根据地人民对革命做出贡献的历史见证，是一种非常珍贵的文物资料，是一种无价之宝。

1934 年 8 月，苏区进入秋收季节，中央依据红军的需要和群众的可能，

---

① 《红色中华》1934 年 8 月 8 日。

决定秋后再向群众借谷60万担，买谷10万担，征收土地税30万担，共计筹粮100万担。这是1934年内中央苏区的第三次筹粮热潮。中央具体规定："这一任务，一般的要在9月15日前完成，只有早禾占少数晚禾占多数的地方，才可略为推迟时间。"①这次收集粮食的任务，在陈潭秋的正确领导下，充分依靠了苏区的群众，也基本完成了任务。

陈潭秋领导苏区筹粮工作，有条不紊，一环紧扣一环。他在紧张筹粮的同时，还抓紧了对粮食工作干部的培养。当时，在粮食部门的工作人员，大多是从各部门或基层抽调来的，少部分是原来粮食调剂局的。他们中的大多数对打算盘、过秤、写账、收藏及保管粮食等业务都不熟悉，有的甚至连写账、打收条也不会。针对这种情况，陈潭秋组织了各种短期训练班，如财会班、文化补习班、收藏保管训练班等，一边学习，一边工作，在工作中学习，以学习来推动工作。这样，一批业务工作干部很快地成长起来。

在抓紧收粮、借谷的同时，陈潭秋又狠抓了粮食的运输和保管工作。他要求边区收集到粮食后，迅速运到中心区域来，免被敌人抢去，他要求收集的谷子，及时入仓，不要存放在私人手中，避免被坏分子偷去。他要求谷仓完好、干燥，避免老鼠偷吃，或因潮湿而霉烂。他要求建立粮食账目，填写三联式收据，一联交群众，一联交上级，一联留底以作建账凭证。这样一方面做到心中有数，一方面防止偷盗和贪污。当他发现粮食的保管和运输工作中，有少数地区仓库的谷子霉烂发芽，有的谷子被坏分子偷走，就立即采取措施予以处理。他还亲自写了一篇名为《这是不能容许的——收集保管中的严重现象》的社论，严厉揭露和批评了粮食部门存在的问题和错误思想。

在秋收后的收粮运动中，陈潭秋抓住火候，及时总结群众的新鲜经验。

---

① 陈潭秋：《秋收粮食动员的总结》，《斗争》1934年9月30日。

在收集粮食的过程中，长胜县在短短五六天内就借谷和征收土地税共5.7万多担，瑞金县在11天中收集了粮食6.4万多担，这是争取时间的结果，长胜、瑞金是"争取时间"的模范。为了迎接一个月内扩大红军3万人的新任务，必须抓紧时间努力完成百万担粮食的收集任务，陈潭秋号召学习长胜、瑞金的经验，他说："争取时间"就是胜利。

不久，中央红军准备转移，急需携带一批粮食路上吃，大概准备五天至七天的粮食，中央给粮食部门下达了紧迫而艰巨的任务。当时农村环境缺乏大粮仓，运输条件又较差，在很短的时间内要集中几十万斤粮食真不容易，而要把这几十万斤稻谷碾成米就更困难了。面对困难，陈潭秋从容不迫，统一筹措，昼夜不眠地工作着。他发动群众，上下齐动手，军民共努力，老幼皆上阵，终于胜利地完成了红军长征前的粮食准备任务。不仅如此，他还从整体出发，作了全面安排。他说："我们首要的任务是解决红军长征要携带的粮食，同时，也要给留下的部队准备好粮食，还要安排好群众的生活。我们应有这个通盘考虑。"因此，他在准备好给红军长征携带的粮食的同时，还给游击队和根据地群众留下了必要的粮食储备，既满足了部队的需要，又保障了群众的利益。党和群众一致称赞陈潭秋不愧为"人民的好粮食部长"。

陈潭秋在征集粮食的过程中，不辞劳苦，夜以继日地工作着。同时，他抓紧一切时间，写下了许多文章，如：《收集粮食突击运动总结》（1934年2月）、《把节省运动开展到群众中去》（1934年4月16日）、《粮食突击任务有不能如期完成的危险》（1934年7月5日）、《为迅速完成廿四万担谷子而斗争》（1934年7月14日）、《这是不能容许的——收集保管工作的严重现象》（1934年7月17日）、《关于粮食的征收、运输与保管等工作》（1934年7月25日）、《廿四万担粮食动员的总结》（1934年8月8日）、《争取时间，学习长胜、瑞金的经验》（1934年8月30日）、《秋收粮食动员的总结》（1934年9月30日）九篇文章，在这些文章中有当时征集粮食的具体任务的要求，有征集工作的做法与经验教训，有各县粮食征集的具体情况和典型事例，有党的方针政策和贯彻执行的政绩，它生动地记录了当时粮食征集的全过程，是陈潭秋给我们留下的一份珍贵遗产，是我们粮食战线的工作人员必须认真学习的文献资料，我们应该珍惜它，爱护它，继承和发扬光大。

爱妻遇害

1934年春，正当陈潭秋在中央苏区为完成24万担粮食突击运动紧张进行的时刻，传来了他夫人徐全直被国民党反动派杀害于南京雨花台的不幸消息。这一晴天霹雳，使陈潭秋陷入长期的悲痛和沉思之中。

徐全直，又名虔知、宛明，湖北省沔阳县脉望嘴胡家台子人，1903年2月，出生在一个贫苦农民家庭。徐全直有姐妹四人，兄弟一人，她排行第二，家里人都亲切地称她为"二妹子"。1910年她和姐姐徐全德被送到武昌湖北女子师范附属小学读书。1919年春考入湖北省立女子师范就读。1921年暑假，参加了由陈潭秋发起的妇女读书会。1922年2月开始，参加了反对校长王式玉无故解聘进步教师刘子通的女师学潮运动。是年，她加入了社会主义青年团。在经历了女师学潮和京汉铁路工人大罢工斗争的严峻考验之后，她于1923年参加了中国共产党。1924年5月，她出席了中国社会主义青年团安源地方委员会第五次代表大会，在会上被选为地委委员。1924年春，在武昌与陈潭秋结为革命伴侣。

1925年6月，武汉妇女协会成立，徐全直担任了《武汉妇女》旬刊的编辑，负责对外联络。她以宛明的笔名在《武汉妇女》第六期上发表了《妇女运动的派别和正确方针》的文章，指出：只有劳动阶级的妇女运动，才是妇女运动的方向。为此，她常到工厂中去，办识字班，交结女工友，领导女工斗争。

1927年1月，国民党湖北省第四次代表大会召开，徐全直被选为省党部监察委员，主管学校的监察工作。1927年1月15日，武汉妇女协会召开了纪念国际无产阶级著名活动家卢森堡逝世八周年大会。徐全直主持大会并致辞，她说："今天为卢女士死难日期，女士为世界革命伟人，领导无产阶级革命，我们今日开会纪念，一半是景仰烈士，一半是鞭策自己要继续女士奋斗精神和牺牲精神。"①

2月6日，徐全直被国民党湖北省党部第七次常委会推选为妇女运动委员会委员和妇女职业介绍委员会委员。2月15日，她在湖北省党部和汉口市党部联合举行的欢迎宋庆龄等女界领袖会上致辞，她说："女工运动应注意下层妇女，谋妇女之真正解放。"表示了她对当时开展妇女运动的真知灼见。1927年的"三八妇女节"，是北伐胜利后，武汉第一个国际妇女节，在庆祝会上，徐全直"历数旧礼教及封建思想习惯之罪恶"，指出："妇女应解放，及参加工作之必要"②。同日，湖北省妇女协会第一次全省妇女代表大会在武昌隆重召开，徐全直被选为大会主席团成员，并代表省妇协交际部向大会作了工作报告。会上，徐全直当选为省妇协执行委员，兼交际部副主任。

1927年7月中旬，徐全直与陈潭秋一道奉命调往江西，任中共江西省委妇女部长。她和另一位省委机关工作人员黄慕兰一道，把中央关于八七会议的精神和省委的指示，迅速地传达到赣东北特委、赣西南特委、井冈山前委以及各县县委去。此后，徐全直一直与陈潭秋一起，战斗在大江南北，长城内外，为党为革命做了许多工作。

1933年初，听到中央调她和陈潭秋一起到中央苏区工作，十分高兴。

---

① 《汉口民国日报》1927年1月16日。
② 《汉口民国日报》1927年3月10日。

可是自己临近产期，行动不便，只好分娩后，随后赶到。徐全直产后出院，带着孩子潜居在同乡潘怡如家中，打算把婴儿暂时寄养在潘家，等候徐家三妹来接回湖北农村抚养，她自己准备尽快赶赴中央苏区。

6月20日上午，徐全直到厦门路56号党的秘密联络点，联系去中央苏区有关事项，不期该联络点已被敌人破坏。当她进到里面发现情况有异，马上转身外出时，隐藏在四周的国民党特务一拥而上，把她蒙头遮眼捆绑起来押走了。起初，她被关押在国民党上海市公安局的监狱里。初审时，她为了掩护党的组织，保守党的机密，声称自己的名字叫黄世英，从湖北乡下来上海投亲访友找工作的。编了一套假经历，瞒过了敌人。不久，她被秘密地押送到南京宪兵司令部。

在狱中，徐全直同敌人进行了顽强的斗争。在敌人的法庭上，她慷慨激昂地历数国民党当局祸国殃民、出卖民族利益的罪行，揭露监狱当局任意虐待犯人，克扣犯人伙食的卑鄙行径。她利用监狱放风的机会联络同志，鼓励难友坚持斗争。她常对难友说："不能做对不起党的事情，到了这里要准备把自己的生命贡献给党。"① 为了改善政治犯的生活条件，她秘密串联狱中党员，团结其他难友，向狱方提出了改善政治犯待遇的条件，并举行了绝食斗争，迫使狱方不得不同意他们提出的条件。

反动统治者给徐全直判了刑。老母得知女儿判刑后，十分焦急，四处奔走，设法营救。通过徐全直父亲徐世安的好友范某，找到了当时任浙江省主席的张难先出面活动，国民党反动当局硬要先送反省院反省，然后视其表现如何予以保释。徐全直深知敌人用心险恶，当即向范某表示：宁为革命死，绝不去反省院。

反动当局看到软硬兼施对徐全直都不起作用，竟以"拒绝坦白自新，

---

① 李一纯：《徐全直同志革命事迹的片断》（访问记录）。

侮谩公职人员，妨碍他人自新，不可理喻"的罪名，改判徐全直死刑[①]。

1934年2月的一天深夜，国民党南京宪兵司令部看守所里戒备森严，徐全直知道到最后献身的时候了，她镇定自若，告别了难友，步出监狱。在"打倒国民党反动派！""打倒蒋介石卖国贼！""中国共产主义运动必胜！""中国共产党万岁！"的口号声中，中国共产党的优秀党员，我国妇女运动的先驱徐全直，为了壮丽的共产主义事业和中国的妇女解放事业，在南京雨花台，流尽了最后一滴血，献出了自己宝贵的生命，时年才31岁。

徐全直牺牲后，党的同情者将她的遗体葬于南京水西门外，矗有墓碑，上书"古复（沔阳）徐全直女士之墓"。

党组织通过地下交通把这个不幸的消息带到中央苏区，转达给了陈潭秋。他得此消息后，悲恸万分，追思起与自己共同战斗十余年的战友和亲人，许多往事历历在目。深沉的回忆激起了陈潭秋对敌人的无比愤恨，他含悲忍痛，誓为徐全直报仇，誓为全中国受难的兄弟姐妹报仇，决心为中国人民的解放、为全人类的解放贡献自己的力量。他出色地完成了收集粮食和扩红的艰巨任务，在中央红军被迫长征后，他留在中央苏区，坚持了敌后的游击战争。

转战闽西南

1934年10月，由于王明"左"倾教条主义在党内的错误领导，中央革命根据地第五次反"围剿"失败，红军不得不进行战略转移。

为了牵制敌人，保留革命火种，中共中央决定在中央苏区设立中共中央分局、中华苏维埃共和国政府中央办事处，并留下了三四万红军坚持苏

[①] 《战士的最后选择》，《中华女英烈》，人民出版社1981年版。

区革命斗争，中央分局由项英、陈毅、陈潭秋、瞿秋白、曾山、贺昌、邓子恢、张鼎丞、谭震林、梁伯台、毛泽覃、汪金祥、李才连等组成，项英任中央分局书记和中央革命根据地军区司令员兼政委，贺昌任政治部主任，陈毅任中央办事处主任，瞿秋白任中央分局宣传部长，汪金祥任中央分局保卫局局长，陈潭秋任中央分局组织部长。

中共中央规定，中央分局和留守部队的任务是牵制敌人，掩护主力红军转移，保卫中央苏区，保卫土地革命胜利果实，在中央苏区及其周围进行游击战争，使侵占中央苏区的敌人无法稳定其统治，并准备配合主力红军在有利的条件下进行反攻。划定瑞金、会昌、于都、宁都四个县城之间的三角地区为基本的游击区和最后坚持的阵地。但项英继续进行阵地战，与敌人主力硬拼硬打，对此错误部署，陈毅、陈潭秋都极力反对。

陈毅说："保卫中央苏区的要求是不现实的。主力红军在的时候，尚不能粉碎敌人的'围剿'，而不得不转移。如今要保卫中央苏区配合主力红军反攻，简直是做梦！"

陈潭秋也认为：应该突围至敌人后方的边界地区去开展游击战争。

陈毅更进一步说："面临大兵压境，大风暴马上来袭的时候，我们要赶快准备，以应付各种复杂的局面。在思想上要准备迎接大风暴，进行艰苦的长期的斗争。在组织上要迅速把干部和部队分散，开展广泛的、灵活的游击战争。只有这样彻底转变斗争方式，改变领导方法，才能争取斗争的胜利。"

这一番审时度势的精辟的分析和建议，项英不但听不进去，反而说他们"情绪不好"，"悲观失望"。陈毅当即进行了反驳。但由于项英是中央分局书记，重大问题最后必由他决定，所以，陈毅、陈潭秋的正确意见未被采纳。项英把县区地方武装集中起来，"创造新的师、新的军团"，无视敌人兵力的暂时强大，与敌人打阵地战，使留在苏区坚持斗争的仅有的一部分力量遭到很大的损失。

当时，敌人从东西两路向中央苏区紧缩，占领中央苏区各县城和交通要道，企图将留下的红军压迫在狭小地区，然后分区"清剿"。而项英为了"兴奋苏区的群众，提高他们的信心"，把红二十四师以及瑞金、会昌的独立营集中在瑞金谢坊左侧的湾塘，伏击敌东路军第三师，这一仗虽然歼灭了敌人的半个旅，却也削弱了自己的力量，同时，也暴露了主力的目标。在强敌的袭击下，10月26日，敌人侵占宁都；11月10日侵占瑞金；11月17日侵占于都；11月23日侵占会昌，整个中央苏区的县城很快全部陷入敌手。至此，所谓"最后的坚持阵地"也失守了，中央苏区的形势更加严重了。中央分局、中央办事处和赣南县的机关、部队被敌人围困在狭小的仁风地区，这样，项英才不得不同意"冲杀出去"。

遵义会议以后，中央书记处专门研究了中央苏区的军事问题。1935年2月，中央分局在雩（于）都县仁风地区收到了党中央在长征路上发来的电报指示，电文指出：在当时形势下，留在中央苏区的部队应"反对大兵团作战的方针，应在中央革命根据地及其周围进行游击战争"，"彻底改变斗争方式，一般应由中央革命根据地方式转变为游击区方式"①。同时，指示成立革命军事委员会中央苏区分会，由项英、陈毅、贺昌等五位同志组成，统一指挥军事斗争。

中央分局接到电报指示后，立即召开会议，研究中央书记处的指示精神，接受了陈毅和陈潭秋的正确意见，决定把干部和红军分为九路，分别向闽赣、闽西、湘南、赣粤等边界山区突围，开展游击战争②。

向闽西方向突围的有何叔衡、邓子恢、瞿秋白等原中央工农民主政府的领导人和以陈潭秋为特派员、谭震林为参谋的中央分局领导人③。陈潭

---

① 陈丕显：《赣南三年游击战争》，人民出版社1982年版，第9页。
② 项英：《三年来坚持的游击战争》。
③ 谭震林：《从赣南到闽西》，《回忆陈潭秋》，华中工学院出版社1981年版，第110页。

秋、谭震林率红军二十四师的1个营，400余人，由瑞金西南向上杭西北突围，准备到永定县西溪赤寨乡与张鼎丞会合，同红八团、红九团、明光独立营会师，坚持闽粤边界的游击战争。

2月下旬的天气，北风呼啸，寒气逼人。部队集合在打谷场上，准备出发。大家窃窃私语，下一步应该怎样打？谭震林来到队伍前面，整理好队伍后，便请中央特派员陈潭秋讲话。陈潭秋来到队伍前亲切而严肃地说："同志们，我们这次是根据党中央、毛主席的指示精神和中央分局的决定，突围到闽西去和张鼎丞领导的兄弟部队一道在闽西南开展游击战争，建立红色政权。同志们，我们这次是单独执行任务，独当一面，任务是相当艰巨的，大家有没有决心啊？"战士们都齐声答道："有！坚决完成任务！"响亮而雄壮的声浪，震荡了整个山谷。

紧接着部队从瑞金西南出发，第一个目的地是长汀县的四都。当时敌人在零（于）都、瑞金、会昌、长汀一线已经形成了包围圈和封锁线。在突围战斗中，陈潭秋、谭震林率领的红军部队与何叔衡、邓子恢、瞿秋白等同志失散了。

何叔衡、邓子恢、瞿秋白和政府机关工作人员张亮、周月林等，于1935年2月下旬到达长汀四都琉璃乡水金村。他们由福建省苏维埃政府保卫局特务队、福建省军区冲锋连等护送，前往永定同张鼎丞等领导的红军游击队会合。2月24日拂晓，他们从长汀濯田区的水口渡过汀江到达小径村，不幸被国民党福建省保安第十四团钟绍奎部包围。经激烈战斗后，何叔衡受伤跳崖壮烈牺牲。邓子恢率部冲出重围返回四都福建省委驻地，瞿秋白、张亮、周月林在小径村牛路坑的水塘里不幸被俘，被押送至上杭县监狱。后来，瞿秋白又被解送到汀州国民党第三十六师师部监狱，6月18日英勇就义。

陈潭秋、谭震林带领的红军部队冲出了敌人的重重包围，翻过武夷山脉，来到了长汀县的四都。他们在这里和邓子恢率领的队伍会合，然后向闽西南前进。

从四都到上杭、永定的这一段路程非常艰难。当时，敌人在占领中央根据地的最后几个县城之后，其"东路纵队"所属各师均陆续向闽西腹地集中，闽西敌人部队骤增到八个正规师，并在龙岩设立了"清剿"指挥部。另外，还有闽西各县的地方反动武装，如"民团""壮丁队""铲共团"等约10万人。过了四都，强渡汀江，在汀州涂坊与敌人遭遇，边打边走，部队退到涂坊朱畲岭，营长光荣牺牲，谭震林亲自指挥部队继续突围。当时，派出侦察小分队，探听敌情，得知敌人正从四面八方包围这座大山，陈潭秋和谭震林、邓子恢等分析了敌情，决定立即趁夜突围。他们出敌不意，大胆果敢地乘隙从一小山沟中冲出敌人的包围圈。第二天早饭后，部队进入紫金山北面的一个大村庄休息，准备天黑后翻越紫金山，渡过旧县河。

夜幕刚刚降临，陈潭秋和谭震林就带着部队出发了。他们翻越了紫金山，迅速来到旧县河边上。根据当地老乡报告，河对岸在天黑前来了一个连的敌人，这些人驻在离河岸五里的一个村庄上，河岸附近只有几个哨所。陈潭秋和谭震林、邓子恢商量后，决定趁着夜色偷渡。旧县河虽然不是很深，但水流湍急，且河底苔石光滑难行，因此，部队渡河时水声较响，对岸敌军在哨所里听到水声很响，盲目地向河里扫射了一阵，陈潭秋根据这种情况，断定敌人并不了解我军意图，当即命令部队强渡。过河之后，为了避免与敌人正面遭遇，他们研究决定把部队分为两路：一路由谭震林和邓子恢率两个连，从岩下进入大森林中，并约定在山南面的一个村庄里会合。另一路由陈潭秋和营政委带领两个连，从岩下东端插到山南面，甩开纠缠的敌人。

经过艰难的急行军，两支部队都到达永定大阜，与张鼎丞派来接应的部队会合。部队刚刚驻扎下来，突然被国民党陈荣光部包围。在危急关头，陈潭秋沉着镇定，机智果敢，他对指战员们说："共产党人是钢打铁铸的，即使遇到天大困难，也要杀出一条血路冲出去。为了党的事业、人民的解放，我们要活着冲出去。"①

经过商量确定，谭震林率领大部分同志突围，陈潭秋带领一个警卫班冲向一个山头，控制制高点，把敌人吸引到自己这边来，掩护大部队突围。陈潭秋拔出手枪，朝天连放三枪，敌人果然像疯狗一样朝枪响的方向扑去。由于陈潭秋带领部队猛冲猛打，敌人被他们牵制住了，大部队趁机安全冲出了敌人的包围圈。而陈潭秋率领的这个班经过激烈的战斗全部壮烈牺牲了。陈潭秋在战斗中因失足，掉下崖去，受了重伤，把右耳朵刮掉了，脚趾也折断了。等敌人退走后，谭震林率领部队回转过来满山遍野地寻找。终于在崖下发现了负重伤的陈潭秋。他满身是血，已昏了过去。同志们临时赶扎了一副担架，把他抬着行军。

4月中旬的一天，他们在永定大阜区与张鼎丞派来的部队会合了。刚一见面，陈潭秋便说："哎呀！同志们，咱们险些不能相见了！"同志们都围拢过来，问长问短，说个没完。好像久别重逢的景象，十分亲热，方方说："有马克思的在天之灵，会保护你的健康的。"说着说着，逗得大家都乐起来了，一阵欢笑。

大阜山突围战斗之后，在闽西南各县坚持游击战争的红军部队有红三团、红八团、红九团，明光独立营和陈潭秋、谭震林、邓子恢所率领的红二十四师一个营及各县的游击队共1500人左右。这支部队后来发展壮大，抗日战争开始后编为新四军的一个支队，是组成新四军各部分人数最多的一部分。

部队会合后，陈潭秋在永定金丰养伤。伤势刚有好转，他便与张鼎丞等一道研究，分析形势。一致认为：为了贯彻党中央的指示精神和中央分局的决定，正确估计闽西地区的政治形势，制定适合闽西情况的斗争策略，要尽早召开闽西南地区党政军代表会议。

---

① 温仰春：《转战赣南闽西》，《回忆陈潭秋》，华中工学院出版社1981年版，第115页。

经过一段时间的酝酿与筹备，闽西地方党、政、军第一次代表会议于1935年4月在永定县溪南区赤寨乡召开。出席会议的有陈潭秋、张鼎丞、谭震林、邓子恢、方方、朱森、谢育才、吴胜、邱金声、范乐春、廖海涛、刘永生、邱织云、魏金水、郭义为、伍洪祥、温仰春等人。会议由张鼎丞主持，温仰春记录。

陈潭秋代表中央分局向到会代表传达了遵义会议后党中央发给中央分局的电报指示，他说："反五次'围剿'的战争，我们开始的时候犯了进攻中的冒险主义，继则犯了防御中的保守主义，在被迫退出苏区时又犯了退却中的逃跑主义。现在这个错误军事路线已经在毛泽东同志领导下纠正了……"陈潭秋最后说："现在苏区中央局指出：我们的任务是继续拉住敌人的尾巴，让长征红军大踏步前进。闽西南成立了一个军政委员会，以指挥一切党政军民的工作"。"听说你们已经成立了一个闽西军政委员会，很对，但仍须扩大加上一个'南'字。"①即闽西南军政委员会。他还说：国民党反动派和地主豪绅对革命人民实行反攻倒算，抢夺土地，烧毁房屋，向农民收租逼债，镇压革命人民，到处是一片白色恐怖。但这并不能说明敌人的强大，只会更加激起广大工农群众对反动派的仇恨。只要我们坚决按照党中央的指示办，紧紧依靠苏区的群众，开展全面游击战争，我们就一定能够打垮反动派的进攻，使苏区逐渐恢复起来，迎接全国革命高潮的到来。陈潭秋的这番讲话，得到了到会代表的一致赞同和热烈鼓掌，极大地鼓舞了闽西南敌后根据地军民的斗志和必胜的信心。

接着陈潭秋报告之后的是张鼎丞在会上的报告，他说：现在只有转入全面的游击战争，运用游击战争的战略战术，才能打垮敌人的"清剿"，坚持长期的革命斗争，逐步积蓄力量，恢复和发展革命根据地。

经过讨论，代表们一致拥护陈潭秋和张鼎丞的报告。大家认为长征大

---

① 方方：《三年游击战争》，《红旗飘飘》第18集，中国青年出版社1979年版。

军已经入川，我们游击战争的直接配合作战的作用已经不大，如果以我们仅有的一点宝贵主力去和敌人拼消耗，就会上敌人的当。"目前主要是如何坚持中央苏区游击战争，保卫人民，尽可能保卫土地，以待机恢复苏区。因此，当时的方针应该是：发展广泛的、胜利的、群众性的游击战争，不广泛发展则易受敌人的包围；没有胜利的把握而去打硬仗则会消耗主力；不紧密地联系群众，落地生根，则不能得到群众拥护，游击战争便不能长期坚持"[1]。为此，会议确定：在军事上粉碎敌人的"清剿"，保存有生力量，锻炼现有部队；在政治上保持党的旗帜，保持党与群众的密切联系；在组织上保持党的纯洁性、战斗性，保持各地领导骨干的安全与团结。从保持力量、积蓄力量，到发展壮大革命力量，等待有利时机到来；从局部恢复小片根据地到大面积地恢复根据地，以开辟新的局面。

最后，会议根据陈潭秋代表苏区中央局的提议，成立了闽西南军政委员会，委员有张鼎丞、邓子恢、谭震林、方方、邱金声、范乐春、廖海涛、刘永生、邱织云、伍洪祥、魏金水、郭义为等，一致选举张鼎丞为主席，邓子恢任财政兼民运部长，谭震林任军事部长，方方任政治部主任，郭义为任党务部长，温仰春任秘书长。

这次会议，统一了闽西南根据地军民的认识，确定了今后的斗争方针，明确了今后工作的方向，而且在组织上统一了闽西南党政军的领导，这就大大加强了党对闽西南革命斗争的领导，使得闽西南坚持了三年的游击战争，发展了革命的力量。

为了加强对各县区的工作指导，会议决定方方到龙岩、连城、宁洋等地；谭震林到上杭；邓子恢到永定以东的金丰、朝雷；张鼎丞留在永定的西溪、金砂、合溪等地，开展游击战争[2]。

---

[1] 方方：《三年游击战争》，《红旗飘飘》第18集，中国青年出版社1979年版。
[2] 张鼎丞：《中国共产党创建闽西革命根据地》，人民出版社1983年版，第84页。

会后，党组织决定由陈茂辉派人护送陈潭秋离开闽西，前往汕头医伤。陈潭秋化装成一个南洋华侨，通过秘密交通线，安全到达汕头。到汕头后，发现当地环境不利长住治疗，于是决定迅速转移前往香港，由福建省委工农通讯社的游昌炳、雷得新两人护送到香港，在香港稍事停留。1935年5月底的一个晚上，陈潭秋乘客轮前往上海，从上海启程赴莫斯科出席共产国际第七次代表大会。

第十章
CHAPTER TEN

莫斯科岁月

参加共产国际第七次代表大会

陈潭秋从香港来到上海后不久，党指派他为出席共产国际第七次代表大会的中共代表团成员，前往莫斯科出席会议。

1935年8月5日前后，陈潭秋、陈云、杨之华、邓发、曾山、何实山（何叔衡的女儿）等人，从上海动身，秘密地乘上苏联客轮到达海参崴，为了掩护他们，苏方派公安人员以押送走私犯为名，把他们一行"押送"到海参崴公安局。在公安局进行了行前的准备，化了装，穿上了西装，改乘火车前往莫斯科。从上海经海参崴到莫斯科，全部行程前后约半个月，到达莫斯科的时间已是8月20日左右。共产国际第七次代表大会已经闭幕（大会于1935年7月25日开幕，8月20日闭幕）。因此，中国共产党出席共产国际第七次代表大会的代表团，只能由中共驻共产国际代表团成员及从国内来的同志和一些在苏联学习的干部组成，决定中共中央正式代表为王明和康生。代表团主任代表为王明，秘书处主任为康生。大会召开以后，除王明和康生出席了大会以外，还有周和生（高自立）、王荣（吴玉章）、张浩、孔原、梁朴、饶漱石、欧阳生、沈元生、李光（滕代远）、赵毅敏、宋一平等出席了大会，王明、康生、周和生被选为大会主席团成员。孔原参加了代表资格审查委员会。

在共产国际七大上，季米特洛夫作了《法西斯主义的进攻与共产国际为工人阶级的反法西斯主义的统一而斗争的任务》的报告，在讨论这个报告时，王明作了《论殖民地和半殖民地的革命运动与共产党的策略》的发言。会上，王明、周恩来、张国焘、毛泽东被选为执行委员会委员，康生、秦邦宪（王明）被选为候补执行委员会委员。共产国际七大结束后，中共驻共产国际代表团于8月25日至27日在莫斯科开会，讨论了在中国建立抗日民族统一战线的问题。陈潭秋、陈云等参加了这一讨论会，会上，陈潭秋结合国际国内的实际情况，就中国建立抗日民族统一战线问题作了很好的发言。

这时，正值少共国际第六次代表大会在莫斯科召开，由陈潭秋、李立三、高自立等五人组成领导小组，共同领导中国共产主义青年团的代表团，参加了少共国际六大。会后，陈潭秋留在莫斯科，参加中国共产党驻共产国际代表团的工作，具体负责干部管理。

参与中共驻共产国际代表团工作

陈潭秋在莫斯科期间，住在高尔基大街10号，对外称纽克斯国际饭店，是共产国际专为各国共产党代表团而设置的招待所。陈潭秋化名徐杰、陈云化名施平，他们一行在苏联各地参观一段时间之后，就在列宁学院研究班学习。

列宁学院是共产国际为各国党培养干部的学校，分别设立了普通班和研究班。这时，中国共产党参加研究班学习的有陈潭秋、陈云、曾山、滕代远、宋一平、高自立、卢竞如、梁广等30余人。梁广为支部书记。

陈潭秋长期从事党的工作，日夜奔忙，现在有机会系统地学习马克思主义理论，这是多么难得啊！自他来到列宁学院研究班的那一天起，就如饥似渴地学习马克思列宁主义著作，常常不顾病痛学习到深夜，他原来已有较好的英语基础，现在又孜孜不倦地攻读俄语，并取得了优异的成绩。在学习期间，他不仅自己刻苦学习，还热情耐心地帮助其他同志学习，无论是吃饭、休息，还是晚饭后的散步、聊天，他都能结合自己的斗争实际，生动地向同志们讲解革命理论，使同志们印象深刻，颇受启发。

在列宁学院学习期间，陈潭秋与同志们之间关系十分融洽。他能歌、会诗,同志们夸他"是一个多才多艺的人"。在列宁学院为庆祝十月革命节时,他特地编写了一个反映广州暴动的话剧,由他和宋一平、沈谷南等同志一起将这出戏搬上了舞台,他们演得那样逼真,有声有色。当"广州暴动苏维埃,中国革命的新纪元……"的嘹亮歌声,在列宁学院礼堂萦绕的时候,同志们都激动万分,报以热烈的掌声,一致高呼"苏维埃万岁"!"革命胜利万岁!"

陈潭秋在莫斯科期间,中共驻共产国际代表团的负责人换了几任。先是王明、康生,1937年11月,王明、康生遵照共产国际的指示回国,中国共产党驻共产国际代表团负责人由王稼祥接任。1938年秋,任弼时从陕北王家峪来到了莫斯科接替王稼祥任中国共产党驻共产国际代表团负责人的职务,秘书师哲。陈潭秋负责干部工作。由于陈潭秋是出席过党的一大的老党员,党的创始人之一,大家都很尊重他。有什么困难都愿意找他解决。因此,历届代表团的重要会议或代表团核心成员会议都请他参加。

在代表团内部,对一些原则问题是有争论的,陈潭秋与王明、康生的观点常常不一致。如对苏联肃反扩大化的做法陈潭秋表示了怀疑。那时,王明、康生也给杨之华、曾涌泉、孔原等同志罗织一些罪名,进行打击迫害。陈潭秋则不以为然,他不怕承担风险,仍与这些同志往来,并给这些同志予以同情、关怀和帮助。孔原回国时,陈潭秋亲自送行,依依话别,使这些受迫害的同志深为感激。又如对党中央、毛泽东促成西安事变和平解决这一重大决策,王明、康生不以为然,陈潭秋则完全拥护。

陈潭秋在莫斯科负责中国共产党的干部管理工作,对在莫斯科的中共党员干部的学习教育十分关心,住在共产国际招待所的中共同志,有的是等着办事,有的是工作完毕后等待回国,有的是前来医病治伤,都有一些闲散时间可以利用。针对这种情况,陈潭秋向大家提出根据各自的具体情况每天学习三至五小时的马列著作的建议,并要求大家在学习过程中结合中国革命的实际情况来加深对革命原理的理解。他还主动提出,必要时他可以来作辅导报告,讲解中国共产党领导中国革命的历史。这样既不耽误工作,也不妨碍治病，又可学习革命理论，大家十分高兴。同志们抓紧一切可以利用的时间认真学习，收获都比较大。同志们亲切地称呼这里是"中国党校"。

当时，中国共产党在莫斯科的党员干部，有的是在抗日战场负了伤来治疗的，有的是东北抗联的指战员，有的是党派来学习革命理论的，有的是在军事院校学军事的，还有的是烈士子女和干部子女到国际儿童院来学文化的。各人都有不同的任务和要求，住得又很分散，这就增加了管理工作的困难。针对此种情况，陈潭秋经常到各处去看望他们，了解这些同志的困难和要求，及时帮助他们解决有关问题，向有关部门反映他们的意见和要求。特别是来医病治伤的同志，他都亲自去联系医院，安排食宿，使他们尽可能有较好的条件，能安心养伤治疗，早日恢复健康，重上战斗岗位。

莫斯科的郊外有个东方大学，新开办了一个八部（在当时是保密的），东北抗日联军有一部分指战员，经过中共驻共产国际代表团与苏联政府联系，就在这里学习和疗养。陈潭秋和任弼时、师哲经常去看望他们。乘汽车顺着高尔基大街往北，过共青团广场，出莫斯科市区，半个小时左右，就到了一个叫"五公里站"（又叫"驼鹿岛站"）的地方。然后向右拐，前面是一片郁郁葱葱的松树林地带，此处只有少数几栋房屋，人烟稀少，俄语叫"сокoлбникн"，意思是"鹰猎的地方"，据说原来这里是沙皇贵族们狩猎的地方，这里就是东方大学八部。东北抗联的指战员听说有我们党领导同志要来探望他们，十分高兴，早已站在校门口等候。任弼时、陈潭秋、师哲他们一下车，同志们都围了上来。

"陈林同志来了！""徐杰同志来了！"

"陈林同志，徐杰同志，你们好，你们辛苦了，我们欢迎你们的来到！"

"陈林"是任弼时在莫斯科的化名，"徐杰"是陈潭秋的化名。他们在异国他乡的会见，就如见到了自己的亲人一般，显得格外亲切，他们一边相互问好，一边长时间的紧紧地握手，甚至拥抱起来。这里除了抗联的指战员外，有老战友蔡畅、刘英、张子意，还有正在这里学习的毛泽东的儿子毛岸英以及林伯渠的女儿等。任弼时和陈潭秋来到他们的寝室，了解大家的生活和学习情况，表扬了抗联战士英勇打击日本侵略的不朽功绩，鼓励他们好好学习，认真总结经验，将来打回老家去，解放全东北人民。东北抗日联军的著名女英雄赵一曼，就是任弼时夫人陈琮英的亲嫂子，因此，他们之间谈起话来感到更加亲切，真是亲上加亲，温暖在心。

陈潭秋和代表团其他同志还联名写了《悼东北抗日烈士夏云杰、陈荣久、李红光、史忠恒、傅显明诸同志》的纪念文章，发表在法国巴黎《救国时报》上，文章说道："我东北同胞不但受尽了野蛮残酷的压迫和剥削，而且成千成万的遭受日寇及其走狗惨无人道的焚烧、虐杀、奸淫、抢掠，过着朝不保夕的生活。因此，'抗日则生，不抗日则死'，成为全东北数千万同胞一致的呼声"。文章说："在东北抗日救国的艰苦斗争中，曾经遭受过莫大的损失，远之如金伯阳、童长荣、杨太和、胡士敏、张文楷、李斗文诸同志，都在反日战线上壮烈的牺牲了。特别是最近一年来东北抗日联军第六军军长夏云杰同志，第七军军长陈荣玖同志，第一军第一师师长李红光同志，第二军第二师师长史忠恒同志，第五军第二师师长傅显明同志等的先后牺牲，尤为怆痛的不可补偿的损失。这些同志都是我党最优秀的干部，是抗日军中最有威信的领袖，他们在与日寇数年的搏战中，确实表现了共产党员的英勇模范，流尽了他们的最后一滴血，尽了他们保国卫民的最高职责。他们的牺牲，不仅是我党的严重损失，而且是整个民族的重大创伤，是抗日救国运动中最不幸的事件"。"国家民族的危亡，已至千钧一发之际，不但东北诸民族英雄正在领导抗日联军及东北人民与日寇血肉相搏，而且绥远抗战的将士，察热起义的同志，特别是正在卢沟桥英勇杀敌喋血抗战为国增光的29军将士及北方同胞们，都在拼掷自己的头颅，流溅自己的热血，为保卫国土、为收复失地，为解放民族，为争取独立、自由、幸福的新中国而奋战"。"中国共产党正在领导着，有你们所最亲近的战友杨靖宇等同志所领导的抗日联军及东北人民正在继续奋斗着,有你们所最密切的数十万党员同志和红军战士正在毛泽东、朱德等同志领导之下积极活动着,并且有你们所最爱护的全国同胞正在奔走呼号着","你们的事业一定在中国共产党领导之下得到胜利的"!①

由于陈潭秋曾在东北与广大共产党员共同战斗过,对他们了解,建立了革命的战斗的情谊,所以,他亲自去给这些抗联战士讲授中国革命的历史,在讲授过程中,他紧密结合抗联斗争的历史、抗联将士英勇斗争的故事,讲得生动具体,激动人心,使许多听讲的抗联将士深受鼓舞。同时,他还撰写了烈士传记,缅怀先烈们的光辉业绩和高贵品德,号召大家向先烈们学习,继承先烈们的遗志,将抗日战争进行到底。

任弼时、陈潭秋等人在探望抗联战士的同时,对党的一些干部同样很关心,他们和刘英、蔡畅、张子意等同志进行了亲切的交谈,问寒问暖,问他们生活上有什么困难?刘英等忙说:"没有,没有。"问他们在这里学什么?刘英忙答:"学哲学,还学政治经济学……"他们转过身又向毛岸英等青年说:"你们应该学得更多更好!"毛岸英回答说:"陈林同志,徐杰同志,请你们放心!"

苏联《真理报》于1938年9月9日至19日连载了《苏联共产党(布)历史简要读本》,任弼时、陈潭秋建议大家好好学习这份材料,并告诉大家,中共中央最近决定加强全党的理论学习,希望同志们积极跟上去。

有人提出:"我们俄文学得不好,读起来有困难。"

任弼时、陈潭秋说:"我们正在把它翻译成中文。"从这以后,陈潭秋、任弼时、秦邦宪(王明)等花了近半年的时间,共同翻译了《联共(布)党史简明教程》。陈潭秋将自己翻译的那部分,多次向同志们征求意见,反复进行修改,他的虚心学习、严谨治学的态度得到了大家的好评。全书最后由任弼时负责总校阅后,公开出版发行。毛泽东说:"研究马克思列

---

① 以上引文均见《救国时报》1937年7月10日。

宁主义，又应以《苏联共产党（布）历史简要读本》为中心的材料"，对这本书给予了很高的评价。

陈潭秋对我国在国际儿童院的孩子们更是关怀，他代表党中央，代表孩子们的父母，常去国际儿童院探视孩子们。了解他们的学习和生活情况，解答他们提出的问题，给他们讲革命故事以及孩子们父母的斗争业绩，培养他们对革命事业的信念。陈潭秋还常买些玩具和糖果等食品带给孩子们，与孩子们在一起游玩、做游戏，教孩子们唱革命歌曲，有时还给孩子们取名字。

刘英后来回忆说："记得这批孩子中有蔡和森、张太雷、郭亮等烈士的子女，有毛泽东、刘少奇的孩子。他很爱护这些革命的后代，为了不使人注意，潭秋同志给这些孩子都取了习俗的名字，如给张太雷的儿子取名小宝，郭亮的儿子叫大宝，把毛岸英、毛岸青改名为永福、永寿。这些孩子对他很亲热，叫他陈伯伯，陈伯伯好，把他当亲人。孩子们常说：'陈伯伯请常来，我们非常想念您'。后来孩子们学成归国，都很怀念他。"[①]

讴歌党的辉煌历程

陈潭秋在莫斯科的日子里，以自己特有的经历，大力宣传了党的光辉历程，颂扬了毛泽东的正确领导和中国革命已经取得的伟大胜利。

1936年7月1日，是中国共产党诞生15周年的纪念日。共产国际和中共驻共产国际代表团举行了纪念活动，宣传中国共产党光辉的15年。《共产国际》月刊开辟了"中国共产党成立15周年纪念"的专栏，中国共产党驻共产国际代表团在法国巴黎主办的《救国时报》及《全民月刊》均

---

① 刘英：《忠诚的战士，深厚的情谊》，《回忆陈潭秋》，华中工学院出版社1981年版，第93页。

刊登了纪念文章。

在《共产国际》月刊（中文版）1936年第4—5期合刊中，发表了季米特洛夫的《中国共产党成立15周年纪念》的文章。他在文章中热烈地称赞了"伟大的中国人民正在全世界反法西斯主义与反战争战线的一个最严重的阵地上进行为自己民族独立生存的斗争"。陈云以"施平"的化名发表了《中共是中国苏维埃和红军的组织者和领导者》的文章，颂扬了毛泽东的正确领导，使中国获得了空前的胜利。他在文章中写道："中央红军及陕北红军在毛泽东同志领导下，二月中旬渡河入晋北的抗日的行动，虽然因为蒋介石、阎锡山的军队的阻挠，而没有直接与日本帝国主义作战，但是军阀军队的动摇和失败，晋陕人民之热烈的加入红军，使陕北红军获得了空前的胜利。"

陈潭秋从他出席中国共产党第一次全国代表大会的经历，特写了《中共第一次代表大会的回忆》的文章，此文同时在法国巴黎出版的《全民月刊》第1卷第7—8期合刊上公开发表，他还在庆祝中国共产党成立15周年纪念大会上发表了重要讲话，这两篇重要的历史文献，详细地记述了出席大会的代表人数、开会的地点、会议经过以及会议所通过的纲领和今后工作计划的决议等。陈潭秋说："代表团因为我是参加过党的成立大会——第一次代表大会的党员，要我作关于党15周年纪念的报告。这使我非常惭愧！"

陈潭秋在文章中指出：一大"确定党名为中国共产党"，"是领导中国革命，为中国民族解放与社会解放而奋斗的伟大政党"。"我党不仅是中国无产阶级的先锋队，而且是全民族和全中国人民的领袖"。他说："对于党的基本任务与组织原则曾经发生过严重的争论。一方面是以李汉俊为首的'公开马克思主义派'。他认为中国无产阶级太幼稚，不懂马克思主义，须要长期的宣传教育工作，因此，不赞成组织真正无产阶级政党，并且不主张为实现无产阶级专政而奋斗，而主张实现资产阶级民主政治，在资产阶级民主制下，再来公开的组织和教育无产阶级。所以他不主张立即进行职工会的组织，而要集中力量做学生运动与文化宣传工作,首先把知识分子组织好,施以马克思主义的理论教育,等候马克思主义在中国知识分子中有了普遍的影响,然后由这些知识分子去组织工人、教育工人。因此他不赞成组织严密的、战斗的工人政党,而主张团结先进知识分子,公开建立广泛的和平研究马克思主义理论的政党。基于同样的观点,他提出党员的条件是不论成份,学生也好,大学教授也好,只要他信仰马克思主义,了解马克思主义与宣传马克思主义的即可入党,至于是否实际参加党的一定组织担负党的一定工作,他认为是不关重要的。当时李达与陈公博拥护李汉俊的观点。"

他说:"另一方面是以刘仁静为首的极'左'派。他主张以无产阶级专政为直接斗争的目标,反对参加资产阶级民主运动,反对任何合法运动,认为知识分子都是资产阶级的思想代表,一般应拒绝其入党。包惠僧赞成刘仁静的意见。大会大多数代表,严厉批评了两方面的错误意见,最后在原则上通过一个基本立场,以实现无产阶级专政为党的基本任务,但在过渡阶段的斗争策略上,不但不拒绝而且应当积极组织无产阶级来参加和领导资产阶级性的民主运动。决定建立严密的战斗的工人政党,并以职工运动为中心工作,但在一定的有利于无产阶级发展的条件下,应当利用公开合法运动。至于党的组织与党员入党的条件,则决定采取经过历史事变试验过的俄国布尔什维克的组织经验,反对孟什维克主义式的原则。这一原则的通过,已奠定了中国共产党布尔什维克的初步基础。"[1]陈潭秋的这一番叙述,也就是毛泽东所说的:"我们的党从它一开始,就是一个以马克思列宁主义的理论为基础的党。"[2]这就是说中国共产党刚一成立就奠定了"布尔什维克的初步基础"。

关于党产生的条件,陈潭秋列举了四条:

---

[1] 莫斯科《共产国际》1936年第7卷第4、5期合刊。
[2] 《毛泽东选集》第3卷,人民出版社1991年版,第1093页。

（1）欧战中中国民族工业得到发展的机会，因此发展和壮大了中国无产阶级；

（2）五四反帝国主义运动；

（3）封建军阀政治的日渐腐化；

（4）十月革命的影响。

在这里，陈潭秋指出了党产生的阶级基础、思想基础，以及国际国内的历史背景，从而阐明了中国共产党在1921年的产生不是偶然，是马克思列宁主义与中国工人运动相结合的产物，是中国革命历史发展的需要。

关于对待孙中山的态度和关系问题，曾发生过小的争论，陈潭秋回忆说："包惠僧认为我们与孙中山是代表两个敌对的阶级，没有妥协的可能，他说我们对孙中山，应当与对北洋军阀一样，甚至还要更严厉些，因为他在群众中有欺骗作用。他的意见，被大会打击以后，当时通过下面原则：对孙中山主义，采取批评态度，而对于某些进步的运动，则采取党外合作的形式来援助他。这一原则的决定，可以说对于以后国共两党合作，发展广大的反帝反北洋军阀的运动，种下了一种根基。"

陈潭秋在回忆了党的一大的全过程之后，他说：济南共产主义代表王尽美，后来在努力工作中病死了。邓恩铭被捕后，在济南被韩复榘枪毙了。北京代表刘仁静，后来变成了托洛茨基的走卒，被党开除，现在国民党警察所特务机关卖气力，专门反对共产党。广东代表包惠僧，国共分家后投降了国民党，依靠周佛海谋生活。留日共产主义小组代表周佛海，在广东时期，因行动违背共产党党纲，被党开除了。上海代表李汉俊，因为一贯保持其右倾观点，并与北洋军阀、政客相勾结，放弃了党的立场，在四次代表大会上被开除党籍，然而武汉国民党叛变后，他仍不免以"共匪"罪名死于桂系军阀枪弹之下。上海代表李达，在五卅运动后，被伟大的革命浪潮推落到党的战斗队伍以外去了。广东代表陈公博，在陈炯明背叛孙中山以后，他帮助陈炯明反对孙中山，经党历次警告不听，最后被开除党籍，然而不久他竟然一变而为国民党的要人了。

陈潭秋在讲到他自己时说:"我虽然是一个老的党员,在党中受过15年的教育,可是我自己的进步和发展是非常微弱的。这15年来我虽然没有脱离过党的工作(除在监狱时期),可是在工作中犯过不少的错误。自然我也不是完全没有进步的,我始终是在跟着党前进,我的错误,一经党指出后即能改正。不然的话,党早已不允许我站在布尔什维克的战线上了。今天也就没有资格出席这样光荣的纪念会来作报告了。"[①]

在谈到湖南代表毛泽东时,陈潭秋说:"在党内外斗争中锻炼出来的党的、苏维埃的、红军的优秀领袖,我们最敬爱的毛泽东……正在领导着中国人民作伟大的有历史意义的斗争"。他又说:"我们今天在这里庆祝党的光荣的15周年纪念的时候……应当感谢毛泽东同志、朱德同志等执行革命政策而奋斗的伟绩"。这是在1936年这一历史条件下,陈潭秋对出席一大的代表所作的实事求是的评介。他说,15年来,"中国党的艰苦奋斗,一般老的党员,有的在斗争中牺牲了,有的被革命风浪打落了。计算出席第一次大会及那一时期的党员,现在存留在党内的,真是寥寥无几"[②]。

陈潭秋在文章中又简要地介绍了中国共产党领导中国革命斗争的光辉历程。他写道:中国共产党"在降世不久,即领导了全世界闻名的香港海员罢工、京汉铁路大罢工、开滦五矿同盟罢工,在这些罢工斗争中,它壮大了自己。于是它有力量组织了'五卅'运动,争取了大革命的领导权,组织了坚持16个月的省港大罢工,组织了上海工人的三次起义,组织了有世界革命意义的、开辟中国苏维埃革命道路的广州起义。在国民党背叛以后,它的数万党员和干部以及无数万的工农劳苦群众,曾牺牲在国民党

---

① 《陈潭秋在庆祝党的15周年纪念会上的讲话(提纲)》(1936年7月),《中共党史资料》1982年第3辑,中共中央党校出版社1982年版。

② 陈潭秋:《第一次代表大会的回忆》,莫斯科《共产国际》1936年第7卷第4、5期合刊。

的屠刀之下，然而这些党员、干部以及工农劳苦群众的鲜血，已经凝成了数十万的英勇红军与数百万方里的苏维埃区域。这些鲜血所凝成的赤色的果实，在今天民族危机与社会危机的紧迫情况下，有充分的力量与坚定的信心，它能够团结和统一一切反帝国主义反封建势力的力量，来胜利的完成中国人民的民族解放与社会解放的任务"。"它所提出的反日人民统一战线，已经得到全国人民广大的反映，正在开展着广大的抗日斗争，它将在这一斗争中，要表现更伟大的作用"。陈潭秋在庆祝党成立的15周年纪念会上的讲话中指出："党在这15年中领导中国革命所做出的成绩是非常之多的。如果要作党史的详细的叙述，不但是时间上不可能，而且超出我今天的能力范围"。而我们"党的胜利与全民族全国人民的胜利是分不开的"。"我党在15年的艰苦斗争中，确实得到了上述这些伟大的胜利。可是我们不要被胜利冲昏了头脑"。因为"我们已经得到的胜利在中国革命的全部事业上还只是局部的初步的胜利"。"现在中国正处在极端危急的关头，日寇正在积极的进行吞灭全中国，民族的命运悬于一发，全国人民陷于水深火热之中。现在摆在我党面前的任务，是更艰难更巨大和更加紧迫了，需要我们用最大的努力，百倍的艰苦奋斗，才能完成的"。我们在这里庆祝党的光荣的15周年纪念的时候，"应当更加紧学习马克思列宁主义，更深刻的研究党的斗争历史和目前新政策，准备着调送回国去作实际的战斗"。

陈潭秋又指出："我们党始终在布尔什维克道路上前进。"他说："党内思想斗争，是中国党的发展、健全、布尔什维克化的主要关键。党在第一次大会就开始了正确的党内斗争的传统，第一次大会反对孟什维克主义与极左派的斗争，'八七'会议反对陈独秀机会主义的斗争，六次大会反对机会主义与盲动主义的斗争，四中全会反立三主义、反罗章龙右派……，都逐步地推动了党走上布尔什维克化的道路。"

在讲到共产国际与中国共产党的关系时，陈潭秋说："中国党在第一次大会时，虽然与共产国际还未正式发生组织上的关系，然而它的总路线与组织原则的决定，是直接以列宁、斯大林的布尔什维克党与共产国际为模范的。党在第二次代表大会上即决定正式加入共产国际。自此以后中国党的全部生活，一切的斗争，党的全部政策，红军苏维埃的发展与巩固，无一不得力于共产国际之指导与帮助。正因为如此，中国共产党对共产国际的尊重、信赖与忠实，也是与本身的进步与发展程度同时加强的。"①

上述一切，表现了陈潭秋如实地介绍了中国共产党成立的生动情况，热情地讴歌了党在布尔什维克化道路上的光辉历程，记录了党在领导中国革命斗争的胜利业绩，肯定了毛泽东在中国共产党和中国革命事业中的重要历史地位。所有这一切，都具有重要的历史意义和深刻的理论意义。

与此同时，在《共产国际》月刊上还发表了施平（即陈云）的《英勇的西征》以及《中国人民的领袖毛泽东》《红军总司令朱德》《民族英雄方志敏》等文章，简要地介绍了中国工农红军的英勇长征，称颂了毛泽东的正确领导，宣传了中国共产党光辉斗争的15年。施平在《英勇的西征》一文中写道："红军英勇的西征，是在最艰难的条件下进行的。我们经过的是什么道路呢？当然不是柏油马路，或者石板铺的大路。我们走的多半都是崎岖险阻的羊肠鸟道。我们爬过了中国最高的山脉：川康间的山脉，高达5000米以上，五月间，中国各地炎热如火，而川西高山积雪不融"。红军胜利地完成了二万五千里长征，现在正在领导全中国人民进行反对日本帝国主义的胜利斗争。"我们党正要实现新的策略，它正要以原有的阵地为基础，在新环境中去建立真正反帝的统一战线，用这条统一战线来战胜中国人民的仇敌，首先是战胜日本帝国主义。"②1936年底，中共驻共产国际代表团还撰写了张太雷、蔡和森、陈延年、赵世炎、恽代英、邓中夏、罗亦农、彭湃、黄公略等中国共产党烈士的传记，这些传记于1937年春发表在苏联的《民族殖民地问题》杂志的1937年第1

---

① 陈潭秋：《第一次代表大会的回忆》，莫斯科《共产国际》1936年第7卷第4、5期合刊。
② 《共产国际》（中文版）1936年第1、2期合刊。

期上，总题目为《英雄的中国人民》。从这些烈士的英勇事迹中，不难看出中国共产党人领导中国人民革命斗争的艰苦奋斗历程。

在《救国时报》上，陈潭秋还以徐杰的署名和陈云、李立三、滕代远等联名发表了纪念瞿秋白殉难一周年的纪念词①，又与方林（即邓发）、李明（即李立三）等联名发表了《追悼我们的董振堂同志》等文章，缅怀了革命烈士的丰功伟绩。文章说："董振堂同志是我党最忠诚最坚定的干部，是红军最勇敢最沉着的领导者之一，是抗日救国最坚决最彻底的民族英雄之一。他一生的革命事业，值得我们沉痛的回忆，来教育我们自己，教育全党党员，教育红军战士，教育全国人民"。"伟大的中华民族，将在这许多伟大民族英雄的英勇牺牲精神感动之下而日益团结一致，来争取整个民族的生存，解放与复兴！"②

反对日本侵略的鼓与呼

继九一八事变日本帝国主义侵占中国东北以来，日本帝国主义又连续不断地制造了一·二八事变和华北事变，以实现它那"惟欲征服支那，必先征服满蒙，如欲征服世界，必先征服支那"的迷梦。

日本帝国主义的侵华野心由来已久。早在1868年3月14日，在以天皇名义发表的《宸翰》中就公然宣布：要"继承列祖列宗的伟业"，以"开拓万里波涛，布国威于四方"为基本国策。在第一次世界大战期间，公然鼓吹日本应取代英国成为"亚洲的盟主""亚洲的领导者"。1929年世界性经济危机来到之时，日本法西斯势力极力鼓吹"为了消除国内的不安，需

---

① 《救国时报》1936年6月20日。
② 《救国时报》1937年4月24日。

要对外进击（战争）"。而"满蒙问题的解决，是日本的唯一出路"，"随着满蒙的合理开发，日本的繁荣会自然恢复"。1931年1月，日本法西斯公然宣称："满蒙问题是关系到我国生死存亡的问题，是我国的生命线。无论是国防上，还是经济上都是如此"。因此，"第一步是从根本上解决满蒙问题"。

鉴于日本帝国主义要变中国为它的独占殖民地，"迹寄海外"的陈潭秋，根据共产国际七大所作出的关于建立反法西斯的"人民阵线"和"反帝人民统一战线"的决策和中共中央政治局瓦窑堡会议所通过的《中央关于目前政治形势与党的任务决议》精神，以余杰的署名发表了一系列文章，其中主要的有：《学生救国运动的意义及其前途》，载《全民月刊》第1卷，第1、2期合刊；《所谓"三大原则"》，载《全民月刊》第1卷，第3期；《评大公报最近言论》，载《全民月刊》第1卷，第5、6期合刊；《论统一战线政策》，载《全民月刊》第1卷，第5、6期合刊。这些文章发表时间是1936年1—5月。阐明了建立抗日民族统一战线的可能性、必要性及其重大意义，充分评价了一二·九学生运动在中国救亡运动史上的重大意义，全面剖析了灭亡中国的广田三原则，批评了《大公报》改变原有立场、鼓吹卖国理论、替日寇汉奸张目的丑态。

陈潭秋说：自"九一八"以来，在日寇强暴侵略之下，中国人民不知道流过多少鲜血，拼过多少生命。然而这些鲜血和生命，并没有空流白拼，每一次的流血，都唤起更广大更众多同胞的觉醒，每一次的牺牲，都激起对日寇更深刻更激昂的义愤。这种觉醒，这种义愤，就推动着中国人民抗日救国运动澎湃地向前发展。

自"九一八"以来，我党——中国共产党——就提出了"武装人民驱逐日本帝国主义出中国"这一抗日救国的总方针，并始终不懈地为这一总方针而奋斗。党为了这一目的，曾动员了自己最好的力量来领导全中国人民的抗日斗争。党在领导抗日斗争的过程中，曾遭受过难以补偿的牺牲，首先是一部分最好的干部和领袖的牺牲。

陈潭秋高度评价了一二·九学生爱国运动。他说:"华北问题发生后,全国各地的学生蓬蓬勃勃的起来作救亡运动。这次运动对于中国国家命运和民族前途,有极端重大的关系。"①

他说:"这次学生运动,发生于日本帝国主义直接占领华北(成立傀儡式的'冀东防共自治委员会'与'冀察政务委员会'),南京政府节节退让,中国正处在由半殖民地变成完全殖民地的千钧一发的危机的时候;发生于南京政府执行日本帝国主义的要求,严厉禁止反日运动的时期;发生于全国民众在'亡国灭种'的威胁下,一致迫切要求'救亡图存'的时候;发生于中国共产党和中国苏维埃提出组织全民反日统一战线的号召以后。这样,使这次学生运动更具有非常伟大的意义,它在中国救亡运动史上写下了最光荣的一页。"

陈潭秋说:这次学生运动的"目标是'救亡',而不是胡适先生所说的'抗议'。我认为'抗议'只是'救亡'的手段的一种。而这次'救亡'运动的初步要求,就是北平学生第一次请愿的七个条件,即(1)反对秘密外交,公开中日外交;(2)(略);(3)反对领土破裂;(4)保障人民言论、集会、出版及爱国运动的自由;(5)立即停止一切内战;(6)不得任意逮捕人民;(7)立即释放被捕学生。总括起来说,就是:(1)要求出兵讨逆与实力抗日;(2)要求停止一切内战,一致对外;(3)要求保障民主自由。很明显的,这些要求是目前全国一致的最迫切的要求,也就是'救亡'的最初步的要求。而'救亡'的最终目的,则是武装抗日收回失地,达到国家的完全独立与民族的彻底解放"(加重点是原有的——引者注)。

陈潭秋对歪曲和篡改一二·九学生运动目的的言论,进行了有力地批

---

① 陈潭秋:《学生救国运动的意义及其前途》,巴黎《全民月刊》第1卷第1、2期合刊,以下引文同此。

驳。他说：天津《益世报》记者1935年12月23日在《再论学生应即复课》的社论中说："吾人以为学生这次运动，慷慨激昂，早已博得中外人士的真切认识，运动的目标可谓完全达到"，这似乎是说，"这次学生运动的目标，不过是表现民气而已，现在已经充分表现出来了"。这种论断，我以为是没有了解学生运动的目标，而是对于学生运动的一种近视的观察。他又说："现在学生运动业已成为全国的运动，学生原来的本意，可谓得到最大的成功"，这也是把学生运动的某一过程当作了学生运动的目标。我们再看同日《大公报》的社评是怎样说的。它说："学生运动宜固守学生之单纯立场，而不为政治行动化……此次学生运动之特点，为向政府请愿，拥护国权，反对分裂，故不表现反政府的政治运动色彩，惟其然也，则在政府当局表明接受请愿所有努力之后，可视为请愿目的之告一段落。"这也是把手段与目的混为一谈的说法。至于说"学生运动，宜固守学生之单纯立场，而不为政治行动化"，我也不敢苟同，因为这次学生运动，事实上已经是伟大的政治运动。我们再看胡适先生怎样确定学生运动之目标，他在大公报上发表的《为学生运动进一言》中说："青年学生应该认清他们的目标……赤手空拳的学生运动，只能有一个目标，就是用抗议的喊声来监督或纠正政府的措施……一切超过这种抗议作用（舆论作用）的直接行动，都不是学生集团运动的目标。"胡先生这种肯定的说法，我以为与上两种说法只是语句上的差异，实质上是完全相同的。这些先生们这样来指出学生运动的目标，我认为只有一个作用，就是自觉地或不自觉地降低学生运动的意义和缩小它的范围。

陈潭秋在文章中列举了大量事实，热情地称颂了青年学生们为"抗日救亡"的英勇奋斗精神。他说："在平津宋哲元借口'共产党希图暴动'，继续不断地杀伤和拘捕学生；在山东则武装押解学生回籍；吴铁城的假借'不逞之徒想利用青年，酿成祸变'，而用铁甲车囚禁赴京请愿学生回校；陈济棠更大演其流血惨案；在上海、南京、汉口三大城市，则以'维持秩序，防止共党扰乱'的理由宣布戒严，禁止一切集会游行和散发宣传品。然而这样凶残的压迫屠杀，是否能将运动镇压下去呢？我们且看学生群众的表现怎样？北平十个大中学校学生自治会的通电说'奠都以来（按：即南京政府成立以来），青年之遭屠戮者，报纸记载，至30万人之多，而失踪监禁者更不可胜计，杀之不快更施以活埋，禁之不足复加以毒刑，地狱现形，人间何世！昔可以'赤化'为口实，今复可以'妨碍邦交'为罪名，而吾民则举动均有犯罪之机会矣……'。武汉学生救国联合会的宣言说：'虽然我们知道北平学生有许多已经为爱国运动而牺牲在本国军警屠杀之下了，但是不足以威吓我们，我们有热血有头颅，有百折不回的精神，有爱国雄心，难道还害怕畏缩吗？……'，广东学生在大屠杀之后，仍旧召集紧急会议，高喊着'打倒广东政府'，'驱逐卖国贼陈济棠'。同时我们还要看社会对屠杀学生的舆论怎样？上海14法团致宋哲元书说：'警报传来谓公移忠勇杀贼之刀，转向赤诚爱国的学子，流芳遗臭，公能自择'；甚至章太炎先生致宋哲元电说：'学生请愿，事出公诚，纵有加入共党者，但问今之主张如何，何问其平素？'这些充分说明用屠杀的方法对付这次学生运动，不但没有能够压平学生，反而使学生更坚决的奋斗；用'反共'作借口来屠杀学生，不但没有取得社会的同情，反而引起社会更大的愤怒"。这段文字揭露国民党政府降日媚外是何等的淋漓尽致。称颂学生爱国救亡的精神又是如此有根有据，颇使世人悦服。

陈潭秋在文章中深刻地阐明了一二·九学生运动的重大意义。他说：这次学生运动更具有非常伟大的意义，"第一，它是上海战争后中国民众对于日本帝国主义强盗及其走狗的第一个当头痛击。上海战争后，虽然各地曾不断地有反日运动以至部分武装抗日发生，但都没有能够成为全国范围的广大群众运动。这次学生运动是中国民众在国家危急存亡的关头，不顾'睦邻'布告和'反日'的禁令而爆发的民族解放斗争。第二，它是最近的将来的全中国广大民众武装抗日救国的实际行动的序幕。这不但已经为'九一八'学生运动后紧接着爆发上海工人市民及十九路军的英雄抗日战争的事实所证明，不但日本帝国主义正在万分担忧的说：'学生运动是中国民众反日运动的先声'；而且学生自身已经在逐渐自觉的作武装的准备（如北平、广州以及各地的学生，男生学习军事，女生学习看护，北平南下请愿学生的军事组织形式——有小队、大队、团、旅、军等组织）。第三，它显然的带有全民运动的性质。坚持了一个月以上的时间而且还在继续着，这不但表现在这次运动得到社会各阶层的热烈同情与援助，而且学生本身成分，已经不是一个阶级，而是包含着社会各个阶层的子弟——自地主、资产阶级、小资产阶级、农民，一直到工人阶级的子弟。并且他们正在向各方面求援，到各方面联络，到工厂中、市民中、农村中去进行宣传和组织的工作"。

最后，为了达到"抗日救亡"的目标，陈潭秋向全国学生们进言说："第一，要有巩固的团体与一致的步骤。这次学生运动，不是普通'学潮'，而是伟大的'救亡'运动。这种运动须要长期艰苦的奋斗和坚忍不拔的精神。这就首先须要学生自身有巩固的团结和一致的步骤。第二，要有灵活的策略与正确的口号。过去学生运动多半是采取罢课、示威、请愿，与军警流血冲突，这几种简单的步骤，结果学生中的领袖分子与坚强干部，大批被杀、受伤、被捕，群众亦因而解体，运动不能不消沉下去；同时过去所提的口号，也多是过高与过早的口号，这种口号，是运动向前发展时所必须的，但在运动的初期，这种口号还不能获得广大群众的了解与接受，反而可以作为当局压迫运动的借口，结果使运动陷于孤立无援的地位，很快地被压迫下去。这次学生运动的策略与口号，我以为一般是有进步的，特别所提出的口号都是全国一致的迫切要求，取得了社会各阶层的热烈拥护，同时当局也无法利用来作为压迫的借口。关于学生长期罢课的办法（如北平）也是不十分妥当的。我认为应当采取长期坚持斗争的办法，就是一方面经常有一部分学生（或用轮流的办法）在群众中进行宣传组织工作，发动和帮助广大群众的抗日救国运动，派代表与各界发生经常的密切的联系。另方面在某种条件下可以复课，不过上课的内容应当改变，要着重研究帝国主义——特别是日本帝国主义从各方面侵略中国的事实，要研究中国政府屈辱外交的事实及其原因，特别要研究抗日救国的实际办法，要学习军事，要学习与抗日救国有关系的各种知识。第三，要进行武装抗日的要求和准备。……虽然现在各地学生已经在开始学习军事，学习看护，但这还不够，必须组织学生救国军；要武装全国民众，立即作抗日的军事动员；要求军队从内战上撤退下来，去执行他们御侮卫国的神圣天职。第四，要进行基本群众的发动与组织。'抗日救国'的伟大事业，是全民的事业，仅靠一部分学生是绝对不能完成的，必须动员全国所有的力量，所有的民众，组织反日的全民统一战线，特别要动员最广大的、占人口绝大多数的基本队伍——广大工农群众。这确实应当成为'抗日救国'最基本的工作。"

1935年10月，日本外相广田提出的调整中日关系的"三大原则"，陈潭秋明确指出：它"是侵略原则"。陈潭秋说："这'三大原则'就是：（1）南京政府须肃清一切反日运动，停止依赖欧美以夷制夷之政策；（2）中国须立即承认'满州国'及'华北'特殊性；（3）中日'满'须成立'反共军事同盟'，肃清蒙古、新疆及内地的赤化势力"。陈潭秋一针见血地指出："这所谓'三大原则'，就是日寇彻底灭亡中国、独霸亚东的侵略原则，……其精神与内容均为彻底殖民地化我全国之基本纲领。"[①]"承认三原则，不但正式断送我北部10余省，纵敌骑蹂躏我全部领土，必且断绝我民族生存，使我人民永沦于奴隶厄运，无论政府已否接受或原则上接受，或接受其个别具体细目，我人民自身，决誓死反对。"

陈潭秋具体而深刻地剖析了每一个原则的用意。他说："第一个原则的用意，是要顺利的把中国变成日本独占的殖民地"。它一方面要完全消

---

① 陈潭秋：《所谓"三大原则"》，巴黎《全民月刊》第1卷第3期。

灭中国民众对于它的反抗，他了解中国"政府要人"很容易讲话，要满洲就送满洲，要华北就送华北，要撤退驻军就撤退驻军，要解散党部就解散党部；虽然南京政府用了极大的力量禁止反日运动，屠杀和拘捕反日志士，颁布"睦邻"命令，提倡"中日亲善"；可是中国民众不是容易屈服的。日本帝国主义每一次对中国的进攻，都要遇到中国民众的顽强反抗。另一方面要完全拒绝列强——特别是英美对于它的掣肘与竞争。特别是李兹罗斯之来华，与南京政府金融政策之改变，这些都给日本帝国主义以不可忍受的威胁。而且南京政府中的所谓"英美派"，对日本帝国主义独占中国也不能不是一个大的阻力。

陈潭秋指出："第二个原则的用意，是要在国际上取得侵略中国的合法权利。日本帝国主义虽然制造了'满洲国'这个傀儡，但因中国民众的誓死反对，以及世界各国的拒绝承认，这给日本帝国主义以非常不利的影响，全世界公认日本之对于满洲，是强盗的抢劫行为，因此，列强间至今没有一个国家承认'满洲国'的存在。如果中国自己首先承认日本这种抢劫为合法，自然可以改变列强对'满洲国'的观点和对日本强盗的舆论。'华北国'问题亦如此。"

陈潭秋说："第三个原则用意至为深远。一是为要减弱中国国内对于它的反抗力量，它采用'反共'口号，取得一小部分人的同情，来分散中国对外力量的一致。二是为要减弱国际帝国主义对于它的掣肘和干涉。日本帝国主义向国际帝国主义说：'我们大家不是都要进攻苏联吗？好的！我担任东方宪兵的职务。但宪兵须要有坚固的阵地，那末，你们应当同意我夺取满洲、华北，以至整个全中国，有了这个阵地，才能防止赤化的东侵和蔓延'。三是日本帝国主义确实认定中国共产党是它最厉害的敌人，是它侵略中国的最大阻力。不消灭中国的共产主义运动，它始终不能'高枕无忧'的并吞全中国。四是日本帝国主义的目的是要灭亡全中国。因此，它利用肃清蒙古、新疆及内地的赤化势力，可以把自己的势力，特别是军事势力深入到中国的西北边境及腹地去，可以肆无忌惮的为所欲为了。"

陈潭秋在文章的末尾指出：国难已到了生死关头，广田灭亡中国的三大原则，不仅是摆在南京政府的面前，而且是严重地摆在全国人民面前了。我们只是简单地希望和督促政府去拒绝它，还是不够的。我们应当更积极地负起责任来，从我们人民自身的行动上来拒绝它。我们不但根本拒绝广田灭亡中国的三大原则，而且要坚决地大胆地提出我们自己抗日救国的三大原则与它对抗。我们抗日救国的三大原则是：

第一，为对抗广田的第一原则，我们提出："扩大民众的反日运动，并联合欧美以平等待我或同情于我的民族和国家，共同反对日本帝国主义"。

第二，为对抗广田的第二原则，我们提出："立即出兵讨逆，收回华北及满洲"。

第三，为对抗广田的第三原则，我们提出："立即停止内战，联合苏维埃与红军及一切反日力量，对日宣战，驱逐日本帝国主义出中国"①。

陈潭秋旗帜鲜明地提出的这抗日救国的"三大原则"，彻底粉碎了日本外相广田提出的灭亡中国的三大原则，对于南京政府欲承认广田三原则设置了一个重大障碍。

1936年5月2日，陈潭秋在莫斯科又写了《论统一战线政策》一文，以余杰的署名发表在法国巴黎出版的《全民月刊》第1卷第5—6期合刊上。他在文章中全面论述了抗日民族统一战线的理论、政策和作用。

文章首先指出："'抗日救国'的呼声，在日本帝国主义对中国逐步加紧的侵略之下，已成为全中国爱国民众一致的迫切要求，在这种普遍的呼声之中，国内外各个党派、团体、名流、学者，发表了不少的'对时局宣言''告同胞书''通电''决议'以及个人的谈话，著作，竞相提出救国主张。……最大多数是主张'以抗日救国的统一战线来组织民族革命战争

---

① 陈潭秋：《所谓"三大原则"》，巴黎《全民月刊》第1卷第3期。

以争取中国人民的民族解放,国家独立与领土完整',这不能不说是中国民族最后危亡关头的一线生机"。陈潭秋说:"我们综合各方面的意见"的基础上,"最初提出抗日救国统一战线的是中国共产党"。他说:"党中央及中国苏维埃中央政府,早在去年(指1935年——引者注)8月1日,在华北问题发生后,即发表《为抗日救国告全体同胞书》,该书中明白的具体提出了'全民反日统一战线'的主张,并以组织国防政府和抗日联军为这一统一战线的具体内容和形式。毫无疑义的,这种主张是能代表最大多数国人意见的。"因此,不但各地学生,而且各界团体、名流、学者,政论家们,都拥护"全民统一战线对日抗战"的主张,并具体提出"停止内战""停止剿共"的口号。而"中国共产党提出抗日救国统一战线是根据当时的政治形势和阶级关系变化的新情况"。目前形势的新特点是:"民族危机到了新的空前的阶段"。"'九一八'后,日本帝国主义的铁蹄,还只踏遍了关外的东三省和热河,关内还没有受到直接的蹂躏(部分虽然是有的),在今天的情形就不同了,不但日本帝国主义在东三省施行的掠夺、屠杀、奴役的毒辣政策,一一实现于关内,而且华北内蒙被占,华中华南各省岌岌可危!领土的割裂,主权的丧失,都达到了不可终日的形势。不但数百万方里的土地,一万万余人民及富饶的物产,尽陷入日本帝国主义的血掌,而且中国一切内政、外交、军事、财政、文化、教育,无一不受日寇的强暴干涉,甚至官吏之任免,军队之撤驻,以及国民党党部之存废,都须决于日寇之意志。此种亘古未有之奇耻大辱与行将到来的亡国灭种之惨祸,不但是中国工农劳苦大众,凡是有血性的中国国民莫不痛心疾首的。"

"同时,国内经济危机随着民族危机而深入。自大革命失败后,中国经济,在帝国主义与国内反动统治的掠夺、剥削之下,已逐步的凋零破坏。特别是华北问题发生后,有关中国经济命脉的主要铁路和矿山,完全陷落于日本强盗之手,对中国民族经济与国家财政有极端重大意义的海关,也丧失了很大一部分，加之连年巨大的灾荒，农村经济走上毁灭的命运。而微弱可怜的中国民族工商业，在内外夹攻之下，也急剧地陷于破产灭亡的惨境。"

"在这种民族危机与经济危机条件下，不但中国工农劳苦大众遭受空前的浩劫，饱尝压迫、剥削、屠杀、摧残、失业、破产的痛苦，而且中国的民族工商业者，军人、官吏、知识界以至国民党党员，也莫不有'朝不保夕'的恐怖。因此，'抗日救国'，在今天不仅是工农劳苦大众的呼声，而且是全民族的一致迫切的要求了。"

陈潭秋在指出空前的民族危机与经济危机的同时，又指出了阶级关系新变化的事实。他说："对的，那般军阀、官僚、买办、资产阶级、豪绅地主，过去和现在都是压迫和剥削人民的，是替帝国主义来侵略和奴役中国人民的；并且我也承认，在他们中间，还有不少的人仍在继续进行其祸国殃民的勾当。然而在今天这样的民族危机与经济危机条件下，在这些人中间，是否也有愿意抗日或可能抗日的呢？我肯定地说：有的，而且不在少数。十九路军的蒋光鼐、蔡廷锴。过去北方的冯玉祥、吉鸿昌、方振武，东北军的马占山、李杜、王德林、苏炳文、王以哲、何国柱等不都是抗日军官吗？过去福建人民政府的陈铭枢、李济深、陈友仁等不是主张抗日救国吗？西南的胡汉民、邹鲁、肖佛成等现在不也在主张抗日吗？最近的学生运动不是取得了各界热烈同情与援助么？上海14法团与93同业公会不是通电主张抗日讨贼么？他们不是包含了各阶级的成分么？特别是东北的实例，更可证明，东北有许多商人地主、军官、官吏在各方面同情和援助义勇军的抗日斗争，以及最近'北兴安省'省长等的反日事件，都在证明'中华民族解放行动委员会'所指出应当反对的那些人中间，还有很大一部分反日力量。姑无论他们的反日，是真正为了全民族的解放，抑或为了保存自己个人的身家、性命、财产、地位，然而他们今天反日是事实。试问争取这些反日力量与拒绝这些反日力量，那一种策略对于反日更有利呢？我想，只要不是没脑筋的人，都会知道多一分力量比少一分力量总要好些。所以，就策略意义来说，革命队伍，应当尽一切可能来争取一切有利于革命的力量（那怕是暂时的、动摇的、不可靠的力量）到革命方面来，因为这一方面是增加了革命的力量，同时，也就是削弱了敌人的力量。所以，我们对于一切反日的力量，无论是军阀、官僚、买办、资产阶级、地主豪绅、国民党员，无论他们过去曾作过祸国殃民的勾当，只要他今天是诚心反日的，都应团结在反日统一战线之内。只有那些死心塌地甘愿做日本帝国主义走狗的汉奸卖国贼，才是我们要反对的目标。因此，在今天我们的口号不应当是一般的提出'反对国内一切军阀、官僚、买办、资产阶级、地主豪绅'，而是'反对甘心做日本帝国主义走狗的汉奸卖国贼'。如果一般的提出口号，则在革命方面，失去了这些可能的反日力量，在日本帝国主义方面，有机可乘来勾引这些可能的反日力量，而这些可能的反日力量，在被拒绝其反日的情况下，有可能仍旧走向反动的营垒去，甚至走向汉奸卖国贼的营垒里去。这样，革命队伍不但削弱了自己方面的反日力量，而且增加了敌人的力量。"

以上这些，就是陈潭秋根据当时国际国内政治、经济的形势和阶级关系的新变化，所作出的关于建立抗日民族统一战线的必要性与可能性的精辟论述。在这里说明了谁是我们的敌人，谁是我们抗日的朋友或同盟军，谁是我们民族解放战争的基本队伍。也就是论述了抗日民族统一战线的基本理论和基本政策。这是一个关系战胜日本帝国主义的基本战略问题，关系抗日战争的成败，关系中华民族的兴衰。

陈潭秋又指出："至于说到革命的动力，固然，工农劳苦大众是民族解放战线上的基本队伍，但在今天总决不是唯一的队伍。然而这种基本队伍，在大敌当前的时候，为了扩大自己的阵线，为了增加自己的实力，为了更有力的打击敌人，也决不应丝毫拒绝——而且也没有理由拒绝一切反对共同敌人的同盟军。相反的，应当尽量争取和利用这些同盟军。即令这些同盟军，有的是不坚决的、甚至要半途变节的，也应当尽量利用到它的反日作用终了为止。因此，我们就不应当说：'中国民族解放运动，断不能属望于南京和南京系统以外之一切军阀、官僚等的反动集团，只能由工农劳苦大众以及真正革命的分子自己动手来完成这历史的大业'。而应当说：'中国反日的民族解放运动，要由中国工农劳苦大众与一切反日力量团结一致来完成这历史的大业'。换句话说，就是要由'全民反日统一战线'来完成。"①

中国共产党在1935年8月1日告同胞书中早就指出：

"……当今我亡国灭种大祸迫在眉睫之时，共产党和苏维埃政府再一次向全体同胞呼吁：无论各党派间在过去和现在有任何政见和利害的不同，无论各界同胞间有任何意见上和利害上的歧异，无论各军队间过去和现在有任何敌对行动，大家都应当有'兄弟阋墙，外御其侮'的真诚觉悟，首先大家都应当停止内战，以便集中一切国力（人力、物力、财力、武力等）去为抗日救国的神圣事业而奋斗。……此外，苏维埃政府和共产党现在更进一步的恳切号召：

"一切不愿意当亡国奴的同胞们！

"一切有爱国天良的军官和士兵兄弟们！

"一切愿意参加抗日救国神圣事业的党派和团体的同志们！

"国民党和蓝衣社中一切有民族意识的热血青年们！

"一切关心祖国的侨胞们！

"中国境内一切被压迫民族的兄弟们！

"大家起来！

"与苏维埃政府和东北各地抗日政府一起组织全中国统一的国防政府；与红军和东北人民革命军及各种反日义勇军一块组织全中国统一的抗日联军。"

---

① 陈潭秋：《论统一战线政策》，巴黎《全民月刊》第1卷第5、6期合刊。以下引文同此。

陈潭秋在文章中明确表示："中国共产党所以'不念旧恶',愿意与一切政党、团体、军队及各界人士共同组织全民抗日统一战线最有力的根据(当然还有其他根据)是：第一,由于该党对解放中国全体人民所负的不可卸脱的责任；第二,由于阶级关系的变动。不但如此,共产党对于它几年来的死对头——蒋介石和南京军队——所采取的态度,也是以反日为前提来决定的。"

关于抗日民族统一战线的政策,陈潭秋着重阐明了以下两点：第一,在全民抗日斗争中并不放弃它底土地革命的原则立场,但他们在土地政策上也有很多新的转变。这些转变"重要的是为的要适合于便利于建立抗日救国的广大人民的统一战线；因为他们认为今天摆在他们面前的最中心的最紧迫的任务,是'抗日救国',如果国不得救,则土地革命也成为虚话"。第二,在对外政策上,他说："帝国主义危害于中国,是尽人皆知的事实,我想中国人除了汉奸卖国贼外,谁也不会对帝国主义有好感的；然而为了革命的利益,为了集中力量反对日本帝国主义,在策略上应当而且必需尽可能避免多树敌人,应当而且必需利用敌人中间的矛盾。今天我们底最危险和最主要的敌人是日本帝国主义,我们要削除它的外援,使它孤立,并尽可能的联合一切反对它的力量来打击共同的敌人。因此,我们今天的策略,不是反对一切帝国主义而是集中力量反对日本帝国主义,我们要将英美列强与日本帝国主义分别看待。相反的,如果我们不会利用敌人间的矛盾而提出反对一切帝国主义的政策,那将使日本帝国主义有可能来缓和它与其他列强——特别与英美的矛盾,甚至联合起来一致压迫我们"。因为"帝国主义间的矛盾,已达到更加尖锐的形势,日本帝国主义在排挤英美,独占中国的积极政策下,使自己陷于孤立无援；英美则有合作对日的趋势,而且对中国民众的抗日斗争表示中立甚至还多少同情(自然是为了他们彼此的矛盾,而不是真正希望中国民族解放)"。因此,中国共产党的主张是联合一切反对日本帝国主义的民众作友军,联合一切同情中国民族解放运动的民族和国家作同盟,对一切对中国民众反日解放战争守善意中立的民族和国家,建立友谊关系。就是说,"中国共产党不仅要联合同情中国民族解放运动的民族和国家(苏联)作同盟,而且要与一切对中国民众反日解放战争守善意中立的民族和国家(英美也包括在内)建立友谊关系"。

最后,陈潭秋恳切地声明:"大敌当前,国亡无日……,应排除任何党派门户之见,……惟有以全民统一战线与日本帝国主义作决死斗争,才是我'有数千年文明历史的'伟大民族的唯一生路。在爱护祖国的热忱鼓荡之下,我自己认为对于一切自觉的或不自觉的危害于全民统一战线的主张,有批评的义务和权利。同时,我希望……在民族陷于生死关头的今天,应当要细心思考自己所提出的主张,是否适合于救国的实际需要,是否能在抗日救国事业上收到实际效果。"陈潭秋的这篇文章,正确地宣传了抗日民族统一战线的对内对外政策,在国内国外产生了广泛的影响,对推动抗日民族统一战线的加快形成起了重大作用,是中国共产党关于抗日民族统一战线的理论的重要文献之一。这些理论的阐述,已经产生了还将继续产生巨大的理论效应和实际效应。在社会主义革命和建设时期仍将显示出不可磨灭的理论光辉。

为大力宣传党的抗日民族统一战线的主张,推动全国的抗日救亡运动,陈潭秋在莫斯科写了《评大公报最近言论》的评论文章,发表在法国巴黎《全民月刊》第1卷第5—6期合刊上(1936年5月),批评了《大公报》为日军侵华张目的卖国言论。

陈潭秋在文章中说:"大公报在中国有30年的历史,是全国有名的日报之一……,'九一八'后,也曾严厉指责过国民党的不抵抗政策,……它在中国舆论界上取得了相当的威信和地位,"可是在今年"四月以后则完全走向反动方面去了"。他说:"今天的中国,正处在日寇汉奸交相煎迫的情形之下,国家危亡之机,真所谓'千钧一发',同时全国各地救亡运动,也正在汹涌澎湃的开展起来。在这样民族存亡的最后关头,确实需要有威不能迫、利不能诱的，始终站在国家利益、民族利益的坚定立场的言论机关，担负起'摘奸发覆'，'讨贼御寇'的责任，代表民众的呼声，发挥救国正论，沟通各地各界救国人民的意见，促成全民抗日联合战线的组织。这种伟大的神圣的任务，我们更不能不属望于国内那些历史较久、威信与地位较高和销行较多的日报。可是遍观全国各大报纸，固不少在困难当前，不避艰险，代表大众要求，发抒救国意见的，然而也有些无气节的报纸，在威迫利诱之下，改变原有立场，反而一味阿谀取容，发挥卖国理论，替日寇汉奸张目的。最近的大公报即其一例。"

世人皆知，"中国共产党及其所领导的红军，数年来为反对日本帝国主义而斗争的事实，是每一个有心肝有耳目的人共同承认的，只有汉奸卖国贼如汪精卫、宋哲元、殷汝耕、杨立奎之流，才会无耻造谣诬蔑，只有日本帝国主义及其走狗才会提出共同防共问题。自九一八事变发生后，共产党红军在抗日工作上，曾经进行过许多具体的步骤，如北上抗日先遣队的派出，如与过去福建人民政府及十九路军订立抗日协定，以及尽力帮助北方冯、吉、方、孙抗日的发动等。特别是去年华北问题发生后，该党与苏维埃政府宣言不分党派团体，一致团结，建立全民抗日统一战线。而该党所领导的红军，在长途西征以后，复不避艰难，不畏劳苦，由川而甘陕，由陕入晋，以求实现其抗日救国素志。该党这些实际抗日步骤，不但取得全国人民的同情与拥护，不但取得在野名流的赞扬，一致主张停止剿共，联合抗日，就是南京政府要人冯玉祥，西南元老邹鲁，甚至一向反共最力的章太炎先生①，也不能不承认共产党红军是抗日救国的伟大力量，而主张'停止剿共'，主张'开放党禁'，主张'不问过去是否加入共产党，只看

---

① 五四运动后，章太炎日趋反动，拥护军阀割据，反对孙中山三大政策，反对国共合作，反对北伐战争，反对中国共产党。他附和吴佩孚、孙传芳，坚持"联省自治"，大叫"反对赤化"。但九一八事变后，他主张坚决抗日，谴责蒋介石出卖国土，声援十九路军抗战，号召青年拯救国家危亡，对抗日最力的中国共产党的态度也开始有了变化。

今日主张如何'。"

而1936年4月22日发表社论却说："陕北共匪，潜踪渡河，晋省防务，立告吃紧，外交方面，因受刺激，冀察防共问题，亦随之突形急迫"。"甚望军事当局，妙算无遗，速速联合聚歼"。陈潭秋指出，这一社论用更简单的话解释起来，就是：因为红军要抗日，才引起日寇要共同防共的问题。但这并不是日寇的野心，而是中国自己的错误。因为日寇本不敢打红军，如果中国自己能消灭红军，那末，日寇是很高兴的。甚望军事当局，速速联合聚歼红军。而具体防共办法，必须大批屠杀先进爱国分子（所谓甄别中小学教职员）与桎梏人民的行动（所谓"整顿团防，办理保甲"）。使共党不能入境。这样"不出三月，防共之效，必可大见"，至于防共协定，此时签订无妨，因为到了"大见防共之效"的时候，"纵有防共协定，实际无须执行了"。陈潭秋指出：这一社论是荒谬绝伦的自欺欺人的汉奸理论，是效忠于日寇的一种汉奸式建议。实际上就是帮助日寇实现"不战而胜"的政策。

最后，陈潭秋对《大公报》提出了恳切的忠告，他说："我们希望他们能够继续为抗日救国而呼号，继续在舆论界主持正义。我们更希望国内一切舆论界，在国势危如垒卵的今日，坚定的站在挽救危亡的立场，不为任何恶势力所屈服，真正做到爱国民众的喉舌，特别要铲除舆论界蟊贼，肃清汉奸论调。"[①]

---

① 陈潭秋：《评大公报最近言论》（1936年5月24日），巴黎《全民月刊》第1卷第5、6期合刊。

第十一章
CHAPTER ELEVEN

天山南北的战斗

从莫斯科到乌鲁木齐

在民族危亡、灾难深重的关头,处在异国他乡的陈潭秋,时刻关注和惦念着祖国的命运和前途,发出了民族的怒吼,提出了抗日救国的主张,认定唯有以全民族统一战线同日本帝国主义作殊死斗争,才是我"有数千年文明历史的,伟大民族的唯一生路"。迫切企盼返回祖国,亲身投入到抗日救国的最前线,抗击日本帝国主义的侵略。这一天终于来到了,陈潭秋获准回国工作。

1939年5月,陈潭秋奉命从莫斯科返回延安,途经新疆,来到迪化(今乌鲁木齐市)。7月,中共中央电示陈潭秋留在新疆工作,接替邓发(化名方林)任中共中央驻新疆的代表和八路军驻新疆办事处负责人。

中共中央为了推进在新疆与盛世才建立抗日民族统一战线关系,先后派了三任党代表驻新疆,协助建设新疆。1937年4月,陈云(化名施平)从莫斯科来到新疆,任中共中央驻新疆第一任党代表,迎接工农红军西路军余部近500人进入新疆。1937年9月,党派邓发由莫斯科来到新疆,接替陈云任中共中央驻新疆的第二任党代表。陈潭秋是中共中央驻新疆的第三任党代表(仍化名徐杰)。

全民族抗战初期,中国共产党在兰州、西安、汉口、长沙、重庆、桂林等地设有八路军办事处。1937年4月底,工农红军西路军余部进疆后,盛世才同意设立八路军驻新疆办事处。因而,陈潭秋又接替邓发任八路军驻新疆办事处负责人。应盛世才的邀请,自1937年起,中共中央陆续派出一批干部和党员160余人到新疆工作。毛泽民(化名周彬)任新疆财政厅副厅长、代理厅长,林基路任新疆学院教务长,黄火青任"反帝会"秘书长。哈密、和田、喀什等地的行政长(相当于专员),《新疆日报》及一些分社的社长、编辑长等要职,也都由中国共产党人担任。同时,共产国际也派了一批又一批中共党员去新疆工作。

新疆地处祖国西北边陲,与多个国家接壤,具有重要的战略地位。新疆在抗日战争时期,是我国重要的国际通道,它不仅是当时苏联援助我国抗日物资的主要交通要道,而且成了共产国际与中共中央进行联系的主要交通要道。新疆具有丰富的地下矿藏资源,如金、银、铜、锡、铅、煤、石油等,都是重要的战略资源,开发这些自然资源,对坚持持久抗战起着重大作用。新疆又是一个多民族集居的地区,世世代代聚居着我国众多的兄弟民族,历来的统治者都有意挑起各民族间的不和,使民族矛盾和阶级矛盾混杂在一起,政治形势错综复杂。因此,做好各民族间的和睦团结工作,齐心协力支援抗日斗争,是中国共产党在新疆的一项重要任务。

盛世才自1933年通过四一二政变,夺得了新疆边防督办的大权,登上了"新疆王"的宝座。为了摆脱困境,巩固自己的地位,他伪装进步,打起了"亲苏""拥共"的招牌,接受中共驻新疆代表邓发的建议,正式制定了"反帝、亲苏、民平、清廉、和平、建设"的六大政策,作为抗战时期新疆的施政纲领,在当时是符合抗战需要和新疆各族人民利益的。

盛世才标榜"六大政策",却有他的另一套打算。他想借以笼络人心,骗取苏联的援助和中国共产党的支持。他的如意算盘是:在政治上可以招摇撞骗,在经济上可以得到苏联的援助,在干部上可望得到中国共产党的支持。的确,盛世才也得到了苏联500万卢布的贷款,购买了苏联的飞机及建设器材、军火弹药,聘请了苏联派来的工程师、顾问。

中国共产党从抗日大局出发,为了团结新疆各民族人民共同抗日,建设抗战大后方,与盛世才建立了抗日民族统一战线的关系,并应盛世才的邀请,自1937年起,陆续派出一批干部和党员到新疆,与新疆各族人民共同建设新新疆。但盛世才是一个奸诈狠毒的军阀、政客、阴谋家、野心家。当他骗取了新疆各族进步人士的拥护和苏联政府的援助,政权得到稳固之后，便一反常态，撕下了他的伪装，由"亲苏""拥共"变成了反苏反共，他自己就曾供认：他之所以"亲苏"，是因为"从南京不可能得到援助的情况下，只有利用一个外国势力去反对另一个外国势力"，而"冒险引入苏联的援助"。当他需要你帮助时，你就是他的"朋友和同志"，当他认为可以甩开你时，你就由"朋友和同志"变成了"敌人"，他的"亲苏"方针，也就变成了"必须采取反俄的方针"了。他的"拥共"也是假的，他曾直言不讳地说：他在新疆推行"六大政策"的十年是"在新疆与共产主义作斗争的十年"，他甚至公开污蔑马克思主义的基础——阶级斗争学说"是极其残酷无情的"，"唯物主义对历史的解释是错误的"[①]。

他之所以要求中国共产党派来大批干部参加新疆建设，一方面是由于他当时确实缺乏干部，另一方面是由于共产党干部有良好的作风。他曾对陈潭秋说：共产党员不贪污、不会与帝国主义或国民党勾结，工作能力强，不会反对六大政策等。请来这些干部，对他推行六大政策，巩固他的统治地位是有好处的，所以他摆出了与共产党人"友好"的姿态。但盛世才又非常害怕共产党员接近群众，在群众中取得信任，怕共产党员掌握军队，所以不愿中共人员做军事工作和教育工作，而将他们中的大多数安置在财政税收工作方面，因为税收工作是老百姓不高兴而又难办的工作。他更害怕共产党在新疆各族人民群众中影响的扩大和威信的提高，因此，他不允许在新疆亮出共产党的旗帜，更不允许共产党组织的公开活动，不让群众了解哪些是共产党人。而又要求把共产党人的名单交给他掌握，以便他了解和控制共产党人的行踪和活动。这就是盛世才所采取的阴险毒辣的反革命两面派手法。

所以，陈潭秋来到新疆工作，是在特殊环境条件下的特殊战斗。他到新疆后的新任务，就是在中国共产党原有工作的基础上继续坚持抗日民族

---

① 盛世才：《新疆小卒还是轴兵》，第二部分。

统一战线，团结新疆各族人民，在共产党的领导下，建设新疆，支援抗日前线，夺取抗日战争的最后胜利。为完成这一任务，陈潭秋根据共产党抗日救国十大纲领，充分发挥共产党员的积极性和主动精神，带领各族人民，在各条战线上做出了应有的贡献，抓紧了"新兵营"的学习与训练，及时奔赴抗日前线；贯彻共产党提出的坚持抗战、坚持团结、坚持进步的方针，巩固和发展抗日民族统一战线；领导中国共产党在新疆的同志，带领新疆各族人民建设新疆；在党的内部开展整风学习，克服困难，坚持斗争，夺取新的胜利。

早在陈潭秋尚未来到新疆之前，他就以"徐杰"的化名写了一篇叫作《要作一个新政府领导下的新青年》的文章，发表在1939年2月3日的《新疆日报》上，表现了他对青年一代的深切的关怀和殷切的期望。他在文章中向青年们提出："（1）必须认真了解六大政策和实行政策；（2）必须忠实于抗日民族统一战线；（3）必须忠实于中华民族解放事业；（4）必须具有前进向上的富于斗争的精神；（5）必须具有热烈的勇敢富于牺牲的精神；（6）必须具有正确的人生观和世界观；（7）必须具有社会科学和新哲学的素养；（8）必须具有勇于负责和任劳任怨的精神；（9）必须具有坚强的意志和诚恳的态度；（10）必须具有革命的精神；（11）必须忠于人民大众的利益，把为人民大众谋利益的事业当作自己终身唯一的事业。"这是新青年的标准尺度，要达到这个标准，就应从以下几方面去努力。他说：第一，要有学习、学习、再学习的精神，只有这样，才能深切地了解六大政策，忠实执行六大政策，才能正确地把握革命的理论和实际的应用革命的理论，也只有这样，才能忠实于民族统一战线的解放事业。第二，要把理论与实践打成一片，才不会盲碰和空想，同时才能正确地把责任负担起来。第三，必须加强自我批评，反对自由主义，发扬自我批评的精神，才能养成斗争精神和牺牲精神，才能养成坚强的意志和认真的态度，才能大公无私，公正廉明地为人民谋福利。第四，必须以狮子的体格为模范，锻炼成钢铁般的身躯，才能承担起时代给予的使命。第五，必须以猴子的敏捷为模范，锻炼成活泼可爱和智勇双全的战士，能百分之百地执行和实现政府的任务，才能达到最后战胜日本帝国主义。第六，必须以骆驼的负重任远，任劳任怨的精神为模范，锻炼成百折不挠、刚强无比的战士，才能达到我们的目的——解放。陈潭秋的这篇文章，在新疆广大青年中产生了强烈的反响，成为新疆新青年的指路明灯和奋斗目标。新疆青年行动起来了，他们纷纷投入中华民族解放的斗争，在街头相继集会宣传各民族团结抗日，共同杀敌，以实现抗日报国之志。

特殊环境下的特殊战斗

陈潭秋来到新疆时，正是盛世才与共产党关系开始逆转时期。盛世才要投靠蒋介石，还未公开投靠；盛世才要与苏联关系破裂，又未敢公开破裂；盛世才要迫害共产党人与革命志士，尚未立即下手。面对这种复杂微妙关系，给中共工作上增添了许多困难。

陈潭秋是善于慎重处理复杂多变局面的能手。为了贯彻中共中央坚持抗战，坚持团结，坚持进步的方针，陈潭秋一方面维护与盛世才的不巩固的暂时的团结；一方面又对盛世才的倒行逆施进行揭露和斗争，以斗争求团结。他授意共产党员在《新疆日报》上发表文章，警告盛世才已走到了众叛亲离的死胡同，如不悬崖勒马，只会落得像汪精卫那样遗臭万年的可耻下场。

为了宣传中共团结抗日的主张和八路军、新四军的战绩，陈潭秋来到新疆的第一件大事，就是抓好舆论工具，办好《新疆日报》。把《新疆日报》办成抗日民族统一战线的报纸，通过它来宣传马列主义、毛泽东思想，宣传共产党抗日民族统一战线政策，宣传在共产党人的影响和帮助下新制定的"反帝、亲苏、民平、清廉、和平、建设"的六大政策，宣传敌后抗日根据地军民的抗日斗争。

在盛世才标榜"亲苏""拥共"的时期，《新疆日报》多由共产党人负主要责任。1935年6月以来由共产党员万献廷任编辑长及社长，1937年5月由共产党员王宝乾任社长，1938年1月由共产党员汪小川任副社长，1938年4月由共产党员李宗林任编辑长，1938年11月由共产党员萨空了任副社长，第一版由李何负责，第二版由王谟负责，第四版由白大方、马殊负责，制版科科长是王苇，校对科科长是郭春则。

陈潭秋到新疆后，对《新疆日报》的日常工作抓得很紧，报社的每月工作计划都由他批准，每周工作安排都要向他汇报，许多关键性的社论和重要文章、消息，都由他亲自审阅、批改。有的文章就是他亲自授意下完成的。如林基路写的《论六出祁山》一文，是用历史题材暗示盛世才，破坏统一战线不会有好结果。马殊以"关"的署名写了《众叛亲离》的文章，指出盛世才已走到了众叛亲离的死胡同。这些文章发表后，盛世才很恼火，打电话追查责任。陈潭秋抵制了盛世才的追查，并安慰写文章的林基路和马殊说："你们没有错，我没有批评你们呀！"

《新疆日报》在共产党人任社长期间，国内消息多采用延安新华社的电讯稿，国外消息多采用莫斯科塔斯社的电讯稿。在《新疆日报》上常发表中共中央的方针政策及中国共产党领导同志的文章、谈话，以及八路军、新四军的战绩，敌后抗日根据地建设的成就。如朱德的《八路军抗战一周年》，发表在《新疆日报》1938年11月1日。毛泽东的《论持久战》，发表在《新疆日报》，从1938年11月10日起连载。《模范抗日根据地的晋察冀边区》的介绍，《新疆日报》1938年11月10日起连载。《学习晋察冀，援助晋察冀》，《新疆日报》1938年11月11日社论。陈潭秋（署名徐杰）《要作一个新政府领导下的新青年》，发表在《新疆日报》1939年2月3日（当时中共驻新疆的代表是邓发，陈潭秋尚在莫斯科，其时，陈潭秋曾多次向党中央要求回国，参加抗日救国的实际斗争，直至1939年5月才获批准）。

陈潭秋任中共中央驻新疆代表后，对《新疆日报》所发的国际国内重大消息的电讯稿，关于中国共产党与国民党关系的重大事件的报道，他都亲自过问。例如1939年以来，蒋介石对八路军、新四军和敌后抗日根据地制造摩擦，制造了一系列事件和惨案，陈潭秋对盛世才做了大量的说服工作，要求通过《新疆日报》明确表态。在陈潭秋的极力争取下，《新疆日报》1939年9月9日，发表了毛泽东的《关于目前国际形势与中国抗战的谈话》，庄严宣布了"人不犯我，我不犯人，人若犯我，我必犯人"的原则立场。1940年9月14日，发表了《朱德谈抗战时局》的文章。又如国民党顽固派突然袭击新四军，制造了皖南事变，陈潭秋坚持要盛世才明确表态，揭露蒋介石破坏抗日的罪行。因此，《新疆日报》于1941年1月30日，发表了《中共中央发言人关于皖南事变经过的谈话》和《中共中央革命军事委员会的命令》，1941年2月1日发表了《朱、彭、叶、项为抗议包围新四军的通电》。1941年2月12日，发表了《新四军皖南部队惨被围歼真相》等文章，揭露国民党顽固派制造皖南事变的罪行。有关国际形势的重大变化的文章，如欧战的爆发、苏德战争的激烈进行、日本偷袭珍珠港、太平洋战争的爆发等，《新疆日报》都先后刊登了中国共产党的宣言和中共中央领导同志的文章，如《新疆日报》1940年2月24日起刊登了毛泽东《第二次帝国主义战争讲演提纲》，1941年12月12日刊登了《中共中央为太平洋战争的宣言》，1941年12月16日刊登了《中共中央关于太平洋反日统一战线的指示》，1942年1月22日刊登了周恩来《太平洋战争与世界战局》的文章，表明了中国共产党的原则立场与政治主张，揭露了德、意、日法西斯和蒋介石反动派罪恶行径与鬼蜮伎俩，教育了人民，团结了人民。

在中国共产党成立20周年之际，《新疆日报》于1941年7月1日发表了《祝中国共产党20诞辰》的社论,同时刊载了毛泽东、朱德的大幅照片,1941年12月2日刊登了《在边区会议上毛泽东的演说》的报道,1942年2月24日刊登了毛泽东写的《庆祝红军24周年》的文章,在抗日战争五周年之际,《新疆日报》于1942年7月10日刊登了朱德《胜利在望,团结向前》的文章和《为抗战5周年纪念,中共中央宣言》以及毛泽东的《新民主主义论》等文章。

上述这些文章相继在《新疆日报》上刊出,对于宣传中国共产党团结各族人民、一致抗日的主张及其抗日民族统一战线的方针政策,以及八路军、新四军在抗日战争中的地位和作用,都产生了良好的影响。因此,这一时期的《新疆日报》是向新疆人民进行马克思列宁主义教育的宣传工具。上述这些文章的发表,绝大多数是在陈潭秋来到新疆以后,这与陈潭秋的正确领导是分不开的。在《新疆日报》上发表有关中国共产党的重要文件许多是事先请示过陈潭秋的;有的则是陈潭秋直接指示或要求发表的,有的文章是经过陈潭秋亲自修改后刊用的,有的则是陈潭秋亲笔拟稿的。

陈潭秋还领导了共产党员在新疆日报社内部正确开展又联合又斗争的政策。事情是这样的,盛世才为了控制《新疆日报》,监视共产党员在报社的活动情况,派了警务处的一个姓聂的工作人员来到报社任副社长。起初这个人表面上和中共的同志要好,整天生活在一起,有说有笑,实际上是限制中共的行动,了解中共人员的情况,向盛世才打黑报告,讲中共人员的坏话。这一情况,渐渐地被发觉了,大家都很气愤,一致要求把他撵走,或者封锁他,或者疏远他。中共人员纷纷把自己的想法报告给陈潭秋。陈潭秋听了这些反映后,没有立即表态,他从调查了解入手,打听了这个人的历史、家庭情况以及平时的表现、生活爱好等各方面的详细情况,以至待人接物的细节之后,认为这个人是可以争取的对象,于是便决定对其采取团结、教育、争取的方针。

陈潭秋转过来对同志们讲了他自己亲身经历过的一件事。他说:我们那时在武汉闹革命,办了一个《武汉星期评论》,可是两湖书院和省一师的守旧分子办了一个《江汉评论》来捣乱,我们把《江汉评论》的主编蔡以忱争取过来了,你们是否也可以把姓聂的副社长争取过来呢?!大家听了陈潭秋这一席话,觉得蛮有道理。回到报社后,同志们立即对这个副社长开展了争取工作。有的同志晓以团结抗日的大义;有的同志大讲共产党的抗日政策;有的同志还说,我们离开家乡,来到边疆,就是为了宣传抗日,支援抗日,不是盛世才"请"我们,我们哪会来到这里,在什么地方都一样有抗日工作可做嘛!

经过两个多月的各方面的工作,一天,这个副社长找到编辑长李宗林说:"说老实话,我对你们在报纸上宣传团结抗日,完全同意。只是盛世才要我写报告,我没有办法了。否则我自己也……"他又说:"像你们这样通宵达旦,艰苦工作,在国民党里还没有见过。你们工作认真负责,勤勤恳恳,不贪污,不为名,我确实无报告写。但不写又不行呀!你们说该怎么办吧!"他要中共人员替他出主意怎样去搪塞盛世才,这说明他确有转变。

同志们又来请示陈潭秋,陈潭秋说:是呀!他不写报告就没有事干了,盛世才也不会答应的。我看或者他写后给我们看,或者干脆我们帮他写。后来这个姓聂的社长也被盛世才抓进了监狱。新中国成立后他参加了中国共产党,参加了革命工作,为党的事业做出了有益的贡献。

面对新疆的复杂环境和困难的工作条件,陈潭秋于1939年8月12日,给在新疆工作的全体共产党员写了一封指示信,信中讲道:第一,我们在新疆的工作方针是:(1)保证新疆始终是中国领土的一部分,不致陷落在帝国主义的血手中。(2)巩固新疆这个抗战的重要后方和国际交通要道的战略地位。(3)推进新疆社会的进步,贯彻适合新疆特殊条件下的六大政策,使各族人民过着和平友谊的生活。

他说:"我们在全国范围内坚决实行统一战线政策。可是在新疆因为条件的特殊，绝不能如在口内所实行的一样。在口内我们要巩固统一战线，但绝不放弃自己的独立自主主张，我们要发展组织，要宣传主义，要扩大我们在群众中的影响。……在新疆要彻底执行这个政府的六大政策，因为六大政策的胜利，就是我们在新疆的胜利，……所以，我们在新疆工作的任务，不在于发展组织或宣传主义，也不在于扩大自己的力量"，我们和盛世才的统一战线的基础就是"六大政策"，在新疆的任务就是宣传、执行"六大政策"。

第二，工作态度：我们是革命的公务员，我们是自觉的革命战士，我们不是雇佣劳动者，我们要忠实于自己的职务，要以积极负责的态度来对待自己的工作。所以，我们应当把"忠实""积极""负责"作为全部公务员的工作作风。

第三，工作方法：工作方法是达到工作任务的手段，仅仅了解工作任务，确定了对工作的态度，如果没有好的工作方法，仍不能完成工作任务的。我上次信中曾经指出："我们要求推动社会前进，主要的要培养和扶助新的进步的力量，但还要尽量设法减少旧的落后力量的反抗（但绝不是说我们可以同流合污），因此我们看问题，不能单凭主观的愿望而抹杀客观的条件"。这仍是我们今天在新疆工作方法的重要原则。今天最重要而且是首要的工作，就是在六大政策旗帜下团结各族先进青年，培养大批真正忠实于六大政策的干部，应当把这些先进青年、干部作为执行六大政策，巩固六大政策的基本力量。至于待人谦和、处事郑重，严格遵守政府法令，实行清、慎、勤和古训，更是我们不应该时刻遗忘的。

第四，个人修养：我们同志无论在什么地方，什么环境，必须保持着党员的素质与我们党的优良传统。（1）我们应始终保持住坚定的革命的先进意识，对工作要有光明前途的信心，要有不屈不挠的奋斗精神，要有富贵不能淫，贫贱不能移，威武不能屈的坚毅勇气，不要见胜利虚骄，见困难则消沉。（2）对私人生活应严加检束，发扬我们刻苦耐劳的优良传统，不为物质所动摇。社会对于青年最大的诱惑力莫过于金钱与女色，许多年轻人的堕落与腐化也大半由于不能战胜这种诱力所致。我们应当非常警惕。（3）学习问题，首先是理论、政治水平的提高，这是我们终身的事业；其次是在工作中虚心学习，求得行政管理各方面能力的加强；再次，则是对民族问题的研究。这一问题是中国革命的主要问题之一，是我们工作经验较少的部门。你们应当利用新疆的条件，加以切实的研究。

第五，内部生活，以学习、工作、生活的研究和检讨为中心，唯因秘密工作关系，会议不应太多，最好每半月一次，会议时间宜短，形式应灵活，外县同志不能到会的可用通信联络，有机会见面时个别谈话，党费必须按月交纳，在方便时须将工作概况、内部生活及各同志工作生活情形作书面报告。

这封指示信，是陈潭秋在新疆这个特殊条件下，对中共同志所作的全面安排，有力地推进了党在新疆工作的顺利进行。

中共在新疆工作的同志分散在天山南北31个县，由于地域辽阔，交通不便，联系十分困难。因此，加强思想教育更有其迫切性。陈潭秋指示分散在各地的共产党员，按地区分别成立党小组，严格党的组织生活。1939年7月，喀什地区的共产党员李云扬（喀什区教育局副局长）、高登榜（喀什区税务局副局长）、伍乃茵（疏勒县县立女子小学校长）等成立了党小组，李云扬任党小组长。1939年12月，库车地区的共产党员林基路（库车县县长）、蒋连穆（税务局副局长）、陈菌素（库车县小学校长）等也成立了党小组，林基路任党小组长。有的地方只有一两名党员，就直接与党代表陈潭秋联系。在迪化，党员比较集中，陈潭秋则分别召集财政、报社、学校等部门的党员开会，组织他们过组织生活，要求他们定期向组织汇报思想和工作。他常常告诫党员"遇事谨慎，不给反动分子以挑拨的借口"，"对人民有利的事多做"。他希望党员经常地反复地向新疆各族人民宣传共产党的抗日民族统一战线政策，紧密联系群众，以共产党员的模范行动影响和带动群众。同时，他要求广大党员对盛世才的反共投蒋活动，排斥、打击共产党的恶劣行径，予以坚决斗争。

陈潭秋来到新疆时，正值国际上德、意、日法西斯嚣张一时，国内蒋介石集团的反共投降活动不断发生之时，在新疆的盛世才集团也开始恶化和共产党的关系。第二次世界大战的全面爆发，国民党五届五中全会"溶共、防共、限共"方针的确定，盛世才集团认为苏联和中国共产党都靠不住了。从1939年起，新疆连续发生排斥打击和陷害共产党人的事件。1939年5月29日，《新疆日报》在报道迪化女中话剧比赛的消息时，将督办的"办"字误印为"辨"字，该报发现后，主动在第二天的报纸上作了更正。而盛世才却借故大发雷霆，给报社副社长汪小川及编辑、校对等几名共产党员记过罚薪的处分，妄图降低共产党在新疆各族人民心目中的威信。

此后，新疆各地不断发生摩擦事件。一次，盛世才对中共到新疆工作的同志讲：新疆是个封建色彩十分浓厚的地方，不能把延安的办法用在新疆，如果有人把延安那一套搬到新疆来，我就撤换他。

盛世才为了维护自己的统治地位，豢养了一大批特务打手，用来监视共产党员和进步人士的活动，在南北疆各区县工作的共产党员，都处在盛世才特务的跟踪和监视之下。特别是在南疆，盛世才的爪牙到处借故陷害共产党人，挑拨离间共产党与群众的关系，捏造共产党人的"罪状"，将共产党人解职以致逮捕，共产党员经常被监视、被暗害。他派到八路军驻新疆办事处工作的副官就是特务，在办事处附近卖烟的、补鞋的都是他派来的特务。1939年夏的一天，这个办事处的所谓"副官"趁中共工作人员不在，竟偷开机要室的柜子，被中共人员发现，将此事告知盛世才。盛虽然表面上赔礼道歉，却把他的倒行逆施、恶化关系的责任推到中共同志身上，倒打一耙，公然对陈潭秋说："我对你们这些新党员不能完全信任，不放心他们在迪化工作。"后来，邓发告诉陈潭秋说："盛世才就其出身来说是个有野心的军阀，就其思想来说是个土皇帝，就其行为来说是个狼种猪。"①

面对这种严重的局面，陈潭秋作了深入地分析和思考，向中共中央报告了此间的局势，并提出了他个人对挽救危局的意见。

他向中央报告说："新省情况近来未见改善仍继续逆转"，"反共活动仍在继续，除我们同志迭受诬告外，有些人正在制造空气说：凡由口内来的都是托派，又制造新疆快要共产赤化的谣言"。盛世才借口工作繁忙，多次拒绝与我们的约会（过去是每周会见两次）。盛还公开说："共产党在口内是需要的，在新疆绝不需要，如有人要介绍你们加入共产党的那人必然是托派，你们应当向上级报告。"②

根据新疆的特殊经济条件与政治环境，陈潭秋说："我们不但不发展党员，不宣传共产主义，甚至连党的组织形式都不需要，因为新疆今天的经济条件还没有建立无产阶级政党的群众基础；而在新疆这样复杂的政治环境，也绝不适宜于有党的组织与活动。"我们在新疆工作，与在内地工作不一样，在新疆"我们只有更坚决地、耐心地、艰苦地为六大政策的彻底胜利而奋斗"。"六大政策是最适合于新疆的一种进步政策。""六大政策的胜利就是我们在新疆的胜利。"因此，我们要隐蔽自己的面貌，我们"首要的工作就是在六大政策旗帜下团结各族先进青年，培养大批真正忠实于六大政策的干部，应当把这些先进青年干部，作为执行六大政策，巩固六大政策政权的基本力量"。"我们要推动社会前进，主要的是要培养和扶助新的进步力量，同时还要尽力设法减少旧的落后的力量反抗。"③

从1939年起，盛世才对我党关系开始冷淡，经过我们的工作，维持

---

① 杨南桂：《新疆狱中斗争记》，《红旗飘飘》第10期，中国青年出版社1979年版。
② 1939年11月28日陈潭秋给中共中央书记处的电报。
③ 1940年2月20日陈潭秋写给在新疆工作人员的指示信《要深刻了解在新疆工作的任务和方法》。

了半年的平常关系，以后则逐渐恶化，现在是对我党整个不信任。关系恶化的责任完全在盛世才方面。在客观上是国际混乱局势与国内反共高潮的影响，主观上盛世才的反动的阶级本质和他的"多疑的脑筋"。由于客观条件的限制，整个时局谁胜谁负还不明朗，盛世才还未决心马上改变"亲苏拥共"的总方针，所以，在公开宣传上对苏联始终是亲善的态度，我党的公文电讯及八路军新四军战绩在新疆报纸上也常常可以看到。不过从形势发展看来"似有倒退的趋势，这是值得我们焦虑的"。鉴于新疆在国际关系和中国抗战后方的重要地位，根据中共中央在抗战两周年的宣言中提出的"坚持抗战，反对投降；坚持团结，反对分裂；坚持进步，反对倒退"的方针，陈潭秋提出了挽救新疆局势的意见。他认为：我们要"加强对盛的影响"，"在政治上帮助他，影响他，要去掉盛的多疑，要整顿盛的特务工作，对盛的反动行为应采取毛泽东同志庄严宣布的'人不犯我，我不犯人，人若犯我，我必犯人'的自卫原则，予以还击，予以揭露。"①

团结抗日，建设新新疆

共产党人先后在党代表陈云、邓发和陈潭秋的领导下，团结新疆各族人民，正确执行抗日民族统一战线政策，为整顿财政金融，兴办工矿企业，改善公路交通，扩大对内对外贸易，促进农牧业和文教、卫生事业的发展，改善人民的生活，支援抗日前线，做了大量的工作。

以往在盛世才军阀的统治下，新疆政治上十分腐败，经济上面临全面崩溃，民族矛盾突出，特务密探到处横行，民不聊生，朝不保夕。

新疆是中国民族问题最复杂的区域，维吾尔族人口占 30%，哈萨克

---

① 陈潭秋于 1941 年 11 月 6 日给中共中央的报告《关于对新疆形势的分析和治理意见》。

族、柯尔克孜族也占相当数量。在历史上，汉族是以残酷的压迫与剥削加在各民族身上，而各民族用暴力手段屠杀汉族的事也发生过多次，至今民族间仇恨并未完全消除。在盛世才的统治下，又加深了这种矛盾。1939年秋天，盛世才召集蒙哈柯代表会，将全部代表扣留，并将一部分代表逮捕，迫其交出这三个民族的枪支。以后，又借口召集棉业会议，也将代表扣留，迫其负责缴枪。哈萨克族领袖人物沙寸富汉（省委委员兼阿山行政长）也被逮捕，各地哈萨克族表现不稳，可是缴枪问题并未得到很好结果。1940年2月，阿山哈族又因拒绝缴枪而发生暴动，政府派军队去镇压，并派飞机去轰炸，屠杀了数百人，仍有200余武装藏在山中作游击行动，镇西的哈族又逃跑。2月份又逮捕了维吾尔族三领袖，说他们是阴谋案的漏网者，审问的结果，说他们有刺杀督办的阴谋，并说这阴谋案各族都有参加，于是又大批逮捕维吾尔族人。在两个月内，还逮捕了很多汉族人，如杜重远、赵丹、徐韬、史林、张宏与史寅甫、陈及浚等有名望的人，学院学生、各机关公务员、各学校校长和教职员，都逮捕不少，以致迪化有关机关无人办公。外县也时常发生大批逮捕的事件。

　　特务密探遍布新疆各地、各机关、各团体，成为盛世才统治全疆的重要工具。政训处成了军队的特务工作机关，政府要人都是特务工作的指挥者。盛世才有他自己的特务工作系统，乃至稍有社会地位的人也各有自己的特务人员。盛世才的怪癖是多疑，他不但不完全相信公安系统的特务工作，甚至连自己派出的特务人员也不完全相信，对一个地方或一桩事情派出两三批特务工作人员，彼此之间相互监视。比如他对某人不相信，特派一行政长去监视，又另派一副行政长去监视，而行政长还得另派一人去监视副行政长，在这种相互监视的环境中，搞得人人自危。许多公务员同时就兼做特务工作。公安局系统下的特工人员多半是用金钱收买的，每一个报告按其重要性分别给以五角、一元或数元的赏金。因此，捕风捉影甚至完全虚构的报告不少。

盛世才对干部的提拔任免是毫无原则的，全凭个人关系，不问其能力与经验，全都决定于当局者的意志。不是因事择人，而是因人就事。干部可以今天提升，明天就遭受打击，或者在甲地受撤职处罚后可以在乙地分配更高的位置，受到重用。一般公务员都谨言慎行，至于工作的好坏大家都不去管它。

盛世才统治下，文化教育非常落后，除迪化有几所学校外，全疆连小学也寥寥无几。新疆学院虽说是当时新疆的最高学府，但学校的规模很小，只有教育、经济、文学三个系，而且校舍破烂，设备简陋，教员仅有十六七名，学生不到200人。为数不多的学生，多系官僚、巴依（维吾尔语，即地主老财）子弟，多讲究吃喝玩乐，不认真读书，学校也不严加管束，纪律松弛，校风很坏。教育经费微乎其微。

全疆以农牧业为主，可是，在盛世才统治时期，农牧业生产凋敝，财经混乱，通货膨胀，滥发纸币，物价飞涨，国民经济遭到严重摧残。加之贪官污吏搜刮民脂民膏，中饱私囊。财政收入的5/6，都将用来维持盛的特务开支，财经困难到了极点。盛世才只有靠无休止地印发钞票来维持。因此，人们常说："银钞一把，换烟一包。"那时一张50两（当时新疆货币以两为单位）银票买不上一盒火柴，买一个鸡蛋要500两银票。每到月底，各机关公务人员发工资，要用马车或人力车到省府去拉票子，可见当时银票之毛荒。而且当时新疆币制不统一，除了省银票外，喀什地区还印发了喀票，市场上还出现过清朝的铜板、袁世凯的现大洋，财经一片混乱，人民深受其害。盛世才光靠印钞来应付财政支出尚且不够，还举外债2000余万元来支撑它那颓废的经济。加之，贪官污吏比比皆是，真是"无官不贪，无吏不污"。盛世才的岳父丘宗浚任金矿局局长，把金矿当私产，任意挥霍。同时租税奇重，名目繁多，民不聊生。吏治极端腐败，盛的统治摇摇欲坠。

在这种百废待兴、百业不振的困难局势下，中共应盛世才的邀请来到新疆，为建设新疆，励精图治，支援抗日前线，开展了全面整顿工作。例如惩治贪污，廉洁吏治；打击奸商，稳定市场；改革币制，稳定金融；查禁烟毒，增强体质；赈济贫困，安定社会；修筑公路，保障运输；兴修水利，灌溉农田；保护森林，防止风沙；振兴农牧，开办实业；发展教育，增设医院等，所有这一切，都取得了可喜的成绩，在一定程度上改变了新疆的贫困落后面貌，初步改善了各族人民的生活条件，尽力支援了抗日前线。

毛泽民接任新疆财政厅厅长之职后，首先整饬了财政机构，将200人的编制压缩为100人，除正副厅长外，设二室四科，即秘书室和视察室（后来二室合并为一室），税务科、会计科、审计科、官产科。在喀什、和田、阿克苏、伊犁、阿山、哈密等地区（相当于专区）设立了财政局，各县设立税务局，统归财政厅统领。在省、地、县的银行设立金库，统一了财政金融机构。其次，为培训财经干部，在迪化创办了财经学校，首批学生80名，分为甲、乙两班，毛泽民亲任教务主任兼教员，开设了簿记学、会计学、统计学、财务管理、公文应用等课程，毛泽民结合新疆的财经实际讲课，强调财经纪律和统计工作的重要性等，深受学员欢迎。在乌苏还办了会计训练班。这些学员毕业后，都成了新疆的财经骨干，成为推行新疆币制改革的基本力量。再次，统一财政，改革币制。在短期内所建立起来的财政金融机构和对财经干部的充实与配置，对统一财政、改革币制，起了重要的推动作用。以两为单位的旧币，在群众中毫无信誉，在市场上竟出现以物易物的现象，旧币群众不愿用它，旧币改革势在必行。新币以黄金储备为基础，改两为元。1939年2月1日，新币正式发行，新币票面分别为10元、5元、3元、1元、5角、3角、2角、1角、5分、3分共10种。旧币省票4000两兑换新币1元，喀什票160两兑换新币1元。新币发行后，得到新疆商界热烈拥护。他们认为：这"是政府在经济建设上的一种伟大收获，是我们新疆经济史上空前的统一币制的新纪元"①。

---

① 《商界同胞拥护新纸币的宣言》，《新疆日报》1939年1月20日。

为了保证新币币值的稳定和社会信誉，增加银行的黄金储备十分重要。新疆阿勒泰地区盛产黄金。在迪化成立了金矿局，在伊犁、阿山成立了金矿分局，号召与组织群众大力开采金矿，充实政府金库。

由于财经统一，有计划、有步骤地发展工、农、牧、贸、文教卫生及市政建设才有可能。从此扩建了独山子油矿、阿勒泰金矿，兴办了面粉厂、皮革厂、电厂、锯木厂、汽车修理厂等。兴屯河铁工厂也开始产铁。同时，又修建了迪化至伊犁、迪化至塔城、迪化至哈密、迪化至喀什四条公路干线，总长达4160多公里，汽车数量增加了10倍，由原来的数十辆猛增至400余辆，交通运输比以前有了较大的发展。财政收入的增加，交通运输量的加大，推动了农牧业的发展。1938年，发放农业贷款40万元，贷给种子3万担。1939年，发放农业贷款47.5万元，贷给种子4.1万担，解决了部分贫苦农牧民生产需要，同时，又供给了苏制农业机械2万多件，大大促进了农牧业的发展。

1939年成立了商业银行，以有利于资金周转。除在迪化成立总行外，在伊犁、塔城、阿山、绥米、阿克苏、库车、焉耆、吐鲁番、乌苏、和田、喀什、哈密、奇台等地设立了15个分行。仅1940年一年，商业银行就获纯利润734296元，加速了流动资金的周转，促进了农、牧、工、贸的发展和人民生活的改善。在全疆新设立了有800多张病床的13所医院，4所药房，16个诊所，一个医药专科学校。1942年5月，降低了医药收费标准，开展了流行病的防治。1942年春，新疆西部各县流行斑疹伤寒，中共立即组织医疗队，赶赴疫区现场防治。由于防治及时，制止了蔓延，减少了死亡，群众一致称赞医疗队亚克西。

为了解决鳏寡孤独老人的生活困难，在1941年10月，全疆设立了救济院16所，收留老人3000余名，除每人每月发给面粉30斤外，还组织他们从事力所能及的劳动，如缝衣、补鞋、编筐、做木器及小孩玩具，糊制公文袋及信封等，有的则从事瓜果和蔬菜生产劳动。既可节省行政开支，又能改善住院贫苦民众生活,在社会上产生了广泛的良好的反响。

1941年11月,废除了"农官乡约""千户、百户",实行了民主选举。规定"县以下分为区、村二级,按照住户数目多寡,组织区公所、村公所"。"村长之选举按各村人口之多寡,分选名望素孚、办事公正之代表5至10人,由代表中互选一人为村长"。在选举区、村长时,特别缜密,选举具有高度工作能力与工作热情的人,被选者"必须具有任劳任怨的工作态度和工作精神的各民族干部",必须要深孚众望,办事公正,忠实于大众利益,确可做"民众表率者,始终能够站在为大众谋利益的立场上来执行政府政策的各民族干部"。"选举方式应由各县斟酌地方情形用民主集中制办理之"。"区长任期二年,副区长及村长任期一年,如连选得连任"。县以下行政制度的改革,在于"加强民众与政府间的紧密联系,以达到政府为人民谋利益的更高目的,以提高本省建设事业效率"。这一改革的主要精神在于:民主选举区、村长;当选村长、区长的人必须是深孚众望,办事公正,忠实于大众利益。

与此同时,文化教育事业也出现了新气象。由林基路任新疆学院教务长以来(院长是挂名的,由教育厅长兼任),学院制定了"教用合一"的方针,明确提出了"团结、紧张、质朴、活泼"的校训,编写了热情奔放、寄寓着革命理想的校歌,歌词是:

> 巍峨天山,环绕着戈壁无边。
> 在这大自然之间,
> 陶冶着新社会的青年。
> 民族的命运担在双肩,
> 努力莫迟延。
> 团结、紧张、质朴、活泼,
> 争当抗战教育的模范,
> 锻炼建设新新疆的骨干。

时代的青年，

勇敢向前，勇敢向前，

胜利就在前面！

这首歌词是由林基路亲自编写，当时在新疆师范学校任音乐教员的共产党员陈谷音谱曲，林基路本人教唱。一时间，校园内外歌声嘹亮，勇敢向前，胜利就在前面，鼓舞着全校师生。

学院在原有三个系的基础上，又增设了数理系，增设了一个高中班为预科，学生达到250人左右。开设了新课程，如《新政治学》《新经济学》《社会结构论》《中国现代革命史》以及《社会发展史》等，专门聘请著名教授沈志远、沈雁冰来到新疆学院讲学。

在新疆又成立了文化协会、实验剧团，开展抗日文化宣传。口内进步人士、知名学者，如杜重远、张仲实、赵丹等，都千里迢迢来到新疆，讲学、办报、开拓抗日文化事业。新疆进步青年在抗日文化宣传的熏陶下，积极行动起来，纷纷走上街头集会、演讲，宣传团结抗日，投入民族解放斗争的洪流。在大街小巷他们演唱《义勇军进行曲》《大刀进行曲》《我们在太行山上》《杀敌歌》等抗日歌曲，盛极一时。他们又踊跃参加"实验剧团"，公演《血祭九一八》《故乡》《战斗第一幕》《战斗第二幕》等抗日话剧，激起了各族人民的抗日热情。

同时，新疆学院的师生们，倡议每周星期六为"抗战救国日"，每逢这天，除举行街头演讲会、报告会外，还组织歌咏晚会和话剧演出，师生同台演出话剧《哨声》《呼号》《小朋友，你错了》《放下你的鞭子》《扬子江暴风雨》《黄飞龙》等，经常演唱《流亡三部曲》《五月的鲜花》等歌曲。这些戏剧和歌曲，从内容到形式都是崭新的，一时间演新戏，唱新歌，蔚然成风。

此外，共产党在兴修水利、灌溉农田方面也做了不少工作。在库车县境内赤塔河上，有一座清光绪年间修建的、已经破旧不堪的木桥，是年久失修的危桥，改建成一座美观、牢固的大桥，1941年1月25日落成典礼上，库车县县长林基路亲自书写"龟兹古渡，团结新桥"八个大字。库车县境有一条河流，雨季山洪暴发，房屋被冲倒，农田被淹没，人民生命财产被吞噬，人们亟盼修建拦洪堤坝，蓄水灌溉。1941年4月开始施工，只花40多天时间，四乡各族人民近万人奋力拼搏，终于修成了一条长4公里，高3米，底宽17米，顶宽3米的拦洪大坝，这一造福子孙万代的千秋基业在共产党人领导下实现了。洪水被制服了，每当农业用水季节，24个闸口将水引入农田，变水患为水利，群众莫不拍手称快，祖祖辈辈的愿望在林县长领导下实现了，大家载歌载舞庆贺这一喜事。与此同时，麦盖提县在许亮领导下建成了一条全长19公里半的长渠，可灌溉30万亩土地。1942年3月红海子水库放水。所有这些，对于稳定这些地区的农牧生产起了重要作用。同时，还开垦了荒地400余万亩，使畜牧业增产2倍以上。

建设新疆，支援前线，是全疆各族人民的共同心愿，在共产党人的领导下，通过反帝会和妇女会开展了捐献运动和募集寒衣运动，从1937年冬到1939年冬，支援抗日物资，如枪支弹药、医药用品、皮毛衣物等，陆续分批运往延安及抗日前线。在抗日战争爆发后的一年时间里，新疆人民踊跃捐献，购置了10架"新疆号"战斗机，运往抗日前线，在保卫武汉的空战中这些飞机参加了战斗，做出了可贵的贡献。募集寒衣运动中，新疆妇女出力最多，募得皮衣数十万件，其中阿克苏的一位维吾尔族妇女慷慨捐献元宝27个，表现了她的爱国热情和抗击日军的决心，是新疆各族妇女的榜样。

在陈潭秋来到新疆的三年内（1939年至1942年9月），又做出了新贡献。1941年4月，发行建设公债500万元，实际认购数为670余万元，超额34%完成任务。支援前线物资不断地运往抗日前线。陈潭秋还亲自筹办了10吨新闻纸运往延安，以应延安《解放日报》的急需。在抗战困难时期，他代表在新疆全体共产党员向中共中央书记处保证："我们全体同志一致坚决拥护中央坚持抗日民族统一战线与组织反法西斯国际统一战线的政策，以自我牺牲的精神，为实现党的每一个决议与每一项指示而斗争，更加像一个人一样，团结在党中央的周围，一切服从党，一切服从纪律，一切服从抗战的胜利与革命工作的利益，站在自己的岗位上，安心工作，努力学习，为实现党的每一任务而奋斗。"表现了共产党在新疆工作同志的披荆斩棘、奋勇前进的革命精神。

在新疆实现六大政策的群众政治组织是反帝会，在南疆的名称是"抗日后援会"，它是新疆的唯一政治组织，以实现六大政策为基础。陈潭秋在新疆未担任社会工作，他的党代表身份是不公开的。反帝会的机关刊物是《反帝战线》，通过《反帝战线》来系统地宣传"反帝、亲苏、民平、清廉、和平、建设"的六大政策。黄孚民（即黄火青，西路军红五军的政治部主任）在1938年1月应盛世才的邀请，从"新兵营"调到反帝会任秘书长，兼审判委员会委员长和公安管理处职员训练班教官，讲授共产党的抗日民族统一战线问题。1938年1月，反帝会第二次改组时，黄火青任秘书长。陈潭秋对反帝会的领导，是通过黄火青来实现的。陈潭秋说："我们工作同志既是以宣扬六大政策，执行六大政策，巩固六大政策为中心任务，则尽可能的加入'反帝会'，以六大政策立场积极推动'反帝会'工作，引导会员前进，提高他们的政治理论水平，造成大批的优秀的六大政策干部。"① 就是说通过我们的同志参加反帝会，来实现共产党对反帝会的领导，又通过反帝会这一群众性的政治组织来推动全疆的各项工作。实际情况正是如此。1938年1月，改组后的反帝会，除黄火青任秘书长外，徐梦秋负责宣传部，韩光负责民众部，还有组织分配科、文化科等负责人，均由中共党员担任。共产党参加反帝会以后，反帝会的工作十分活跃，反帝会以下设立各分会，很多共产

---

① 陈潭秋于1940年2月20日写给在新疆工作人员的指示信《要深刻了解在新疆工作的任务和方法》。

党员又在分会中负责。例如，反帝会直属三分会（女中）是由朱旦华、张奋音任指导。反帝会第四十二次常务会在黄火青的主持下，通过了20条议案，例如，举办高级干部反帝训练班，组织"抗战备荒公粮委员会"。反帝会又组织了献金运动委员会，掀起了群众性的献金热潮。反帝会又成立了募寒委员会，开展了募集寒衣运动。1941年8月，反帝会又成立了红军慰劳会，为募捐慰劳抗日前线战士，做了许多工作。1939年11月1日，《反帝战线》出版《十月革命专辑》，全面介绍苏联22年来各方面的成就，《反帝战线》上多发表共产党人的文章，宣传共产党的抗日主张、八路军、新四军英勇抗战的事迹，在新疆各族人民中产生了深刻的影响，因此，六大政策得到各族人民的拥护。盛世才害怕新疆各族人民群众觉悟的提高，便把黄火青调离反帝会，1939年5月5日，任命黄火青为阿克苏代理行政长。《反帝战线》也就逐渐变质，以致销声匿迹。

经过陈潭秋、毛泽民、黄火青、林基路等共产党员的兢兢业业地工作，新疆的政治日益走向进步，经济、文化建设得到较大的发展，各族人民的思想觉悟和生活水平逐步提高，中国共产党在新疆各族人民中的威信与日俱增，新疆学院的一些进步青年纷纷申请去延安。当时，人们均称新疆为"第二延安"。

为"新兵营"操劳

陈潭秋一到新疆，就背着自己简朴的行李，来到迪化东门外的"新兵营"（今东后街五星路）。

红军到达陕北后，红四方面军所辖的红五军、九军、三十军于1936年10月西渡黄河，1936年11月11日组成西路军，经过4个多月战斗失败后，由祁连山西进，在李先念率领下，经40余天行军作战，剩下437

人，于次年4月底到达甘肃与新疆交界之星星峡，征得盛世才的同意进入新疆。

1937年5月1日，陈云、滕代远奉中共中央之命带领40多辆汽车满载食品和服装到星星峡迎接西路军余部进疆。当天，在庆祝"五一"节纪念会上，陈云勉慰大家保存实力，发展革命力量，争取革命的新发展和新胜利。5月4日，西路军余部在陈云、滕代远、李先念等的率领下自星星峡出发，浩浩荡荡的汽车队伍缓缓向西驶去，5月4日傍晚，到达迪化，住在西公园旁原新疆纺织厂内。后不久，即转驻东门外营房。应盛世才的要求（盛害怕在新疆扩大红军的影响），对外称之为"新兵营"，实际上是由400余名老红军指战员组成的身经百战的久经考验的革命武装。这支革命队伍根据各人的文化程度编为甲、乙、丙班，由冯铉、李春田任教，自1937年7月起，开始有组织有计划地学习文化。

1939年秋，"新兵营"成立总队，总队长杨秀昆，政委刘庆南，参谋长饶子健，党总支书记喻同金（又名喻新华）。总队下设：干部支队和四个大队。干部支队队长潘同（又名潘柏南，1943年在狱中叛变），政委刘鹤孔。一大队队长简作国，政委周纯麟；二大队队长赵正洪，政委陈德仁。一、二大队学汽车，共67人。三大队队长郑志章，政委王世仁。三大队任务是学装甲车和坦克，有50人。四大队队长宋承志，政委胡鉴。四大队是学炮兵，有87人。其余的是学医务、学无线电、学航空。学医和学无线电的编为一个队，共同组成一个党支部。学医的（包括军医和兽医）共10人，由苏井观、杨锡光负责。学无线电的有24人，由荆振昌、徐明德、贾善负责。学航空的有42人。共计280人。陈云代表中共中央向"新兵营"全体指战员宣读中央的电报指示："严守纪律，安心学习。"

1937年9月下旬，邓发由莫斯科到新疆，接替陈云担任中共中央驻新疆的党代表，同时负责"新兵营"的工作。在新疆"新兵营"的共产党干部还有李卓然、程世才、李先念、黄火青、曾传六、宋侃夫、苏井观、杨奋、王子纲、王名震、王玉衡、刘寅、刘庆南、黄学谦、李天焕、汪小川、吕继熙、姚运良、邹开盛、喻同金、周纯麟、曾玉良等。陈云在返回延安时，仍对"新兵营"的指战员说：新疆工作至关重要，必须搞好。第一，保障国际交通；第二，大力宣传马列主义，为发展组织打下基础；第三，新疆有机械化部队受训，是抗战后期的反攻力量（大意）。

1937年12月下旬，"新兵营"的部分领导干部程世才、李卓然、周小舟、曾传六、李天焕、李先念、郭天明等离开新疆回到延安。

"新兵营"的广大指战员在学习文化知识、军事技术等各方面都很努力，考试合格，成绩优良，有的被调往军队工作，有的调往政府机关工作，炮兵大队政委胡鉴（又名胡明章、胡东）则被派到塔什库尔干去戍边。

1938年3月28日，航空队正式开学，分飞航、机械两个班，分别由吕黎平、严振刚任班长兼党支部书记。党支部不公开，参加支部委员的先后还有方子意、朱火华、陈熙、汪德祥、方槐、金先、安志敏、周绍光、李奎等。参加新疆航空队飞行班学习的共有24人。

无线电训练班，学习收发报通讯联络。1939年7月毕业，年底大部分返回延安。

由于"新兵营"成员有所调动和变化，1939年春，对其领导成员有所调整：总队队长饶子健，总队政委姚运良，党总支书记喻新华，参谋长苏进，政治处副主任曾三。干部队取消。一、二大队合并为二大队，队长王世仁，副队长陈福海，政委卢富贵，主要学汽车。三大队队长郑治章，政委王挺，主要学坦克和装甲车。四大队队长宋承志，政委邹开盛，主要学炮术。无线电班由荆振昌、贾善负责。卫生所由苏井观、杨锡光负责，航空班由常乾坤、王弼负责。

陈潭秋到"新兵营"后，常向战士们传达中央指示，作报告，讲形势，组织野营训练。无论是专业学习的课堂里，还是政治学习的讨论会上，无论是宿舍里，还是救亡室（即俱乐部），无论是宿营地，还是练兵场，都常常可以见到他和同志们促膝谈心的身影。他和战士们谈思想，谈学习，谈生活，既关心同志的成长，也关心同志们的家乡父母。他待同志诚恳热情，深受同志们的信赖。

他到"新兵营"后，首先恢复了政治部，加强了政治思想工作，增强了同志间的团结。1939年六七月间，周恩来、邓颖超、王稼祥、孙维世、陈昌浩及警卫员刘九洲等人去苏联治病，路经新疆，来到"新兵营"看望大家。在陈潭秋等的陪同下，周恩来代表中共中央、毛泽东向大家问好，并作了当前抗战形势的报告。周恩来在报告中介绍了陕甘宁边区军民在中共中央、毛泽东的领导下，工作、学习、生产、支前等情况。周恩来说：你们是我党四方面军留下的骨干，过去由于张国焘错误的领导，同志们吃了不少苦头。毛泽东曾经说过：西路军是失败了，但是并不等于说西路军的广大干部和战士没有努力，他们是英勇顽强的。那一带是少数民族地区，人烟稀少，群众中革命工作基础又很差，地势不好，又缺乏同敌人骑兵作战的经验，这些情况，使西路军在失败中不能保存下革命的有生力量。失败是成功之母嘛，要从西路军失败中吸取血的教训，我们中国革命的前途是伟大的，革命一定会取得最后的胜利。周恩来继续讲：过去没有学文化、学科学技术的机会，现在有这个机会了。是"机不可失，时不再来"啊！同志们要抓紧时间努力为抗战学好本领，掌握科学技术知识，党的一声令下，就奔赴抗战前线，最后胜利一定是属于我们的！

1939年秋，陈潭秋亲自主持和组织了"新兵营"的野营训练。这次野营训练是实战演习，"新兵营"的全体指战员都十分重视。陈潭秋和邓发以及"新兵营"的总队长饶子健、参谋长苏进、政治处副主任曾三等一起，亲自察看地形地物，对野营训练做了充分的准备和周密的布置。在两个多月的野营训练中，陈潭秋与全体指战员打成一片，不怕艰苦。他对战士们已学过的各种军事科目，一一进行了实地考核。他们除了白天的军事训练外，还举行夜间作战演习。他关心战士，经常深入伙房，帮助炊事员工作，深受同志们爱戴，大家都称他是"新兵营的老战士"。9月底，野营训练圆满结束。陈潭秋又立即组织"新兵营"全体指战员进行冬季营房学习，并亲自给他们上政治课、党课，讲党的历史。经过野营训练和冬季营房学习，指战员们的理论水平和军事技术都得到很大的提高。

由于国内外形势的变化和抗日战争的需要，1939年12月初，中共中央决定将"新兵营"人员撤回延安，陈潭秋遵照党中央的指示精神，决定除航空队的学员和部分干部留下坚持工作和学习外，"新兵营"的其余300多名指战员集体回延安。同时决定由曾玉良（营长）、喻新华（政委）、邹开盛（副政委）、朱光（副官）、郑治章、王世仁等负责领队。盛世才派35辆汽车，并派参议员丁宝珍负责护送。饶子健、宋承志等领导人则从迪化乘飞机到兰州，而后改乘汽车到延安。陈潭秋考虑到从迪化到延安，要经过国民党统辖的十几处城镇，为保证这批同志安全回到延安，他作了缜密计划和妥善安排。他要求大家提高警惕，服从指挥，与国民党顽军的斗争要作到有理、有利、有节。"新兵营"指战员离开迪化，在赴延安途中，克服了各种困难，避免敌人一次又一次的暗算，终于在1940年1月5日胜利到达延安。

在欢迎大会上，毛泽东、张闻天、王稼祥、陈云、邓发等都讲了话，赞扬他们刻苦学习精神，鼓励他们把学到的杀敌本领运用到战场上去，奋力杀敌，为夺取抗日战争的最后胜利而努力奋战。在欢迎会上，喻新华、曾玉良代表归延的"新兵营"全体指战员致答辞，向党中央表达了要为中华民族的彻底解放而奋斗到底的决心。过了春节之后，这批红军老战士，很快奔赴抗日前线，奋力杀敌，为抗日战争做出了重要贡献。

领导新疆的整风运动

陈潭秋把"新兵营"同志送回延安之后，着重抓了理论学习、党的知识的学习、思想政治教育，这在实际上是为党的整风运动奠定了思想理论基础。

在中国共产党成立 20 周年纪念日即将到来之时，陈潭秋认为利用纪念活动对党员集中进行党的知识教育，是个极好的机会。1941 年 5 月 11 日，陈潭秋向中共中央汇报了关于在新疆开展纪念党诞生 20 周年的活动计划，他提出了要对在疆的全体共产党员进行一次党性、党的基本知识、党的优良传统的系统的教育，增强党性，增强党内团结和党与人民群众的团结，增强党的战斗力，组织大家学习党的历史、党的建设的理论以及有关重要文献，要求大家边学习边做笔记，写个人心得体会，写纪念文章，制订个人工作学习计划，开展学习竞赛活动。这一学习计划，得到了中共中央的认可。

1941 年 7 月 1 日，陈潭秋在八路军驻新疆办事处主持召开了中国共产党成立 20 周年的纪念会。会上，他讲述了中国共产党成立 20 年来的奋斗历史，给每个党员发了一枚银质纪念章。这天，《新疆日报》发表了《祝中国共产党 20 诞辰》的社论，刊登了毛泽东和朱德的照片，颂扬党 20 年来的光辉业绩。陈潭秋还委托张子意、方志纯、杨锡光等组成编委，编印中国共产党诞辰 20 周年纪念册。7 月 7 日，全体在新疆工作的共产党员向党中央表示决心：团结在党中央的周围，一切服从党，为实现党的每一个任务而奋斗。

从 1940 年夏天以来，陈潭秋又组织了航空队和招待处的共产党员学习《联共（布）党史简明教程》、政治经济学、中文、数学等。联共党史和政治经济学由陈潭秋亲自讲课，每天学习时间有五至六小时之多。

所有这些学习活动的开展，为中国共产党在新疆的整风运动做了必要的思想准备。

全党的整风运动是从1942年开始的。1942年2月上旬，毛泽东作了《整顿党的作风》和《反对党八股》的报告，全面地阐明了整风的任务和方针，在全党引起了热烈的反响。4月3日，中共中央宣传部发出《关于在延安讨论中央决定及毛泽东同志整顿三风的报告的决定》。6月8日，中共中央宣传部又发出《关于在全党进行整顿三风学习运动的指示》。同时，中共中央成立由毛泽东主持的总学习委员会，领导全党的整风运动。在总学委领导下，延安的中央机关和陕甘宁边区政府等各单位近万名干部参加整风学习。华北、华中各抗日根据地的党组织和在国民党统治区的中共中央南方局，也先后开展整风学习。

陈潭秋从新华社的广播中得知整风学习在全党范围开展的消息后，立即行动，翻印学习材料，从1942年4月中旬开始，陈潭秋就领导在新疆工作的中共党员进行整风学习。不久，他接到中共中央发来的整风学习文件。6月，在认真学习整风文件后，召开了干部会，传达中共中央关于整风的精神和整风的方针、政策，并结合新疆的具体情况，讲述了新疆的共产党员的"三风"表现，宣布了整风学习的安排。他要求每个同志认真领会中央文件的精神实质，作好学习笔记，并轮流传阅，相互启发，结合自己的工作与思想实际，对照检查。同时，规定每半月出一期墙报，交流学习心得。

新疆的党组织首先成立了有19人参加的高级研究组，陈潭秋任组长，张子意任秘书，下分5组。到7月，成立了整风学习委员会，陈潭秋任主任，张子意为副主任，统一领导党在新疆全体同志的整风学习。正式参加整风学习的同志有117人（内有4名非党员），分别在6个地方成立6个学习单位（4个学习分会、2个学习小组），每个学习分会由3—5人组成干事会，另外，还成立学习检查组协助干事会工作。在分会下设中心组、中级组和普通组。学习讨论提纲由整风学习委员会拟发，交中心组研究后，再分别发给中级组讨论，而普通组的学习，或采传达方式，或采上课方式。墙报起着交流作用，它在整风学习委员会指导下，由林基路为主编。为了及时交流情况，除正常刊期外，决定每月出两期增刊。7月30日，陈潭秋致电毛泽东，汇报了新疆的整风高级研究组的学习情况。8月18日，陈潭秋又再次向毛泽东汇报了在新疆的同志开展全面整风学习及组织领导等情况。

新疆的整风学习，规定以精读文件，并作读书笔记，深刻领会文件内容为主要方法，在此基础上进行讨论。讨论时，以文件精神为依据，对照个人或所在单位的"三风"表现进行检查，找出改正办法。陈潭秋对整风学习抓得很紧，要求很严，他经常注意检查大家的学习笔记，举行临时测验，推荐学习好的心得体会或写得好的读书笔记，在同志间进行交流。他还要求大家利用漫谈、讲故事、开晚会等生动、形象的形式进行学习交流。他规定了学习文件阶段到10月底为止，在10月底以前每个同志均须写完自传，11月份转入检查阶段，规定以自传为检查根据，并另外成立检查委员会，协助整风学习委员会的工作。

鉴于当时新疆局势急剧恶化，反苏反共阴谋不断出现，大批逮捕经常发生，"我们同志迭受诬陷控告"，反动分子不断向我们进攻，大多数同志被暗中监视、被侦探跟踪等情况，陈潭秋根据自己长期地下工作的经验，在整风运动中特别注意对党员进行革命气节的教育。他告诫同志们要提高警惕，遇事谨慎，不给反动分子以任何借口；同时，做好对付突然事变的准备。为适应新疆特殊环境，在整风学习文件中，陈潭秋增添了有关共产党员的气节问题的学习文件，要求对共产党员加强革命气节的教育。他说：我们要以共产国际领导人——季米特洛夫在莱比锡法庭上机智勇敢地与敌人作斗争为榜样，把敌人的法庭变作宣传共产党抗日主张的讲坛，揭露敌人捏造谣言，诬陷共产党人的罪恶阴谋。他又说：我们要学习优秀共产员夏明翰同志,在敌人酷刑逼供面前坚贞不屈,毅然写下了"砍头不要紧,只要主义真,杀了夏明翰,还有后来人"的英雄气概。他又说:古时候有个文天祥,在狱中写了一首《正气歌》,歌中有"时穷节乃见,一一垂丹青"的名句。我们是共产党人,共产党人的浩然正气,定然胜过文天祥的十万八千倍。他向同志们郑重地指出:我们随时随地都有被捕的可能,天山戈壁,插翅难飞,每个同志均须有足够的精神准备。如果我们坐牢了,我们要像他们一样坚贞不屈,视死如归,保持共产党员的光荣称号,保持共产党员的革命气节,做到"富贵不能淫,贫贱不能移,威武不能屈",与敌人斗争到底。在狱中,我们要把牢房变战场,与敌人作坚决的斗争;把牢房变学校,学习对敌斗争的艺术。在对敌斗争中要区别对待,主要矛头要对准关押我们的决策人。我们也要对自己头脑中不坚定的思想作斗争,更要利用一切可以利用的宝贵时间,学习马列主义著作,提高我们的理论水平,坚定共产主义必胜的信念,提高对敌斗争的策略和斗争艺术。

新疆党的整风学习,由于盛世才逮捕中共全部同志而中断了。但经过整风学习和革命气节教育,大大增强了在新疆共产党员对敌斗争的勇气和争取斗争胜利的信心。

第十二章
CHAPTER TWELVE

碧血洒天山

风云突变

1942年，国内外形势急剧变化。德国法西斯侵占了苏联大片国土；日本侵略者为把中国变成太平洋战争基地，集中大部分侵华兵力向解放区进行大规模的"扫荡"。蒋介石也加紧反苏反共活动，调遣几十万国民党军队配合日伪包围封锁解放区。解放区缩小了，根据地人口由1亿人降到了5000万人以下。中国共产党领导的军事力量暂时下降了，八路军由40万人减少到30万人，新四军由13.5万人减少到11万人。干部也损失了不少，解放区财政经济遇到了极大的困难，党面临严重的困难局面。盛世才集团认为苏联和中国共产党都靠不住了。

盛世才并不是不想投靠日本帝国主义和国民党，而是因为投靠日本远水救不了近火。他也知道国民党蒋介石集团只相信自己的嫡系和有实力的人，而他既不是蒋的嫡系，实力又远不如马仲英，甚至还不如张培元。国民党派去新疆的宣抚使黄慕松，不仅不重视他，甚至想吃掉他。而当国际上德、意、日法西斯嚣张一时，国民党蒋介石实行"溶共、防共、限共"的反动方针时，盛则说："黄做新疆宣抚使，进行挑拨，使我与中央发生了隔阂，加上马仲英围攻迪化，不得已误入歧途，投向了苏联。"把"反帝""亲苏""拥共"说成是"误入歧途"，盛世才的反动嘴脸由此暴露无遗了。

盛世才趁周恩来路过新疆时，诬告中共某些工作人员犯了"错误"。此后制造了一系列事件：诬陷杜重远受汪精卫指使，策应日军侵华，1940年2月，制造了"杜重远阴谋案"；1940年4月，盛的特务机关把共产党员在和田的活动，列为"和田案"，进行秘密监视。同时，又派特务对沈志远、张仲实进行监视。1941年4月，制造了"陈培生阴谋案"，诬告陈是"托派"、日本间谍。1941年5月，因"杜重远案"，又株连到赵丹、王为一等六人被捕入狱，在狱中受尽酷刑。1941年冬，又诬告王宝轮参与"陈培生案"。

在新疆局势日益恶化的形势下，由陈潭秋授意，马殊以笔名"关"写了一篇杂文《众叛亲离》，发表在1941年7月25日《新疆日报》上，该文明指汪精卫叛国投敌，遭到全国人民唾骂，暗示盛世才倒行逆施绝没有好下场。警告盛世才已走到了众叛亲离的死胡同，如不悬崖勒马，只会落得像汪精卫那样遗臭万年的可耻下场。在陈潭秋的授意下，林基路以"鲁父"的笔名写了一篇名叫《论六出祁山的历史价值——历史遗产研究》的文章，运用历史题材，分析了吴蜀统一战线破裂的原因及后果，借古喻今，警告盛世才若破坏统一战线，绝无好下场。

陈潭秋一方面对盛世才的反苏反共罪恶行径进行揭露和批判。另一方面，为了保存党的干部，陆续地、有计划地、利用一切机会分期分批地把干部送回延安。

1939年9月，邓发奉中共中央之命，返回延安。

1939年冬，陈潭秋从"新兵营"选派任寿武等40余人到苏联学习情报工作，次年夏结业后返回延安。

1940年1月，"新兵营"的300余名指战员，在陈潭秋的缜密计划和妥善安排下，胜利返回延安。

1939年10月，陈潭秋从"新兵营"选派陈银山（陈浩萍）、谢良洪等五人到新疆兽医学校学习，1940年底，从兽医学校结业后，陈潭秋立即将陈银山送回延安工作。

1940年5月5日，张仲实、沈雁冰假称亲人病故，返乡治丧，在苏联驻迪化领事馆的协助下，乘苏联飞机返回延安。

1940年5月，陈潭秋又送冯铉、曾三、苏进、荆振昌等14人，乘苏联飞机返回延安，他亲自到机场送行，见荆振昌衣服单薄，立即脱下自己身上穿的皮大衣和头上戴的皮帽子，送给荆振昌。荆振昌不肯接受，说你自己更需要。陈说：我在这里好办，能买得到。你路上需要嘛！经再三劝说，荆振昌十分感谢地收了。至今，原物还完好地保存在新疆维吾尔自治区博物馆，它体现了陈潭秋关怀战友、爱护同志的革命情谊。

1940年9月，陈潭秋根据周恩来的指示，送黄火青等离开新疆返回延安。

1941年12月，陈潭秋又巧作安排，将苏井观、蹇先润、陈慧清等五人送回延安。

陈潭秋有计划地安排同志撤回延安，使这些同志免遭盛世才的迫害。当时有同志建议他也应撤回延安。陈潭秋说："中央没来指示，我就不能走。我还是留在这里尽量争取局势向好的方面转化。"这种坚强的组织观念和先人后己的精神，给同志们留下了深刻的印象。留在新疆继续工作的同志，在陈潭秋的这种精神影响和鼓舞下，坚持与盛世才的倒行逆施进行了顽强的斗争。

往后，由于国际局势逆转，新疆政治形势继续恶化，盛世才更加紧了反苏反共和投靠蒋介石的步伐。以前，他还借口不信任新党员，现在的行动则是对共产党员整个的不信任了。据此，1941年11月6日，陈潭秋向中共中央书记处报告，提出了他对挽救新疆局势的七条意见。1942年5月8日，中央书记处电复陈潭秋，同意陈潭秋对新疆形势的分析和对盛世才所采取的方针，电文指出：盛世才对我们工作同志既不信任又表示恐惧，我方撤回一部分同志，以示我们对新疆只是帮助而毫无其他野心。请考虑以何种方式撤退和撤退哪些同志为宜。

盛世才手狠心毒，为了保住"新疆王"的宝座，他什么事情都干得出来。1942年3月19日，他竟将其亲苏拥共的弟弟，他的王牌军机械化旅旅长盛世骐暗杀于迪化南梁南花公园公馆（盛世才的家中）。

对这一事态的发展，陈潭秋于6月8日给中共中央的报告中说："老四（盛世骐）之死是异常惨变，是萁豆相煎的结果"，"老四做了反苏反共阴谋的第一个牺牲者"。他在指出此一事件的性质及其严重性之后，以敏锐的洞察力，分析了新疆的政治形势。他说："新疆形势自苏德战争后，已日趋复杂混乱，国民党图新日急，督办有对蒋妥协的可能"。在此复杂混乱的局势下，"我们同志……不屈服，不消沉，不辞职，也不显露自己"。他认为：我们的同志"须作必要的准备，以应付新的可能事变"。他向中共中央请示说："究竟我们应采取怎样的对策，盼速来示"①。

1942年5月27日，陈潭秋又以《迪化近来两次审判案情形》为题，向中共中央写了报告。两次审判是指所谓反政府的阴谋审判和阿山事件的复审。这两次审判本身就是一大阴谋。盛世才历来抓人根本不审，即使装模作样的审讯一番，也是事先由他的特务系统编好供词，而后按编好的供词，屈打成招，以假乱真。

1942年1月底，盛世才组织了一个有30多人参加的审判委员会，审讯案件时，特邀毛泽民和王宝轮参加审判委员会。陈潭秋洞察盛世才居心叵测，便事先与毛泽民、王宝乾研究了对策。陈潭秋提醒毛、王要注意两点：一是"在审判终结签字时应附加如下声明、'该案所有口供没有任何真实证明'"。二是"在审判时不必多发言……但须密切注意口供矛盾点，与阴谋的破绽，作为巩固自己立场和将来揭露阴谋的根据"。

这次审判果然不出陈潭秋所料，在23天的时间里，审讯了24个人，重点审讯了两个案子。一个是所谓"反政府的阴谋"案，一个是阿山事件的复审。他们所谓的反政府阴谋案是指杜重远和陈培生（即刘进中，中共党员，边务处处长）案，在审讯时盛世才指使爪牙们继续加重杜重远的罪名，说他以日汪为背景，企图在新疆建立傀儡政权。而且盛世才早就对陈潭秋说过杜重远曾谈过他的活动，"不仅在新疆已有极大的组织，而且在口内（指内地）已取得各有力方面的同意和赞助"，这后半句话盛世才有意对陈潭秋重复几遍，盛世才虽未明说，但内中含意明明是指"延安方面

---

① 陈潭秋于1942年6月8日给中共中央的报告《去夏以来新疆情况》。

也是同意的"。对陈培生一案,是给陈加上一个"托派"的罪名,"以组织马克思研究小组进行其反政府的阴谋活动"。至于"阿山事件",盛世才事先就严刑逼供,逼犯人供认是苏联领事馆副领事鼓动反政府的,这次又拿来复审。在审讯中,有的被审者当场推翻了原口供,揭露盛世才的酷刑逼供、屈打成招,并非事实。陈潭秋在《迪化近来两次审判案情形》的报告中明确指出:"这两次审判我们认为有严重的政治意义,是反苏反共阴谋的开始表面化,是扩大反苏反共的准备步骤"。

根据新疆继续恶化的政治形势,中共中央书记处于1942年6月27日复电陈潭秋,要求留疆同志做好两手准备:(1)准备有步骤地陆续将航空班、兽医班、招待所及已被盛世才撤换的同志送往苏联,党的重要干部,如毛泽民等,在紧急与必要时亦可去苏联。由你直接与苏领事交涉。(2)未被撤换的同志仍应继续坚持工作,采取积极措施,力争缓和盛对我们的关系。7月5日和8日,中共中央两次复电陈潭秋,同意在新疆工作的党员除留下郑振声、蒋春茂、顾玉成、王明朝四人外,其余(包括陈潭秋本人在内)全部撤退。但因当时通往延安的交通已被国民党封锁,必须先撤到苏联去。中央指示陈潭秋可直接与苏联驻迪化领事馆联系,在苏联未正式回复之前,要制订撤退计划,做好撤退的准备。

根据中央指示精神,陈潭秋经过周密考虑,并和有关同志研究,制订了一个分三批撤退的计划:第一批是负责干部和航空队的同志,由吉合带队;第二批是老弱病残的同志以及家属小孩,由医生杨锡光负责;第三批是陈潭秋自己和办事处的少数工作人员,留在最后走。讨论时,马明芳、吉合等同志不同意他的这个方案,他们要求党代表第一批走。但陈潭秋坚决不同意。他说:"党交给我的任务,是把大家全部安全地撤出去,只要这里还有一个同志,我就不能走!""我是这儿的领导人,同志们没走完我就先走掉,这不等于战场上的逃兵?我不能先走。"他还说:"我作为主要负责人,留在最后走,可以稳定军心。"他对办事处的工作同志说:"我们要坚守工作岗位到最后。"有同志问，我们最后撤不走怎么办？陈潭秋毅然回答说："盛世才要逮捕人，我去嘛！"这真是"时穷节乃见"啊！在陈潭秋有计划有组织的领导下，同志们有条不紊地进行着有关的撤退准备工作①。

1942年4月中旬，蒋介石派新疆督办公署驻重庆代表张元夫回迪化与盛世才密谋。5月中旬，盛世才派其五弟盛世骥陪同张元夫一道同机飞往重庆，暗中订下默契，以反苏反共为条件，蒋盛妥协。自1942年初以来，盛世才以患病为托词，有四个月不肯与陈潭秋见面，反苏反共活动日益加紧。

中共中央对新疆局势十分关心。1942年4月，周恩来在重庆电告毛泽东："蒋三次召见张元夫，并派去新疆向盛世才提出谈判条件。"5月7日，任弼时将此情况电告陈潭秋，电文指出："蒋要张元夫去新疆，其目的是想与盛谈判，派三个师入新疆，并要盛到兰州见面，交换条件则不明，望将此事斟酌的提醒盛注意，提防蒋之阴谋，蒋认为只有先解决新疆，才能解决中共"。陈潭秋复电中共中央书记处任弼时说："蒋介石在苏德战争后即积极企图夺取新疆，以胡宗南部接替马家防务。"5月8日，中央书记处电示陈潭秋："在迪化同志一时无法回延安，中央决定在迪化组织一调查研究分局，以你为主任，负责研究大后方政治、军事、经济、文化等问题，材料由周恩来从重庆供给你们。""分局可设政治、经济、军事、文化等组，各组可设组长及组员若干人"。

陈潭秋接中央书记处指示后，在没有接到周恩来自重庆寄来材料之前，首先对新疆的政治、经济等情况进行了认真的调查与研究。1942年5月27日，陈潭秋向中央书记处报告了关于迪化近来两次审判情况的报告，在报告中陈潭秋分析了盛世才加紧反苏反共的三个原因：（1）国际形势紧张，苏联虽在进行胜利的反攻，但德国法西斯仍然强大，并极力准备春季攻势，

---

① 吉合：《潭秋同志二、三事》；王韵雪：《忆潭秋同志战斗在新疆》，《回忆陈潭秋》，华中工学院出版社1981年版。

且有向近东发动进攻的趋势。日寇南下太平洋的气焰高涨。这种形势可以引起反动派的幻想。(2)国内抗战正处在困难情况下,国共关系也未见改善。(3)苏联与中共影响在新疆日益增高,使反动势力感到惶恐不安。因而盛世才对我们工作同志既不信任又表示恐惧,采取了限制和迫害我党同志的种种措施,反苏反共阴谋日益扩大化和表面化。面对盛世才磨刀霍霍的现实,陈潭秋教育党的干部,要保持清醒的头脑,要有足够的精神准备,对盛世才的种种倒行逆施,要进行坚决的斗争。陈潭秋分析说:我们当前的主要敌人,还是日本帝国主义。又鉴于新疆当时的战略地位,无论在国际关系上或在国内关系上,都是重要的。为了抗战胜利,为了新疆各族人民的利益,在盛世才没有公开决裂之前,我们仍要本着又团结又斗争的原则去工作,要争取他,多争取一分钟,对于抗战,对于新疆各族人民都是有利的。

6月8日,陈潭秋致中央书记处电,报告《去夏以来新疆情况》,该报告分析了自苏德战争以来新疆的政治形势:(1)国民党自去年秋天以来即将甘北马家防地由中央军接替,并加强部队实力,从外部威胁新疆,同时,策动哈萨克族暴动来扰乱新疆内部。(2)新疆内部的反动派加紧活动,主要方向是反苏反共,其次,则是大批逮捕,引起社会不安。(3)通过对阿山案件的审讯,悄悄地把策动者推到苏联人身上去。周彬(即毛泽民)经过严重的斗争,使反苏阴谋的布置遭到失败,但周彬的处境更困难,可能受到更多的打击。因此,我们的同志,须作必要的准备,以应付新的可能的事变。

8月29日,蒋介石派宋美龄、朱绍良、毛邦福等人来到迪化,诱迫盛世才投蒋。蒋介石任命盛世才为国民党中央监察委员,新疆省党部主任委员,新疆边防督办,新疆省政府主席,第八战区副司令长官,中央训练团新疆分团主任,中央军校第九校主任,西北运输委员会副主任委员,十九集团军副司令等党、政、军八大要职。蒋盛密谋达成妥协,盛世才公开投靠国民党。8月31日,宋美龄、朱绍良、毛邦福等人离开新疆。盛世才已撕掉了全部伪装,盛蒋沆瀣一气。

盛世才把从外地调回迪化的中共人员和八路军办事处工作人员全部集中在八户梁招待所，航空队的同志也搬到了南梁招待所集中，盛世才已准备对中共下手了，公开地全面地反共阴谋正在暗中部署。这时，盛世才大肆逮捕，抓了200余名各族进步青年学生，制造了"青年学生阴谋暴动案"，妄图诬陷陈潭秋为此案的幕后指使人，对新疆学院政治经济系毕业生乔国仁严刑拷打，乔国仁义正词严地进行了驳斥，盛世才诬陷陈潭秋的阴谋未能得逞。面对这种严峻的现实，陈潭秋预感到大逮捕即将来临，他对同志们讲了德国希特勒制造了"国会纵火案"，迫害德国共产党人的事件。他说，现在盛世才又捏造了一个"共产党四一二阴谋暴动案"，两者何其相似，这显然是盛世才向共产党人下毒手的信号，我们的同志应立即做好应变的充分准备。

骇人听闻的新疆事件

1942年秋，迪化上空，天低云暗，四处落叶纷飞，行人稀少，呈现一派冷落肃杀的景象。八户梁街头巷尾，岗哨林立，军警密布。大有黑云压城城欲摧之势。

陈潭秋早已敏感到政治局势的急剧变化，他判定盛世才将要下毒手了，便一再叮咛中共的同志说："近来风云突变，日益暴露了盛世才投蒋反共的可耻面目，我们现在是在虎口里工作，随时都有被捕的危险。我们如果不幸落入敌人的魔掌，在任何情况下，不要忘记自己是共产党员，要坚持威武不屈，富贵不淫的革命节操，要牢记'头可杀而志不可夺'……"他又说："可不要对盛世才存有什么幻想，他是个野心家、大军阀，……我们随时都有被捕的可能。我们处在新疆这个特殊环境，民族不同，语言不通，长相也不一样，无法隐蔽。又有天山戈壁，插翅难飞，就是让你跑，也跑不了，即使跑得出迪化，也跑不出新疆。"① 因此，大家更应该认清形势，提高警惕，坚定信念，鼓舞斗志，不管形势怎样恶劣，斗争怎样残酷，都要保持共产党人的坚贞不屈的革命气节。他还向同志们讲述了牺牲在龙华、雨花台的烈士们的斗争事迹，讲述了红军长征中百折不挠的英勇斗争故事，激励同志们的斗志，坚定同志们的必胜信心。

1942年9月17日，盛世才的卫士队长汤执权带领一批特务，冲到陈潭秋的住房门前，阴阳怪气地说："徐先生，督办请你谈话。"陈潭秋镇定自若地说："既是盛督办有请，我当然要去，不过请稍等一会，我去换衣去。"说完，就往里边走去。

本来，这天上午，陈潭秋同吉合去苏联领事馆递送中国共产党工作人员分批撤退计划，刚刚返回八户梁招待所，就见到盛世才的武装特务包围了整个招待所。吉合当即要求陈潭秋立即离去，陈潭秋回答说：在关键时刻，我应该挺身而出，不能畏缩不前，要敢于与敌人进行针锋相对的斗争，我决不能离去。于是对吉合说："我可能被捕，你赶快办两件事：第一，把我这个本子马上交给刘平（即张子意），告诉他，我走后这里由他负责；另外，你马上设法把这里的情况报告国际交通站，向党中央报告。"然后，他泰然自若地回到自己的卧室，步入内房，从容地刮了胡子，换了西装，悄悄地对夫人王韵雪②说："我走后，这儿的工作由刘平负责，一切事情向他请示汇报。"

当他再次走出卧室时，盛世才派来的走狗就催促起来。陈潭秋立即打

---

① 方志纯：《回忆新疆监狱的斗争》，人民出版社1982年版，第30—31页。
② 王韵雪：江苏省金坛县人，1917年9月生。1936年肄业于南京市中华女子中学高一。1937年10月，以京沪流亡学生名义到达西安，经西安八路军办事处伍云甫介绍，于1937年11月到达延安，入延安陕北公学第六队。同年12月加入中国共产党。1938年春，被党组织派往新疆迪化（今乌鲁木齐市）"新兵营"俄文班学习。1940年初，任八路军新疆办事处机要秘书兼译电员。由于工作需要，经中央批准于1942年2月与陈潭秋结婚。1942年9月18日，被盛世才软禁。12月在软禁期间生下一男孩。1944年冬被投入监狱。1946年6月被党中央营救释放，7月返回延安。

电话，向盛世才提出严重抗议，要求立即撤除武装包围。盛世才诡称这是为了"保护安全"的不得已的措施。这时，武装特务更是气势汹汹，连推带拉地把陈潭秋、毛泽民等五人"请"去了，软禁在邱公馆。

下午，盛世才又派人来以"督办请去谈话"为名，把林基路、李宗林、李云扬、马殊、陈音谷、刘子平、于村、白大方、高登榜、陈茵素、伍乃茵、曹克屈、马锐、李涛等20多名中国共产党在新疆较有影响的同志"请"去了，软禁在三角地招待所。

此后，盛世才又把中国共产党在新疆的全部人员，包括八路军驻新疆办事的人员和应盛世才邀请到新疆的工作人员，八路军在新疆养病的伤病员，从苏联回国路过新疆的人员，连同他们的家属和小孩共100多人，全部软禁起来。在他们的住处外边，布满了士兵，荷枪实弹，昼夜巡逻。在室内，则由从事"服务"工作的副官、招待员、炊事员、勤杂人员等，寸步不离地"照顾"着。这就是发生在西北边陲的骇人听闻的新疆事件。

事变发生后的第二天，陈潭秋等五同志的家属也被"请"来软禁在一起。陈潭秋急切向王韵雪问道："我走后，八户梁的同志怎样了？"王回答说："刘平负总责，我已转达，密码已于昨晚烧毁，经费连箱子一起交给刘平同志了，其他照旧。"陈潭秋点头称是。

9月底，陈潭秋向看守人员提出要面见盛世才，遭到拒绝，他非常气愤地骂道："这头无耻的狼种猪！"并立即写了一封抗议信，信中指出："我们是接受你的邀请，来新疆帮助建设的。我们的同志都严格遵守我党有关统一战线的原则，认真执行'六大政策'。为抗战尽力，忠于国家民族，事实俱在，无须赘述。而你竟以'保护'为名，实行秘密软禁，特提出强烈抗议！望你悬崖勒马速速醒悟。本着全国各抗日党派、无党派爱国志士仁人团结抗日的原则，将我党在新疆全部人员无条件释放，保证人身安全，送回延安"。但信发出多时，音讯杳无。

陈潭秋接着又写了一封措辞更加强硬的抗议信，又是石沉海底，毫无回音。王韵雪问道:"为什么盛世才既不答复,又不审讯?把我们的人抓起来软禁在这里,又不立即投入牢房!"陈潭秋回答说:"这很简单,说明盛世才还没有准备好嘛!这是一个好的机会,我们应设法早日与外边的同志取得联系。"

于是,陈潭秋亲自给张子意和航空队同志各写了一封信。在给张子意的信中说:"请你给航空队同志每人100元以补助他们生活",以示组织对他们的关怀。在给航空队同志的信中写道:"望你们保持健康。目前我尚健康,只因腿行动不便。"

信送出后,陈潭秋对王韵雪解释说:"'保持健康'是相信同志们都能坚守共产党员的立场和革命气节的鼓励话语。'我尚健康','腿行动不便'是暗示我还没有去监狱,只是失去自由"。停了一会儿,陈潭秋又继续说道:"给同志们写信,不仅仅是通通气,更重要的对稳定大家情绪会起很大作用,可以鼓励大家继续团结战斗。"他还说:"记得我任满洲省委书记时,有一次去哈尔滨,在一个同志家里开会,突然被宪兵包围了,他们以查户口为名进行搜查。我意识到我们很可能被捕,于是对同志们说要坚持我们的立场!后来果然被捕了,在被捕的同志中没有一个叛变的。我觉得,在紧急关头,往往领导人的一两句话,就可以影响同志们的政治态度。"又说:"我在给张子意的信中说道'穴内有踪',是暗示我们的同志已被监视,要大家提高警惕,采取必要的防范措施。"张子意等得信后,立即改变了原定的组织系统和联络暗号,确定了团结对敌的办法。

根据陈潭秋信中的意图,中共同志在被软禁期间主要精力是继续进行整风学习。"邱公馆"由陈潭秋领导;八户梁的同志由张子意负责;羊毛湖(原八路军驻新疆办事处的招待所)由杨锡光、谢良、秦化龙组织的学干会负责领导;新房子(原八路军驻新疆办事处的接待室)由方志纯、刘护平组成的学干会领导;八路军驻新疆办事处的同志由马明方、吉合、洪履和组成的学干会领导;航空队仍由原有的学干会的方子翼、朱火华等同志负责。各处都组织大家学习马列主义著作,《联共(布)党史》《论持久战》等。被软禁在三角地的同志组织了有林基路、李云扬、胡鉴参加的学委会,学委会根据当时的形势做了三点决定:(1)盛世才没有把我们投入监狱前,他是我们的统战对象,现在已成为我们的敌人,斗争的对象。(2)盛世才既已成为我们的敌人,我们就要揭露他反共反人民、破坏抗日的罪行,抗议他非法逮捕我们的罪恶行为。如抗议无效,就进行绝食斗争,即使一个人关在一个号子里,也要坚持斗争。(3)变监狱为学校,变监狱为战场,同敌人斗争到底,争取最后胜利。

1942年11月,陈潭秋、毛泽民等从"邱公馆"被秘密转移到"刘公馆",继续软禁。这里围墙高筑,戒备更为森严,四周布满岗哨,连房顶也有人把守。室内的"服务人员",暗中窃听,监视更严。事态发展得越来越严重。这时,陈潭秋对夫人王韵雪说:"从目前情况看,男同志坐硬牢的可能性更大些。一旦我们入了狱,我估计盛世才对你们可能采取下列措施:(1)仍让你们出去工作,但你们绝不能去工作;(2)不排除也将你们逮捕入牢,如逮捕坐牢,你没有在外边工作过,绝不要暴露自己的身份,更重要的是不能玷污共产党员的光荣称号,要坚持党的立场;(3)万一释放了你们,你可千万不能去找苏联领事馆,无论如何想尽办法回到延安去,将我的情况和这儿你知道的情况报告党中央和毛主席。"①同时,陈潭秋、毛泽民等写信斥责盛世才恩将仇报,强烈要求将所有中共人员送回延安。

1943年2月6日,也就是陈潭秋被正式关进监狱的前一天,他趁王韵雪外出看病的机会,带信给张子意、方志纯等,信中说:盛世才不会把你们长期养着,要么叫你们去做苦役,要么软化你们去为他办事,你们决不要上当,一定要坚定斗志,争取集体回延安。不多时,陈潭秋信中的内容,很快在同志们之间传开了,大家都说:对,一定要集体回延安。

---

① 王韵雪:《忆潭秋同志战斗在新疆》,《回忆陈潭秋》,华中工学院出版社1981年版。

浩气万古存

1943年1月，国民党新疆省党部在迪化成立，蒋、盛勾结进一步紧密。盛世才在列宁格勒、斯大林格勒战争吃紧之际，反苏反共活动更加嚣张起来。

2月7日，陈潭秋预料的事情果真发生了。这天深夜，天又冷又黑，整个迪化城死一般的寂静。突然，几辆警车驶向中共人员被软禁的地方，一群军警将绝大部分同志除家属和少数病残人员外，用绳索捆走，投入了监狱。一辆黑色警车，来到"刘公馆"门前停下，一群荷枪实弹的匪特砸门催着陈潭秋、毛泽民他们快起来，又说什么督办要请他们去"谈话"。陈潭秋知道考验自己的时候到了，他从容不迫地穿起衣服，一字一句地对王韵雪说："我意料中的事发生了，你一定要按我平日对你讲的去做。好好将孩子抚养成人……"边说边走到刚满两个月正在熟睡的小儿子楚三的床前，轻轻地抚摸着孩子圆圆的小脸蛋，亲了又亲，然后才转身向门外走去。

陈潭秋、毛泽民等五人被匪徒投入囚车，驶向迪化第二监狱。陈潭秋被关在第九囚室。同日，又将软禁在三角地招待所的林基路、李云扬、高登榜、白大方、马殊、郑开胜、许亮、谷先南、谭桂标、于村、王谟、马锐、曹建培、胡东、陈清源、陈如青等人关进第四监狱。当晚，林基路、马殊、高登榜、曹建培等便在第四监狱内组成了"学习小组"，由林基路为组长，高登榜为副组长。大家一致认定：（1）我们在新疆工作有功无过，为什么要关押我们？（2）在任何情况下，都不单独出狱。要求集体回延安；（3）永远保持共产党员的高尚气节，宁肯牺牲自己的生命，也不危害党的利益。次日，林基路、高登榜等20余人开展了绝食斗争，提出：（1）要公开审讯；（2）发还马列主义书刊；（3）改善伙食条件。经过斗争，获得了允许看书和生活稍有改善的重大胜利。

中共中央得知以陈潭秋为首的党在新疆的100多人被盛世才逮捕入狱的消息后,当即设法营救。2月10日,中共中央书记处致电在重庆工作的周恩来,指示说:"你们与张治中谈话时,望提出释放迪化被盛世才拘留之徐杰(陈潭秋)等140余人的要求,说明这140余人中一部分是在国共合作后,盛世才要求我们派去新疆帮他工作的,一部分是从苏联治病回国途中在迪化停留的,另一部分是到迪化养病的(其中有些是残废)。这些人是在重庆中央调整与新疆关系时,被盛世才诬加罪名而加以拘捕的。要求重庆方面去电迪化释放,并准他们经兰州、西安回延安。"①

1944年6月4日,中共代表林伯渠向国民党代表张治中等提交《中国共产党中央委员会向中国国民党中央执行委员会提出关于解决目前若干急切问题的意见》,其中乙项第八条中提出:"释放各地被捕人员,……新疆的徐杰、毛泽民等……均系爱国志士,请予恢复自由,以利抗日。"

1945年8月28日,毛泽东亲自到重庆谈判时,再一次提出要释放中共在各地被捕的人员。周恩来又亲自对张治中当面嘱托,他说:我们有一批同志在新疆被盛世才逮捕,至今生死不明,你到新疆后(1944年8月底,重庆国民党政府公布了调任盛世才为农林部长的决定,盛世才被迫交了权),务必设法放出他们,护送回延安。并请先调查一下,几个重要人物如陈潭秋、毛泽民等还在不在。张治中答应了。这一切,表明了党中央对这部分同志的深切关怀和尽力营救。

从1943年4月10日起,至5月7日止,盛世才采用了车轮战术,对陈潭秋进行了一连串的疲劳审讯。当陈潭秋被带到督办盛世才的办公室时,见盛世才一副目中无人的傲慢劲,令人气愤。陈潭秋庄严宣告:"我不受审讯!"盛世才瓮声瓮气地问道:"你在新疆所做的事,你想过吗?"陈潭秋理直气壮地说:"我们在新疆开展抗日统一战线,帮你制订反帝、亲苏、

---

① 原件存中央档案馆。

民平、清廉、和平、建设六大政策,派来100多名县以上的干部帮你建设新疆,使新疆各个方面发生了巨大变化,成为抗日战争的重要后方基地。我们所做的事是光明正大的,新疆各族人民有口皆碑,这还需要想吗?!用不着!""我们没有做危害政府的事,没有违反中国共产党的抗日民族统一战线政策。对此我们敢负完全责任!"①

当盛世才威逼陈潭秋招供所谓"共产党四一二阴谋暴动"案的"内幕"时,陈潭秋斩钉截铁地回答:"绝对没有这回事!""这是对我们共产党人的一种侮辱和诬陷。""所谓四一二暴动问题完全是捏造的。我们在新疆的八路军干部连同老弱病残、家属子女在内,总共只有100多人,真正能工作的不过三四十人,我们怎么可能在新疆搞武装暴动呢?我说话任何时候都根据事实,但伪造的实事我决不承认!""搞阴谋暴动的不是我们,而是你自己。什么'四一二'阴谋暴动事件,什么阿山暴动事件,都是你一手炮制的。你以开家庭会议为名,叫你五弟用无声手枪,杀害了你主张联共亲苏的四弟盛世琪,事后,你嫁祸于人,说是我们共产党人制造的'阴谋事件',你贼喊捉贼,蓄意诬陷无辜,真是卑鄙无耻!"

陈潭秋的话,击中了盛世才的要害,好像恶狗挨了一闷棍,半晌吭不出声来。在喘了一口气之后,盛世才像泼妇骂街似的说:"今天是我审讯你,又不是你审讯我,懂吗?"这时,陈潭秋慷慨陈词,历数中国共产党在新疆坚持抗日民族统一战线政策,坚持抗战、坚持团结、坚持进步,执行六大政策,发展民族经济,改革币制,稳定金融,改革时弊,廉洁吏治,发展农牧,振兴实业等生动事例,愤怒地驳斥了敌人的造谣和污蔑。陈潭秋斗志高昂地说:"我们在新疆做的事都是光明正大的","你指控的所谓罪名完全是无中生有。欲加之罪,何患无辞!""把事实拿出来说话吧!"

---

① 《碧血洒天山,浩气万古存——纪念陈潭秋、毛泽民、林基路烈士英勇就义40周年》,《人民日报》1983年9月27日。

盛世才见威逼无效，竟演出一幕"隔帐对质"的丑剧。他指使叛徒刘西屏、潘柏南出来作伪证。陈潭秋严厉地指出："他们说的话都是虚构的！"并无情地嘲弄敌人说："我要求法庭研究他们为什么失去良心。"盛世才气急败坏，朝桌上一拍，大叫："不老实招供，敬酒不吃，要吃罚酒，给我打！"陈潭秋轻蔑地看了他一眼说："我们共产党人是不怕这些的，你越是这样，将越是失信于天下，只会更加暴露你反动的丑恶嘴脸，暴露你的反动本质。"啪——啪——，宽大的皮带，粗硬的皮鞭，快如旋风，密似雨点，抽打在陈潭秋的胸脯、颈项、背脊、四肢，没头没脑地乱打一阵，陈潭秋的衣裳被鲜血染红了，粘贴在血肉上。

敌人对陈潭秋使用了各种酷刑，抽皮鞭，压大扛，坐飞机，站火炭，坐坦克，灌辣椒水等，进行非人的折磨。敌人一会儿把陈潭秋拖进冷极的澡堂受冻，一会儿又把陈潭秋引入火房烘烤。陈潭秋坚贞不屈，铁骨铮铮。敌人也曾采用"车轮战术"，昼夜不停连续审讯，陈潭秋疲倦已极，稍一合眼，敌人便使用烈性阿姆尼亚气将他熏醒，使陈潭秋陷于极度疲劳。在这种情况下，敌人想利用陈潭秋在半昏睡状态，引诱他在"脱党声明"上签字，陈潭秋仍严词拒绝，表现了共产党人的浩然正气。狱中的卒役都十分敬佩地说："你们共产党员亚克西！"敌人软硬兼施均达不到目的，最后，盛世才又亲自出马，把电话线拉到陈潭秋住的牢房，妄图在电话中劝降。陈潭秋接过电话，厉声斥骂盛世才，并愤怒地将电话机摔在地上。

从敌人审问陈潭秋的"口供笔录"上，我们可以看到陈潭秋对敌人进行了无情的揭露，开展了针锋相对的斗争，表现了一个共产党员坚定的无产阶级立场。现摘录其中的主要部分。

1943年5月6日上午9时至11时的审讯记录中是这样写的：

问：你的原名是陈潭秋吗？

答：没有说的必要。

问：三民主义你信仰不？

答：在今天的时候，我认为三民主义为中国今日所必需，共产党相信三民主义适合今日的国情，但共产党还有他的最高理想。

问：中共执行了四项诺言没有？

答：把苏维埃政府改为边区政府，红军改为八路军，取消了土地革命、武装暴动。苏鲁皖的边区政府，是从敌人手里夺回的，成立政府有何不可？

问：中央准许八路军不是三个师吗？为什么扩充呢？

答：广大民众要求抗日，有什么办法，所以扩充到50万人，为的是抗日。

问：共产党是不是专破坏抗战？

答：如果这样，共产党就会垮了。倘八路军那样干，共产党还能存在么？不是事实，我不能承认，但我了解的不是这样的。

问：暴动的事，你不是其中之一么？

答：造谣，根本没有这回事。

问：如果将证人、证物拿出来你又怎么说？

答：没有的事，有证据就是捏造的。

这天下午，敌人又就所谓"阴谋暴动"案，审问了陈潭秋。下面是审问记录中的一段：

问：你参加这些事情还不知道么？

答：这些是武断虚构的，那是天上来的，你还是请把受我指示的人找来，把事实拿出来。

问：你指示的人当面说出事实你怎么办？

答：法庭请找出这个人来。

问：把物证、人证拿来你如何辩白？

答：我认为物证可以伪造，人证亦可伪造。

5月7日，敌人指使叛徒刘西屏、潘柏南和被捕的盛世才政府官员李一欧、藏谷峰到庭作伪证。这四个人胡编了一套，但又不敢当面对质，只是在屏幕之后，阴阳怪气地说了一些见不得人的鬼话，就灰溜溜地走开了。

问：方才四个人说的话你听见了么？

答：听到了。

问：你讲一下事实吧。

答：他们说的话都是虚构的，现在他们失去了良心。

问：你把阴谋暴动的事说一下。

答：阴谋暴动的事根本没有。

问：苏联领馆为什么谋刺我们首领？

答：没有的事。

问：联共、中共在新疆要推翻政权不是事实么？

答：我不相信有这样的事实。

问：你是苏联利益高于一切？

答：这种说法是诬蔑我。我是站在中国利益立场上的，但我维护苏联。因为它是对中国援助的。

问：究竟你们在新疆有无反动活动？

答：共产党绝不虚伪。我再次声明，我们没有危害政府的任何活动。

问：现在再给你几分钟时间，你再考虑一下。

答：我没有考虑的余地。

问：你还需要考虑么？

答：我用不着考虑了。

在坚贞不屈、视死如归的陈潭秋面前，盛世才黔驴技穷，恼羞成怒，竟于1943年9月27日深夜，秘密将陈潭秋、毛泽民、林基路杀害。陈潭秋时年47岁。

碧血洒边塞，天山存浩气。为了新疆各兄弟民族的幸福，为了维护国际交通线以大力支援抗战，陈潭秋献出了自己宝贵的生命。他那临危不惧、临死不屈的坚强革命斗争精神，永远鼓舞着革命的后继人，向着光明灿烂的美好前景开拓、奋进!

当狱中的同志得知陈潭秋等遇害的噩耗时,顿时悲愤万分。在狱中党组织的领导下,他们为烈士们举行了追悼会,集体创作了一首《追悼歌》。歌词是:

我们的兄弟,
在前方为国把命拼;
我们全部的力量,
正在消灭民族敌人。
我们光荣的同志,
谁想得到在抗战辽远的大后方,
还有丧心病狂的败类,
含血喷人,
暗害了你们宝贵的生命!
你们临死不屈的意志,
将永远活在千万人的心中!
瞑目吧,
光荣的同志!
你们的血迹,
揭露了民族败类的无耻!
你们的牺牲,
更显示了八路军伟大的精神!
你们的英名,
将永垂不朽!
它鼓励着后继者的我们,
向黑暗作英勇的斗争!
瞑目吧:

徐杰同志（即陈潭秋）！

周彬同志（即毛泽民）！

林基路同志！

狱中的同志们遵循党代表陈潭秋生前的教导，继续和敌人进行了顽强的斗争。当敌人让狱中的党员们在"生"和"死"两条路上选择时，同志们泰然自若地在"死路"上签了自己的名字。他（她）们经历了漫长而艰苦的斗争。

直到1946年5月，国民党新疆省政府改组，张治中出任新疆省政府主席，狱中同志的境遇才得到改善。张治中赴任之前，就答应周恩来的请求，到新疆后一定尽快释放这批无辜被关押的同志，并负责把他们送回延安。所以他一到迪化，就让狱中派出代表，具体研究出狱回延安之事。

6月10日，这些在新疆历尽艰辛苦难的人们，终于获得了自由，踏上了返回延安的征途。这批被关押在新疆监狱将近四年之久的共产党干部及其家属、小孩共131人（途中死去两人），分乘七辆卡车，风餐露宿，通过国民党设置的层层关卡，于7月11日下午6时，胜利地回到了革命圣地——延安。

党和同志们对这些历尽艰险的129名来自新疆的干部及其家属表示了崇高的敬意和热烈的欢迎。当汽车到达七里铺时，前来迎接的群众敲锣打鼓，夹道欢呼，朱总司令、任弼时、林伯渠等中央领导亲自登上汽车，一一与大家紧紧握手，亲切地问候。晚上，在中央党校礼堂，演出了《逼上梁山》，以示慰问。毛泽东在第二天到同志们住地看望，一一亲切握手，频频地说："好同志，受苦了！好同志，受苦了"！"你们回来了，就是胜利"！在晚宴上，朱德代表党中央对同志们在新疆狱中的斗争给予了高度的评价，他说："你们在与国民党反动派不屈不挠的斗争中，经过了严重的考验，更加坚定了共产党人的革命意志"。①同志们终于回到了党中央的怀抱。

同志们回到延安的当天，便得知在党的第七次全国代表大会上，陈潭秋被选为中央委员。因为同志们当时只知陈潭秋被盛世才和国民党合谋逮捕入狱，并不知道他已经被秘密杀害，所以仍然推选他担任中央委员。由此可见，陈潭秋在党内的威望是很高的。

陈潭秋烈士的遗骨，新中国成立后被安葬在乌鲁木齐南郊的烈士陵园中，墓前树立着刻有董必武亲笔题字"陈潭秋烈士之墓"的高大洁白的大理石墓碑。每年清明节，各民族工人、农民、士兵、干部、大中小学生和群众，高举红旗，到烈士陵园祭扫烈士墓。新疆各族人民永远怀念在新疆宣传革命真理，传播革命火种，为各族人民解放事业而大义凛然，英勇献身的陈潭秋。陈潭秋家乡——湖北黄冈的群众自动捐资，在陈策楼为陈潭秋树立了一尊全身铜像，以表示永远跟着烈士足迹，前进！前进！再前进！！

陈潭秋是中国共产党的创始人之一，是杰出的无产阶级革命家、伟大的共产主义战士。他的一生是革命的一生，战斗的一生，光辉的一生，他为中国的共产主义运动和中华民族的解放事业奉献了他自己的一切。他的业绩如日月经天，永照人间，江河行地，永垂青史。

---

① 谢良、李翔：《边城女囚》，新疆人民出版社1982年版，第2页。

主要参考书目

1. 《毛泽东选集》，人民出版社 1991 年版。
2. 《刘少奇选集》，人民出版社 1981 年版。
3. 《董必武选集》，人民出版社 1985 年版。
4. 《张太雷文集》，人民出版社 1981 年版。
5. 《陈潭秋文集》，人民出版社 1997 年版。
6. 《蔡和森的十二篇文章》，人民出版社 1980 年版。
7. 陈乃宣，胡云秋：《陈潭秋传记》，湖北人民出版社 1991 年版。
8. 《回忆陈潭秋》，华中工学院出版社 1981 年版。
9. 《碧血洒天山——陈潭秋的故事》，湖北少儿出版社 1984 年版。
10. 《中共中央文件选集》，中共中央党校出版社 1982 年版。
11. 《"二大"和"三大"——中国共产党第二、三次代表大会资料选编》，中国社会科学出版社 1985 年版。
12. 胡传章，哈经雄：《董必武传记》，湖北人民出版社 1985 年版。
13. 《中共中央政治报告选辑（1922—1926）》，中共中央党校出版社 1981 年版。
14. 《中共党史资料》，中共中央党校出版社 1983 年版。
15. 《"一大"前后》，人民出版社 1980 年版。
16. 《文史资料选辑》，中华书局 1979 年版。

17.《中国国民党历次代表大会及中央全会资料》,光明日报出版社 1985 年版。

18.《忆董老》,湖北人民出版社 1980 年版。

19.《楚晖》,湖北人民出版社 1980 年版。

20.《五四爱国运动档案资料》,中国社会科学出版社 1980 年版。

21.《五四运动回忆录》,中国社会科学出版社 1979 年版。

22.《五四时期期刊介绍》,生活·读书·新知三联书店 1978 年版。

23.《红旗飘飘》,第 10、18 辑,中国青年出版社 1979 年版。

24. 罗章龙:《京汉铁路工人流血记》,河南人民出版社 1981 年版。

25.《"二七"大罢工斗争史》,河南人民出版社 1983 年版。

26.《安源路矿工人运动史料》,湖南人民出版社 1980 年版。

27.《黄冈革命史资料》(内部刊印)。

28.《周士第回忆录》,人民出版社 1979 年版。

29.《中华女英烈》,人民出版社 1981 年版。

30. 邓中夏:《中国职工运动简史》,人民出版社 1949 年版。

31. 陈丕显:《赣南三年游击战争》,人民出版社 1982 年版。

32. 张鼎丞:《中国共产党创建闽西革命根据地》,人民出版社 1983 年版。

33. 方志纯:《回忆新疆监狱的斗争》,人民出版社 1982 年版。

34. 谢良,李翔:《边城女囚》,新疆人民出版社 1982 年版。

35.《近代史资料》1955 年。

36.《大汉报》1919 年。

37.《汉口新闻报》1919 年。

38.《晨报》1919 年、1923 年。

39. 长沙《大公报》1919 年。

40. 上海《民国日报》1919—1926 年。

41.《国民新报》1920 年。

42.《新青年》1924 年。

43.《武汉星期评论》1921 年。

44.《江声日刊》1923—1924 年。

45.《工人周刊》1922—1925 年。

46.《中国工人》1925 年。

47.《中央通讯》1928 年。

48.《中央政治通讯》1927 年。

49.《京报》1925 年。

50.《向导周报》。

51.《革命军日报》1926 年。

52.《群众周刊》1926 年。

53.《湖北农民》1926 年。

54.《汉口民国日报》1927 年。

55.《出路》1928 年。

56.《党的生活》1930 年。

57.《斗争》1934 年。

58.《红色中华》1934 年。

59.《人民教育》1978 年。

60.《武汉春秋》1982 年。

61.《共产国际》1936 年。

62.《全民月刊》1936 年。

63.《救国时报》1936—1937 年。

64.《新疆日报》1939—1942 年。

65.《新疆青年》1979 年第 1—6 期。

后 记

陈潭秋是中国共产党的创始人之一,是我国最早一批无产阶级革命事业的拓荒者、忠诚战士和卓越领导人。他为在中国实现共产主义理想奋斗了终身。他的革命业绩,如日中天,彪炳史册,泽被天下,光照千秋,永远值得我们学习和弘扬。

党用伟大奋斗创造了百年伟业,也一定能用新的伟大奋斗创造新的伟业。我们要遵照习近平总书记的教导,不忘初心、牢记使命,我将无我,不负人民。以革命老前辈陈潭秋为榜样,为全面建设社会主义现代化国家、全面推进中华民族伟大复兴而团结奋斗!

我们在编撰《陈潭秋》过程中,走访了数十位革命老前辈,得到中国国家博物馆、中央档案馆、上海市档案馆、八路军驻新疆办事处纪念馆、湖北省图书馆、陈潭秋故居纪念馆、武汉大学档案馆、武汉中学等单位的大力支持,获得了许多真实可信的第一手资料,在此基础上写出初稿,经过多次修改,编辑出版了《陈潭秋文集》《陈潭秋传记》《陈潭秋的故事》《回忆陈潭秋》等。还在报纸、杂志上公开发表了许多有关陈潭秋事迹的纪念文章。现在,再版《陈潭秋》,是进行党的历史知识教育、革命传统教育、革命人生观教育的好教材。

陈潭秋对后继者寄予殷切期望。他在公开发表的文稿中提出:一是要有学习、学习、再学习的精神;二是要把理论与实践打成一片;三是必须加强自我批评，反对自由主义；四是必须以狮子的体格为模范，锻炼成钢铁般的身躯，才能承担起时代给予的使命；五是必须以猴子的敏捷为模范，锻炼成活泼可爱和智勇双全的战士；六是必须以骆驼的负重任远、任劳任怨的精神为模范，锻炼成百折不挠、刚强无比的战士。这六点是我们当代青年和志士学习、继承和弘扬陈潭秋的革命精神的方向和目标。陈潭秋的斗争业绩，是中国人民革命斗争的重要内容和光辉篇章，是留给我们宝贵的革命遗产和重要的精神财富。我们要学习中国人民革命斗争的光辉历史，继承老一辈无产阶级革命家的光荣革命传统，以民族解放、国家富强、人民幸福为己任，为实现中华民族伟大复兴事业奋斗终身。

作　者